Vladimir Kovner, Lydia Razran Stone

Sports Idioms:
English–Russian & Russian–English Dictionaries

1010 English & 112 Russian Idioms

Владимир Ковнер, Лидия Разран Стоун

Спортивные идиомы:

Англо-русский и русско-английский словари

1010 английских & 112 русских идиом

Vladimir Kovner, Lydia Razran Stone
Sports Idioms:
English–Russian and Russian–English Dictionaries
Illustrations by Felix Braslavsky © 2017

Владимир Ковнер, Лидия Разран Стоун
Спортивные идиомы:
Англо-русский и русско-английский словари

Иллюстрации: Феликс Браславский © 2017

Copyright © 2018 by V. Kovner & L. Razran Stone

All rights reserved. No part of this book may be reproduced, stored in a retrieval system, or transmitted by any means, electronic, mechanical, photocopying, recording, or otherwise, without written permission from the copyright holder(s), except for the brief passages quoted for review.

ISBN 978-1-940220840
Library of Congress Control Number 2018941686

Published by M·Graphics Publishing
 www.mgraphics-publishing.com
 info@mgraphics-publishing.com
 mgraphics.books@gmail.com

Book Design by M·Graphics © 2018

Printed in the United States of America

Acknowledgements

We would like to express our deep gratitude to the prominent Russian artist Felix Braslavsky for his illustrations to this dictionary. We would like to thank Marina Eskin for her invaluable editorial work on all Russian texts in the dictionary and the first version of the English idiom key word index. We are profoundly grateful to Michael Kovner for generating the final version of all English and Russian idiom indexes and the final proofreading. Last but not the least, we would like to thank our spouses Elaine Kovner and Edward Stone for their support and encouragement.

Lydia Razran Stone
Vladimir Kovner

Признательность

Мы хотим выразить нашу глубокую признательность замечательному театральному художнику Феликсу Браславскому за его иллюстрации к этому словарю. Мы хотим также выразить нашу искреннюю благодарность Марине Эскин за её советы и внимательное редактирование всех русских текстов словаря, а также за создание основы алфавитного указателя ключевых слов английских идиом. Мы также глубоко благодарны Михаилу Ковнеру за создание и форматирование окончательного варианта всех алфавитных указателей словаря, а также за вычитку и правку всех русских текстов. Мы чрезвычайно благодарны также нашим супругам Елене Ковнер и Эдварду Стоуну за их постоянную поддержку.

Лидия Разран Стоун
Владимир Ковнер

CONTENT — Содержание

INTRODUCTION — Предисловие   11

**SPORTS IDIOMS: ENGLISH-RUSSIAN DICTIONARY —
Спортивные идиомы: Англо-русский словарь**

  GENERAL IDIOMS — Общие идиомы [1-145]*   25

  TEAM SPORTS — Командные игры
    Baseball — Бейсбол [146-250]   59
    Basketball — Баскетбол [251-267]   81
    Cricket — Крикет [268-277]   85
    Football — Американский футбол [278-326]   87
    Ice Hockey — Хоккей на льду [327-333]   98
    Soccer — Футбол (европейский) [334-338]   100
    Tug-of-War — Перетягивание каната [339-341]   101

  TENNIS — Теннис [342-354]   103

  RACES — Гонки/Скачки
    Bicycling — Велогонки [355-357]   107
    Car racing — Автогонки [358-366]   108
    Horse races — Скачки [367-430]   110

  COMBAT SPORTS — Спортивные единоборства
    Boxing — Бокс [431-509]   123
    Bull Fighting — Бой быков [510-511]   139
    Fencing — Фехтование [512-518]   139
    Martial Arts — Боевые искусства [519-520]   141
    Rodeo — Родео (состязание ковбоев) [521-526]   141
    Wrestling — Борьба [527-535]   143

---

* Numbers in brackets show idiom numbers — Здесь и далее в квадратных скобках указаны номера идиом.

Track and Field — Лёгкая атлетика [536-582]	145
Water sports — Водные виды спорта	
Diving/Swimming — Прыжки в воду / Плавание [583-587]	155
Rowing (Sport)/Crew — Гребной спорт [588-594]	156
Sailing — Парусный спорт [595-643]	158
Surfing — Сёрфинг [644-650]	167
Individual sport — Индивидуальный спорт	
Archery/Target Shooting — Стрельба из лука/в цель [651-658]	169
Bowling — Кегли [659-662]	171
Golf — Гольф [663-681]	172
Fishing — Рыбная ловля [682-718]	176
Horseshoes — Бросание подков [719-720]	184
Hunting — Охота [721-774]	184
Marbles — Игра в шарики [775-779]	195
Weight Lifting/Fitness — Тяжёлая атлетика / Физическая культура [780-788]	196
Winter Sports — Зимние виды спорта [789-796]	199
Indoor Games — Игры в помещении	201
Cards — Карты [797-884]	201
Chess — Шахматы [885-895]	218
Coin Tossing — Бросание монеты [896-900]	220
Dice/Gambling — Игра в кости / Азартные игры [901-942]	221
Pool (Billiards) — Бильярд [943-954]	230
Other Board and Indoor Games — Другие настольные игры и игры в закрытом помещении [955-963]	232
Animal Fighting — Бои животных [964-968]	235
Children's Games — Детские игры [969-1010]	237

CONTENT — СОДЕРЖАНИЕ

Спортивные идиомы: русско-английский словарь — Sports idioms: Russian-English dictionary

    Общие идиомы — General Idioms   251

    Отдельные виды спорта — Specific Sports Idioms

        Бильярд — Billiards   254
        Бой быков — Bullfighting   254
        Бокс — Boxing   255
        Борьба — Wrestling   256
        Коньки — Skating   256
        Лёгкая атлетика — Track and Field   256
        Лошадиные бега/скачки — Horse Racing   258
        Лыжи — Skiing   259
        Охота — Hunting   260
        Парусный спорт / плавание — Sailing / Swimming   263
        Прыжки в воду — Diving   264
        Рыбная ловля — Fishing   264
        Стрельба в цель — Target Shooting   266
        Футбол (не американский) — Soccer   267
        Хоккей — Hockey   268
        Шахматы — Chess   268
        Карточные игры — Card Games   270
        Детские игры — Children's Games   275
        Пословицы, подобные спортивным идиомам — Proberbs Similar to Sports Idioms   276

English Idiom Index — Алфавитный указатель английских идиом   277

English Idiom Key Word Index — Алфавитный указатель ключевых слов английских идиом   292

Алфавитный указатель русских идиом — Russian Idiom Index   336

About the Authors — Об авторах   338

INTRODUCTION

Sports Idioms: English–Russian Dictionary

English, especially the English spoken in the United States, is full of colloquial words and phrases whose original source is various sports and games. Such usage is particularly frequent in casual conversation, journalism, politics, and business. For example, a recent survey of 5000+ idiomatic and metaphoric terms and phrases used on the pages of the respected US newspaper *Washington Post* by reporters and columnists in their discussion of the 2016 US Presidential campaign contained more than 500 different idioms and extended metaphors originating in sports and games. No other realm of life originated more than 200 entries in this data set. We have found that these idioms are difficult to understand for many non-native speakers, including translators and interpreters. In particular, they have few analogues in Russian. This dictionary provides explanation and examples of the general meaning of these idioms in English and Russian.

Usually dictionaries of idiomatic usages are limited to one category, such as slang, idioms, clichés, catchwords, quotations, and allusions. We have considered it most useful to include all of these, as long as their source is sports and games.

In the body of the text, idioms are grouped together according to the sport or game in which they originated. The «sports» covered are as inclusive as possible, including traditional sports, indoor games, gambling, and even children's games. Organizing the entries by theme makes it easy for even a casual reader to become intrigued with the origin and nature of sports idioms. On the other hand, the extensive and user-friendly key word and phrase (idiom) indexes at the end of the book offer the working translator and interpreter a fast reference resource. We have numbered idioms continuously from the beginning to end of the dictionary to simplify use of the index to find a particular word or phrase.

Each of 1,010 entries in the body of the dictionary is followed by an English definition (**1**), with additional information about source and/or usage where indicated (**2**). In rare cases, the literal meaning of a term in the context of the specific sport is provided. This is followed by a Russian equivalent or a related Russian idiom from sports or other realms if it exists, or a definition that is not merely a translation of the English **(3)** but includes whatever additional information the Russian author felt was necessary to make the meaning, connotations, and conversational tone clear to a non-native speaker **(4)**. A highly colloquial English example of one or two sentences **(5)** follows. The Russian examples are close idiomatic translations of the English examples **(6)** with the Russian rendition of the particular idiom shown in bold letters **(7)**.

> **31. FOUR-LETTER MAN:** **(1)** a stupid athlete. **(2)** (Originally meaning a college athlete so good that he has been awarded varsity "letters" in four sports; students generally receive only one actual letter, usually the first letter of the name of the school. At Ivy League colleges like Harvard and Yale, it was common for athletes to wear varsity sweaters or woolen jackets with a big letter made of chenille and sewn on them with insignia embroidered or special pins attached to show which sports athletes participated in. To have four insignia on a varsity sweater would be unusual and distinctive. But for those who don't like athletes, the term has come to refer to some profane four-letter words like s*** or to the four letters d-u-m-b, reinforcing the prejudice regarding athletes' stupidity or low intelligence level.)
>
> **(3) Спортсмен — олух** («**олух царя небесного**»); **балбес**; **болван**; **невежда**; **простофиля**; **тупица**. **(4)** (В оригинале — игра слов, слово «letter» имеет два значения — 1. Буква алфавита. 2. Физическая буква, сделанная из плотной ткани (обычно это первая буква названия колледжа), которую пришивают к специальной куртке или свитеру, и данная атлету за достижения в каком-то виде спорта. На этой букве вышивают эмблему, или прикрепляют к ней значок с эмблемой того вида спорта, в котором преуспел атлет. Т.е. здесь речь идёт об атлете очень сильном, получившем такие «буквы» за достижения в четырёх видах спорта. Однако, среди тех, кто не любит спортсменов, существует распространённое представление о большинстве из них как безграмотных тупицах. В английском языке их описывают или непристойными словами из четырёх букв или словом из четырёх букв «dumb» — олух. Известна российская шутка: «У мамы было три сына — два умных, а третий — футболист».)

> (5) *Yes, my athletic son may grow up to be a four-letter man. I just hope he will learn the rest of the alphabet.* (6) Боюсь, что из моего сына-атлета может вырасти (7) **отличный спортсмен, но безграмотный о-л-у-х**. Хочется надеяться, что кроме этих четырёх, он выучит и остальные буквы алфавита.

There are some entries/idioms with two different meanings. Although they are assigned the same entry number, each meaning is marked additionally by numbers 1) and 2).

> **34. GAME FACE:** 1) a facial expression indicative of someone who is wholeheartedly concentrating on the matter at hand, like a game, or being in a state of readiness, especially for conflict or competition. **Выражение лица, показывающее концентрацию и готовность к борьбе.**
> 2) slang for the menacing expression worn by certain tough young men living in inner cities. **Устрашающее выражение лица.**
> *Everyone at the auction had their game faces on ready to bid on the antiques.* У всех участников аукциона **было написано на лице** — они готовы биться за этот антиквариат.

There are several entries with two slightly different versions of the same idiom assigned the same number, but due to different meanings marked with letters a) and b):

> **32.** a) **FUN AND GAMES:** nothing but amusing, non-productive, worthless activities. **Одни только забавы; пустая трата времени; сплошные развлечения/забавы.**
> *All right, Bill, the fun and games are over. It's time to get down to work.* Ну ладно, Билл, **довольно развлекаться/с развлечениями покончено**. Пора приступать к работе.
> b) **FUN AND GAMES, NOT ALL:** usually a sarcastic statement that life or some particular part of it may include hard work and even suffering, in addition to pleasant and/or amusing aspects. **Жизнь — это не только развлечения и потеха, в ней может быть и тяжёлая работа и даже страдания.**

> *I'm glad you're enjoying yourself in college, son — as long as you realize that education is not all fun and games.* Я рад, сынок, что тебе нравится в колледже, если, конечно, ты понимаешь, что учёба — это **не одни только развлечения**.

Sports Idioms: Russian–English Dictionary

After the English-Russian dictionary, there is a brief 112-entry Russian-English dictionary of all the sports idioms we were able to identify in Russian. The entries in the Russian-English dictionary are structured like the entries in the English-Russian dictionary. See three examples below:

> **1. ВНЕ ИГРЫ** (из европейского футбола, волейбола, тенниса...): вне/за пределами разрешённого правилами, законами и т.п. пространства для игры / каких-либо действий / какого-либо поля деятельности. **Out of bounds; out of play; out; offside position.**
>
> *(Из Интернета)* В России издали закон, по которому передача и раскрытие внутренней информации о каких-либо фирмах для получения выгоды на акционерной бирже оказались вне игры. *A law has just been passed in Russia declaring disclosure of any internal information about any company in order to make a profit on the stock market to be **out of bounds**.*

> **78. ОТФУТБОЛИТЬ:** 1) отвязаться. **Get rid of.**
> *(Из Интернета)* Как отфутболить парня, если он в тебя безумно влюблён?
> *How can you **get rid of** a guy if he is madly in love with you?*
> 2) Перенаправить человека, задание, документ и т.п. кому-либо или куда-либо в другую инстанцию, *напр.* отфутболить жалобу в другую инстанцию. **Unload onto (with negative connotations); redirect or reassign (neutral).**
> Он ненавидел спешку и всегда старался отфутболить срочную работу кому-нибудь другому в отделе. *He hated rushing and always tried to **unload tasks** that had to be done in a hurry **onto somebody else** in his department.*

> **23.** а) **ВТОРОЕ ДЫХАНИЕ:** новый всплеск/прилив энергии у кого-либо после периода усталости. **Second wind.**
> б) **ПОЙМАТЬ/ОБРЕСТИ ВТОРОЕ ДЫХАНИЕ** (о человеке, о бизнесе и т.п.): обрести новые силы / новые надежды / новую энергию. **Get a second wind.**
> *Я думала, что иметь ещё одного ребёнка после всех этих лет будет безумно трудно, но, похоже, у меня открылось второе дыхание.* I thought that having one more child after all these years would be incredibly difficult, but it looks like I got **my second wind.**

At the end of the book, after indexes of the English idioms, the reader will find an index of Russian idioms; however, that list is too short to require an index of key words.

Our search for additional Russian sports idioms was intense and as exhaustive as we could make it. The 112 listed here were all we could find. An analysis of why in the English language there are so many more idioms in common use that derive from sports is intriguing and we believe sociological in nature. However, our conjecture about this matter has no impact on the nature or use of this dictionary and we decided not to include it here. We hope readers will write to us with comments and additional idioms, especially in Russian, and perhaps with suggestions for translating this dictionary into other languages.

Abbreviations used in the Russian text

Воен. (военное — military) — from the military lexicon.

Посл. (пословица — proverb) — a short pithy saying (a complete sentence) stating a general truth or a piece of advice; adage, e.g. Без труда — не вытащишь и рыбку из пруда. No pain, no gain.

Погов. (поговорка — saying) — a metaphor, a proverbial expression (not a complete sentence), e.g. (Быть) между двух огней. Between a rock and a hard place.

Перен. (в переносном смысле — figuratively), e.g. Грызть удила (Быть в нетерпении). Champing at the bit.

Напр. (например — e.g.) — short for Latin "exempli gratia" = for example (see above).

ПРЕДИСЛОВИЕ

Спортивные идиомы: англо-русский словарь

Английский язык и, особенно, язык, на котором говорят в Америке, необычайно богат словами и фразами, источник которых мы обнаруживаем в спорте и в различных играх. Использование таких выражений часто встречается в обычных разговорах, в журналистике, в речах политиков, в выступлениях бизнесменов и ведущих радио и телевидения. Например, недавний обзор более 5000 идиоматических и метафорических выражений, использованных на страницах авторитетной американской газеты *Washington Post* журналистами, публицистами и политиками в их обсуждениях американской предвыборной президентской кампании 2016 года, содержал более 500 различных идиом и метафор, происходящих из спорта и различных игр. В рассматриваемом обзоре ни одна другая сфера жизни не является источником более, чем 200 такого типа выражений. Такие выражения могут быть трудны для понимания и перевода, как устного, так и письменного, особенно для тех, для кого английский — не родной язык. Наталкиваясь на них, даже профессиональные переводчики нередко заходят в тупик, ведь в русском языке для многих американских/английских спортивных терминов и идиом просто не существует аналогов. В данном словаре объясняется основное значение этих терминов и примеры их использования на английском и русском языках.

Обычно фразеологические словари ограничены какой-либо одной лингвистической категорией: сленг, идиомы, клише, крылатые фразы из средств массовой информации, цитаты и ссылки. Мы считали необходимым включить в словарь все вышеперечисленные категории разговорных выражений, если источником их происхождения является спорт или игры.

Внутри словаря выражения сгруппированы в соответствии с видом спорта или игрой — источником этих выражений. В число таких источников включены традиционные виды спорта, игры на открытом воздухе и в закрытых помещениях, азартные игры и даже детские игры. Тематическая организация словаря может заинтересовать читателя происхождением и природой спортивных идиом. С другой стороны, подробные и удобные для пользования алфавитные указатели фраз и ключевых слов дадут возможность переводчикам быстро найти нужное слово или идиому. Чтобы упростить нахождение нужных слов или идиом в вышеупомянутых указателях, мы использовали сквозную нумерацию идиом от начала до конца словаря.

Каждое из 1010 выражений в этом словаре сопровождается определением данного выражения на английском языке (1), иногда с дополнительной, более подробной информацией о его источнике и/или использовании (2). В исключительных случаях даётся буквальное значение какого-либо термина в контексте специфического вида спорта. Далее идёт русский эквивалент английской идиомы, если таковой существует, или определение данной идиомы на русском языке, которое часто не является простым переводом с английского языка (3). Такое определение может включать в себя дополнительную информацию, которую автор русского текста считал необходимой для того, чтобы сделать основное и дополнительное значения идиомы, а также её эмоциональный оттенок более ясными для русского читателя (4). За этим следует разговорный пример употребления данного выражения в английском языке — в одном или двух предложениях (5). Примеры употребления идиомы в разговорном русском языке являются близким переводом соответствующих примеров на английском языке (6); при этом перевод на русский язык самого идиоматического выражения в русском примере выделен (7).

31. FOUR-LETTER MAN: (1) a stupid athlete. (2) (Originally meaning a college athlete so good he has been awarded letters in four sports. At the upper-class Ivy League colleges like Harvard and Yale, it was common for athletes to wear varsity sweaters with symbols sewn on them to show which sports they participated in. To have four letters on a varsity sweater would be unusual and distinctive. The term has come to refer to some profane four-letter words or to the four letters d-u-m-b, reinforcing the prejudice of the stupidity of athletes.)
(3) Спортсмен — олух («олух царя небесного»); балбес; болван; невежда; простофиля; тупица. (4) В оригинале — игра слов, слово «letter» имеет два значения: 1. Буква

алфавита. 2. Физическая буква, сделанная из плотной ткани (обычно это первая буква названия колледжа), которую прикрепляют к пиджаку, и данная атлету за достижения в каком-то виде спорта, т.е. речь идёт об атлете очень сильном, получившем такие буквы за достижения в четырёх видах спорта. Из распространённого представления о большинстве спортсменов как безграмотных тупицах. В английском языке их описывают словом из четырёх букв «dumb» — олух. *Известна шутка:* «У мамы было три сына: два умных, а третий — футболист».

(5) *Yes, my athletic son may grow up to be a four-letter man. I just hope he will learn the rest of the alphabet.* **(6)** Боюсь, что из моего сына-атлета может вырасти **(7) отличный спортсмен, но безграмотный о-л-у-х.** Хочется надеяться, что кроме этих четырёх, он выучит и остальные буквы алфавита.

В словаре встречаются идиоматические выражения с двумя разными значениями. Хотя такое идиоматическое выражение проходит в словаре под одним номером, каждое значение идиомы дополнительно отмечается цифрами 1) и 2):

34. GAME FACE: 1) a facial expression indicative of someone who is whole-heartedly concentrating on the matter at hand, like a game, or being in a state of readiness, especially for conflict or competition. **Выражение лица, показывающее концентрацию и готовность к борьбе.**
2) slang for the menacing expression worn by certain tough young men living in inner cities. **Устрашающее выражение лица.**
 Everyone at the auction had their game faces on ready to bid for the antiques. У всех участников аукциона **было написано на лице** — они готовы биться за этот антиквариат.

Есть случаи, когда некоторые идиоматические выражения в словаре представлены в двух, слегка отличающихся вариантах с различными значениями. Хотя они помещены в словаре под одним номером, эти варианты дополнительно отмечены буквами a) и b):

32. a) **FUN AND GAMES:** nothing but amusing, non-productive, worthless activities. **Одни только забавы; пустая трата времени; сплошные развлечения/забавы;**
*All right, Bill, the fun and games are over. It's time to get down to work. Ну ладно, Билл, **довольно развлекаться/с развлечениями покончено. Пора приступать к работе.***
b) **FUN AND GAMES, NOT ALL:** a usually sarcastic statement that life or some particular part of it may include hard work and even suffering, in addition to pleasant and/or amusing aspects. **Жизнь — это не только развлечения и потеха, в ней может быть и тяжелая работа и даже страдания.**
*I'm glad you're enjoying yourself in college, son — as long as you realize that education is not all fun and games. Я рад, сынок, что тебе нравится в колледже, если, конечно, ты понимаешь, что учёба — это **не одни только развлечения.***

Спортивные идиомы: русско-английский словарь

В дополнение к англо-русскому словарю идиоматических выражений за ним следует краткий (112 фраз) русско-английский словарь спортивных и игровых выражений, которые мы смогли найти в русском языке. Структура русско-английского словаря — такая же, как англо-русского словаря. Ниже даны три примера словарных статей из русского словаря:

1. ВНЕ ИГРЫ (из европейского футбола, волейбола, тенниса...): вне/за пределами разрешённого правилами, законами и т.п. пространства для игры / каких-либо действий / какого-либо поля деятельности. **Out of bounds; out of play; out; offside position.**
(Из Интернета) В России издали закон, по которому передача и раскрытие внутренней информации о каких-либо фирмах для получения выгоды на акционерной бирже оказались **вне игры**. *A law has just been passed in Russia declaring disclosure of any internal information about any company in order to make a profit on the stock market to be **out of bounds**.*

ПРЕДИСЛОВИЕ

78. ОТФУТБОЛИТЬ: 1) отвязаться. **Get rid of.**
(Из Интернета) Как **отфутболить** парня, если он в тебя безумно влюблён?
*How can you **get rid of** a guy if he is madly in love with you?*
2) Перенаправить человека, задание, документ и т.п. кому-либо или куда-либо в другую инстанцию, *напр.* отфутболить жалобу в другую инстанцию. **Unload onto (with negative connotations); redirect or reassign (neutral).**
Он ненавидел спешку и всегда старался **отфутболить** срочную работу кому-нибудь другому в отделе. *He hated rushing and always tried to **unload tasks** that had to be done in a hurry **onto somebody else** in his department.*

23. а) ВТОРОЕ ДЫХАНИЕ: новый всплеск/прилив энергии у кого-либо после периода усталости. **Second wind.**
б) ПОЙМАТЬ/ОБРЕСТИ ВТОРОЕ ДЫХАНИЕ (о человеке, о бизнесе и т.п.): обрести новые силы / новые надежды / новую энергию. **Get a second wind.**
Я думала, что иметь ещё одного ребёнка после всех этих лет будет безумно трудно, но, похоже, у меня открылось **второе дыхание**. *I thought that having one more child after all these years would be incredibly difficult, but it looks like I have gotten **my second wind**.*

В конце книги, после алфавитных указателей английских спортивных идиом и ключевых слов идиом, читатель найдёт алфавитный указатель русских спортивных идиом.

Мы считаем, что количество идиом в этом случае недостаточно велико, чтобы делать специальный указатель ключевых слов, и поэтому для поиска идиом ограничиваемся алфавитным указателем фраз.

Наш поиск русских спортивных идиом был интенсивным и всесторонним, во всяком случае, как мы это себе представляем. 112 идиоматических выражений, представленных в данном словаре — это всё, что мы смогли отыскать. Анализ вопроса, почему по сравнению с русским, в английском языке настолько больше выражений спортивного происхождения используются в каждодневной речи, чрезвычайно интересен. По нашему понятию, ответ на этот вопрос носит социологический характер. Однако наши предположения по этому поводу никак не влияют на характер и использование данного словаря, и поэтому мы решили их сюда не включать.

Мы надеемся, тем не менее, что читатели будут присылать нам свои отзывы, поправки и дополнительные, упущенные нами идиомы, которые мы сможем учесть в последующих изданиях словаря. Мы надеемся также на возможные предложения перевода этого словаря на другие языки.

Сокращения, использованные в русском тексте

Воен. (военное — military) — из военного лексикона.

Посл. (пословица — proverb) — краткое народное изречение с назидательным смыслом, *напр.*, Без труда — не вытащишь и рыбку из пруда. No pain, no gain.

Погов. (поговорка — saying) — образное выражение, не составляющее, в отличие от пословицы, цельного предложения, *напр.*, (Быть) между двух огней. Between a rock and a hard place.

Перен. (в переносном смысле — figuratively), *напр.*, Грызть удила (Быть в нетерпении). Champing at the bit.

Напр. (например — e.g.) — от латинского «exempli gratia» = for example (смотри выше).

Sports Idioms:
English–Russian Dictionary
1010 Idioms

Спортивные идиомы:
Англо-русский словарь
1010 идиом

General Idioms — Общие идиомы

1. **0 FOR**, pronounced ohfer / **ZERO FOR:** having failed on all of a specified number of tries. Ноль из какого-то количества попыток.
   I tried to call him 5 times, but I am zero for 5 in finding him in. Я звонил ему пять раз; результат: **ноль из пяти возможных** — *так и не смог его отыскать.*

2. **110 PERCENT:** all that is humanly possible and then more. (This term, while not specifically related to sports, was first used in a sports context.) Сто десять процентов; (сделать) всё, что возможно и даже больше.
   I gave 110% to our marriage, but she still wasn't satisfied. Я делал всё, **что возможно и невозможно,** *чтоб наш брак удался, но моей жене всё было мало.*

3. **AHEAD OF THE GAME:** having some additional advantage beyond what is necessary, usual, or expected. Сделать больше, чем требуется или ожидается.
   By mistake I read one more chapter than we were assigned. For the first time in that class, I am ahead of the game. По ошибке я прочитал на главу больше, чем нам задали, и впервые в этом классе **сделал больше, чем от меня требовалось.**

4. **ALL OVER BUT THE SHOUTING:** essentially concluded or, of some contest, decided. Всё кончено, результат абсолютно ясен; всё ясно, ждать нечего.
   At 2 a.m. on the day of the election we decided that it was all over but the shouting and we could go to bed. В два часа ночи в день выборов мы решили, что **всё кончено — результат ясен,** *и можно идти спать.*

5. **ANYONE'S/ANYBODY'S GAME, IT'S:** a statement that a certain competitive situation is without a favorite and might well be won by anyone. Все в равных условиях; шансы у всех равны.

Mary Lou hasn't been going out with anyone all year. There's a good chance she'd go out with you if you ask. Go ahead and ask her; it's anyone's game. В этом году Мэри Лу ни с кем не встречается; есть шанс, что она согласится на свидание, если предложишь. Поговори с ней; **твои шансы — не хуже, чем у других.**

6. **AT THE TOP OF ONE'S GAME:** performing as well as one possibly can. **Выступать во всём блеске его/её мастерства; блистательно выступать; быть явно в ударе.**

    He played the sonata beautifully. In spite of his cold, he was really at the top of his game. Он прекрасно сыграл эту сонату. Он **выступил во всём блеске своего мастерства**, несмотря на то, что был простужен.

7. **AT THIS STAGE OF THE GAME:** at a certain point in a process or proceeding. **На данном этапе; на данный момент; на этой стадии.**

    At this stage of the game, things do not look good for the defendant but, of course, his lawyer hasn't spoken yet. **На данный момент** дела обвиняемого выглядят далеко не лучшим образом, правда, его адвокат ещё не выступал.

8. **A-TEAM** (A is the letter of the alphabet, not the article): the top set of personnel available in an organization. **Группа лидеров или лучших, наиболее квалифицированных специалистов в организации/предприятии/проекте; лучшие из лучших; первая команда.**

    Of course, the representatives they sent to speak to us were very junior. You wouldn't expect them to send the A-team to a local meeting, would you? Конечно, представители, которых они прислали на переговоры, — начинающие специалисты. Ты, надеюсь, не ждал, что они пришлют на местное совещание **самых лучших специалистов** в организации.

9. **ATHLETE'S FOOT:** a minor fungal disease of the foot, contracted by walking on contaminated floors, especially in warm, moist environments such as locker rooms or due to wearing gym shoes for excessive period of time. **Грибок (инфекционная болезнь ног).**

    I always wear my rubber sandals at the pool, even in the shower. I don't want to catch athlete's foot. Когда я хожу в бассейн, то всегда ношу резиновые сандалии, даже в душе. Не хочу подцепить **грибок.**

10. **ATHLETIC SUPPORTER OR JOCK STRAP:** an elastic support for the male genitals worn during strenuous activity. **Суспензорий**

(медицинский термин) или защита паха; специальный бандаж, который одевается под трусы для защиты и поддержки мошонки; элемент спортивного мужского нижнего белья, сделанный из эластичного материала, и играющий ту же роль, что маленькие тугие плавки.

Bobby was embarrassed to tell his mother that the coach wanted her to get him an athletic supporter. Бобби стеснялся сказать матери, что тренер хочет, чтобы она купила ему **спортивный бандаж под трусы, вроде тугих плавок**.

11. **BAD CALL:** a decision that proves to be the wrong one. Ошибочное, неправильное решение.

    Look at this traffic back-up; it was a bad call to decide that this route would be faster. Ты только подумай, в какую пробку мы попали; мы **ошиблись**, решив, что будет быстрее ехать этой дорогой.

12. **BE A (GOOD) SPORT:** a plea to someone to go along with what the speaker or a group of people want to do, even if the addressee does not want to; to tolerate hardships without complaining, e.g. Show me that you are a good friend; be understanding/tolerant/patient. Будь другом!; Будь человеком!; Сделай одолжение!; Держись.

    You're the only one who is refusing to spend the night at the haunted house. Come on and come with us. Be a sport. **Будь человеком!** Пойдём вместе с нами. Ты один отказываешься ночевать в «доме с привидениями».

13. **BEAT SOMEONE AT HIS/HER OWN GAME, TO:** to outdo someone at something he or she is famous for being good at, or fancies him- or herself to be good at. Победить/побить кого-либо его же оружием.

    You know the way he has of winning arguments by coming up with witty put-downs. Well, this time I beat him at his own game. Ты знаешь, как он умеет выигрывать дискуссии, неожиданно бросая остроумные, но резкие, даже унизительные реплики. Ну, на этот раз я его **побил его же оружием**.

14. **BOUNCE BACK, TO:** to recover (especially rapidly) from a setback, illness, etc. Оправиться (особенно, быстро) **от болезни/неудачи/поражения/шока и т.п.; придти в себя; выздороветь;** (сленг) **оклематься.**

I thought she would be out for weeks after her surgery, but she bounced back really fast. Я думал, что её не будет несколько недель после такой операции, но она **поправилась очень быстро**.

15. CALLED ON ACCOUNT OF RAIN: cancelled because of weather or other external circumstances. **Отменён из-за плохой погоды или каких-то других внешних обстоятельств.**

The boss won't be back in time to go to the meeting he scheduled. These things keep getting called on account of rain. Наш босс не успеет вернуться к заседанию, которое он сам же и назначил. Такие вещи случаются; заседания **отменяют** сплошь и рядом по разным причинам, от нас не зависящим.

16. CARRY THE TEAM (ON ONE'S SHOULDERS), TO: by the excellence of one's individual performance make the performance of the entire (usually mediocre) group look good. **Единолично тащить/вытащить/вытянуть выступление или команду/труппу и т.п. (на своих плечах).**

Most of the singers in the choir are only adequate but the quality of the soloist really carries the team. Большинство певцов этого хора — так себе, едва лишь на нужном уровне, но их прекрасный солист **вытягивает выступление всего хора**.

17. CHANGE OF PACE: a shift in normal routine; a variation in usual activities or pattern. (The original meaning has to do with the speed of a thrown ball.) **Смена заведённого порядка.**

Yes, we do generally go to the family beach house in August, but this year we decided on a change of pace. В августе мы обычно ездим на нашу дачу, где можно купаться, но в этом году мы решили **сменить заведённый порядок** и отдохнуть по-другому.

18. CHEAP SHOT: deliberately rough or unfair treatment of an opponent. **Дешёвый/низкий/подлый выпад; низкая, подлая уловка; не заслуживающий уважения приём в отношении к оппоненту.**

The public did not like the candidate referring to his opponent's wife's mental health problems. They felt it was a cheap shot. Публике не понравилось, что один из кандидатов стал говорить о психическом состоянии жены своего противника. Это было воспринято как **дешёвый выпад**.

19. CHEERLEADER: someone who (usually regularly) takes the role of whipping others up into enthusiasm for their tasks. Тот, кто подбадривает, подогревает энтузиазм и уверенность болельщиков/ группы людей /толпы; предводитель болельщиков.

Do you really think I will do well, or are you just being a cheerleader? Ты действительно думаешь, что я выступлю хорошо, или просто **пытаешься подбодрить меня**?

20. CLOSE CALL: a narrow escape from either a serious or a trivial danger. Опасность/неприятность, которой едва удалось избежать; быть на волосок от какой-либо опасности/неприятности/провала.

That was a really close call. That car came within inches of hitting us head-on. Мы были **на волосок от жуткого лобового столкновения.** Встречная машина остановилась буквально в сантиметрах от нас.

21. COMEBACK KID: 1) a person who returns to a competitive or public activity and is strikingly successful and/or popular after having retired, being defeated, or being considered on the decline. Человек, успешно вернувшийся к прежнему или более высокому положению / популярности/успеху в спорте, политике, бизнесе и т.п. после тяжёлой болезни / тяжёлого поражения / ухода от дел и т.д.; возродившийся, как птица Феникс (из пепла); воскресший из мёртвых (как евангельский Лазарь).

Now, after those historic elections, some are calling the 63-year-old Prime Minister the country's comeback kid. Теперь, после исторических выборов, 63-летнего премьер-министра в стране стали называть «возродившимся из пепла».

2) Can be used metaphorically to describe anything (e.g. a stock, a machine, a currency) whose performance improves significantly after a period of disappointing results. Может быть применена метафорически, чтобы описать какой-либо предмет/ объект человеческой деятельности (*напр.* акции, валюту, машины и механизмы, и т.п.), чьи действия, выполнение требуемых функций, производительность и т.п. значительно улучшились после периода разочаровывающих результатов.

From the Internet: *The Hubble space telescope can be considered NASA's comeback kid.* Национальное управление по аэронавтике и исследованию космического пространства (НАСА) может считать космический телескоп Хаббл «**воскресшим из мёртвых**» для новой и успешной работы.

GENERAL IDIOMS — ОБЩИЕ ИДИОМЫ

22. **COMPETITIVE SPORT, (NOT) A:** statement that competition does or does not have a legitimate place in the realm being referred to. (The negative form is more common.) Это спорт (не спорт): заявление, может ли то или иное действие сравниваться со спортом.

    He asked me if he kissed better than my previous boyfriends, and I told him I had never realized that kissing was a competitive sport. Он спросил меня, лучше ли он целуется, чем мои предыдущие ухажёры, и я сказала, что никогда не думала, что целоваться — это спорт.

23. **CONFIDENCE GAME:** a swindle in which a victim's confidence is won in order to defraud him. Обман/надувательство доверчивых людей; попытка вкрасться в доверие с целью этим доверием злоупотребить.

    Don't ever be taken in if you are notified that you have won a contest you do not remember entering. This is always a confidence game. Никогда не поддавайтесь на обман, когда вам сообщают, что вы выиграли какой-то конкурс, о котором, вы даже и не помните. Это всегда оказывается чистым надувательством.

24. **CONTACT SPORT:** an activity in which participants can be seriously harmed. Силовая борьба, где участники могут получить серьёзные повреждения/травмы.

    Why is he complaining about the opposition's ads? Doesn't he know that politics is a contact sport? Почему он жалуется на телевизионные рекламы своего политического противника? Разве он не знает, что политика — это силовая борьба?

25. **CRY FOUL, TO:** to protest strongly against a real or imagined injustice. Сильно протестовать против несправедливости, реальной или воображаемой; возмущаться.

    You never hear people crying foul about tax loopholes that favor them. Почему люди никогда не возмущаются наличием налоговых поблажек и трюков, которые идут им на пользу?

26. **DROP THE BALL, TO:** to make a mistake or miss an opportunity. Допустить решительную/грубую ошибку; упустить возможность.

    I threw away all my old comic books; now I learn they would have been worth a lot of money today. I really dropped the ball there. Я выбросил все мои старые книжки комиксов. Недавно я узнал, что теперь они бы стоили больших денег. Я **допустил** тогда **грубую ошибку**.

27. **ENTER THE ARENA, TO:** to become a candidate or major figure in some area. Включиться в то или иное действие/процесс/предприятие как важная/главная фигура в какой-либо области.

    A new Presidential candidate has entered the arena. Ещё один кандидат в президенты **включился** в предвыборную **борьбу**.

28. **EXTREME (NAME OF ACTIVITY):** extreme sports are relatively new individual sports associated with high speeds and levels of danger, and in particular adrenalin rush. The adjective "extreme" is used with other activities either to reference extreme sports (extreme tourism) or to parody them (extreme baking). Экстремальный (спорт, туризм, т.д.); что-либо требующее предельных/чрезмерных усилий/скорости или риска.

    I don't want to go on a luxury cruise, but I do not enjoy extreme tourism in the jungle either. У меня нет желания отправиться в роскошный круиз, но и **экстремальный, требующих серьёзных усилий туризм** в джунглях меня тоже не привлекает.

29. **FAIR PLAY:** conduct that adheres to the rules or is just and equitable. «Игра» по правилам; справедливые/честные действия/поступки; условия, одинаково благоприятные для каждого.

    It outraged her sense of fair play that she was required to help with the housework while her brother was not. Её чувство **справедливости** было оскорблено — от неё требовали помогать по хозяйству, а от брата ничего такого не требовали.

30. **FOUL PLAY:** criminal activity; treacherous action or violence, as in assault, murder etc. Криминальные действия/поступки; акт насилия, особенно со смертным исходом; нечистое дело (как во фразе «Тут что-то нечисто»); преступление; убийство.

    The police announced that they suspect foul play in the death of Mr. Smith. Полиция заявила о своём подозрении, что смерть мистера Смита является результатом **преступления.**

31. **FOUR-LETTER MAN:** a stupid athlete. (Originally meaning a college athlete so good that he has been awarded varsity "letters" in four sports; students generally receive only one actual letter, usually the first letter of the name of the school. At Ivy League colleges

like Harvard and Yale, it was common for athletes to wear varsity sweaters or woolen jackets with a big letter made of chenille and sewn on them with insignia embroidered or special pins attached to show which sports athletes participated in. To have four insignia on a varsity sweater would be unusual and distinctive. But for those who don't like athletes, the term has come to refer to some profane four-letter words like s*** or to the four letters d-u-m-b, reinforcing the prejudice regarding athletes' stupidity or low intelligence level.)

Спортсмен — олух («олух царя небесного»); балбес; болван; невежда; простофиля; тупица. (В оригинале — игра слов, слово «letter» имеет два значения — 1. Буква алфавита. 2. Физическая буква, сделанная из плотной ткани (обычно это первая буква названия колледжа), которую пришивают к специальной куртке или свитеру, и данная атлету за достижения в каком-то виде спорта. На этой букве вышивают emблему, или пркрепляют к ней значок с эмблемой того вида спорта, в котором преуспел атлет. Т.е. здесь речь идёт об атлете очень сильном, получившем такие «буквы» за достижения в четырёх видах спорта. Однако, среди тех, кто не любит спортсменов, существует распространённое представление о большинстве из них как безграмотных тупицах. В английском языке их описывают или непристойными словами из четырёх букв или словом из четырёх букв «dumb» — олух. Известна российская шутка: «У мамы было три сына — два умных, а третий — футболист».)

Yes, my athletic son may grow up to be a four-letter man. I just hope he will learn the rest of the alphabet. Боюсь, что из моего сына-атлета может вырасти **отличный спортсмен, но безграмотный о-л-у-х**. Хочется надеяться, что кроме этих четырёх, он выучит и остальные буквы алфавита.

32. a) **FUN AND GAMES:** nothing but amusing, non-productive, worthless activities. **Одни только забавы; пустая трата времени; сплошные развлечения/забавы;**

All right, Bill, the fun and games are over. It's time to get down to work. Ну ладно, Билл, **довольно развлекаться/с развлечениями покончено**. Пора приступать к работе.

b) **FUN AND GAMES, NOT ALL:** a usually sarcastic statement that life or some particular part of it may include hard work and even suffering, in addition to pleasant and/or amusing aspects. **Жизнь — это не только развлечения и потеха, в ней может быть и тяжёлая работа и даже страдания.**

I'm glad you're enjoying yourself in college, son — as long as you realize that education is not all fun and games. Я рад, сынок, что тебе нравится в колледже, если, конечно, ты понимаешь, что учёба — это **не одни только развлечения**.

33. **GAME CHANGING:** transformative, completely changing the way something is done or thought about. (**Game-changer**, a person or thing that is game-changing). **Кардинально/коренным образом меняющий развитие каких-либо действий,** *напр.,* планы/ стратегию, методы исполнения/ изготовления/исследования чего-либо; являющийся поворотным моментом в развитии каких-либо событий. (Человек или фактор, меняющий коренным образом развитие событий или какой-либо ситуации; поворотный момент в развитии чего-либо.)
Professor Stark's finding may prove to be a game-changer for evolutionary theory. Открытие профессора Старка может оказаться **поворотным пунктом** в теории эволюции.

34. **GAME FACE:** 1) a facial expression indicative of someone who is whole-heartedly concentrating on the matter at hand, like a game, or being in a state of readiness, especially for conflict or competition. **Выражение лица, показывающее предельную сосредоточенность и готовность к борьбе.** 2) slang for the menacing expression worn by certain tough young men living in inner cities. **Устрашающее выражение лица.**
Everyone at the auction had their game faces on ready to bid for the antiques. У всех участников аукциона **было написано на лице — они готовы биться** за этот антиквариат.

35. **GAME IS (NOT) WORTH THE CANDLE, THE:** (old proverb) something is (or is not) worth the amount sacrificed to maintain it. **Игра стоит (не стоит) свеч; (овчинка выделки не стоит).**
I have been killing myself to impress my boss. When it is time to hand out bonuses, I will see if the game has been worth the candle. Я работал, как зверь, чтобы произвести впечатление на моего начальника. Когда придёт время получать премии, посмотрим, **стоила ли игра свеч**.

36. **GAME IS UP, THE:** an attempt at deception or unpunished crime has failed. Syn. The jig is up. (О провалившейся попытке обмана или какой-либо криминальной деятельности). «Игра» окон-

чена; всё кончено/сорвалось/пропало; (сленг) дело «швах»; карта бита; песенка спета; трюк не удался.

When he saw the police car pull up to his house, he knew the game was up. Когда он увидел, что полицейская машина подъехала к его дому, он понял, что **его песенка спета**.

37. **GAME PLAN:** a strategic plan particularly for coming out on top in some sort of confrontation. **План действий (для достижения успеха).**

    What is our game plan for the contract negotiations? Каков наш **план действий** на переговорах этого контракта?

38. **GAME TWO CAN PLAY, A:** used as a kind of threat to say that, given that your opponent (competitor, etc.) has decided to use questionable tactics, you are going to do the same thing. **Я могу отплатить той же монетой; я с тобой / с кем-либо расквитаюсь** (ходовое выражение); **как ты мне, так и я тебе** (ходовое выражение среди детей) (Все эти выражения могут употребляться не только от первого лица); **как аукнется, так и откликнется.**

    So, my opponent is publishing ads casting aspersions on my family. He'll soon find out that's a game that two can play. Мой оппонент публикует заявления, клевещущие на мою семью. Скоро он узнает, что я могу/готов **отплатить** ему **той же монетой**.

39. **GAMESMANSHIP:** the use of psychological and strategic (possibly dubious, although not technically illegal) methods to win a game/negotiations/elections, etc. (The term was originated by Stephen Potter in a 1947 book *Theory and Practice of Gamesmanship*). **Хитроумное искусство тактического маневрирования**, где любые легальные средства хороши, чтобы добиться преимущества/выигрыша в спорте/при переговорах/на выборах и т.д.; использование сомнительных методов, чтобы добиться преимущества; трюкачество.

    Winning a debate is just a matter of gamesmanship and has little to do with who is right and who is wrong. Выиграть дебаты — значит владеть **искусством хитроумного тактического маневрирования**, что имеет мало отношения к тому, кто прав, а кто — нет.

40. **GET BACK IN THE GAME, TO:** to resume competition or activity after major defeat. **Снова начать участвовать в соревнованиях или какой-либо другой деятельности после тяжёлого поражения.**

It's been a year since your divorce. It's time to get back in the game and start seeing women. Прошёл уже год после твоего развода; пора бы **вернуться к нормальной жизни**, и снова начать встречаться с женщинами.

41. **GET YOUR HEAD IN THE GAME:** (imperative) admonition to start paying attention to what you are doing. **Пора начать думать/ работать головой; пора уже браться/взяться за ум; пора бы уже включить голову/ сосредоточиться**

    Get your head in the game or this driving lesson is over. You just went through a stop sign. Пора бы тебе **начать работать головой** во время уроков вождения машины. Ты только что проехал стоп-сигнал, не остановившись.

42. **GIVE AWAY THE GAME, TO:** to inadvertently reveal your intentions, especially if you are trying to fool (or surprise) someone. **Неосторожно раскрыть свои намерения, особенно, если пытаешься одурачить кого-то или застать кого-либо врасплох.**

    Don't tell Mery about the surprise party for Elizabeth. She is bound to give away the game. Не говори Мэри, что мы собираемся устроить для Элизабет неожиданную вечеринку. Она **наверняка проболтается**.

43. **GO FOR THE GOLD, TO:** to aim for and make efforts to win the top prize, accolade, etc. (Reference is to the gold Olympic medal.) **Стремиться к выигрышу, самому высокому результату и делать всё возможное для достижения этой цели.**

    With all the marketing efforts, it was clear that the producers were going for the gold. Постановщики развили такую бешеную маркетинговую деятельность, что было ясно — они **нацелены на грандиозный успех**.

44. **GO HARD OR GO HOME:** (imperative) exhortation to put all one's effort into something (i.e. be aggressive, tolerate pain, etc.) implying that otherwise one might as well not attempt to do it at all. **Берись за дело или уходи/ не топчись под ногами; (грубо) или вкалывай, или вали/катись отсюда.** I

    It is not easy to learn to be a circus clown, so all you first year trainees had better be prepared to go hard or go home. Нелегко учиться на клоуна в цирке, так что все вы, ученики первого года, или **тренируйтесь, что есть сил, или выберите себе другое поприще.**

45. **GO THE DISTANCE, TO:** to complete what was started; do the entire amount. Доводить дело до конца; держаться до конца; идти до конца (в любом деле); не останавливаться на полпути.

I am tired of going out with men who are exciting for a while and then get boring. I want someone with whom I can go the distance. Мне надоело встречаться с мужчинами, которые поначалу кажутся интересными, а потом наводят скуку. Мне бы хотелось встретить человека, с которым можно **жизнь прожить.**

46. **GOOD SHOT:** a good chance of obtaining or achieving something one is trying for. **Хороший шанс добиться чего-либо.**

I was told that if I apply, I would have a good shot at the job. Мне сказали, что, если я подам заявление на эту работу, у меня есть **хороший шанс** получить её.

47. **GOOD SPORT/LOSER:** someone who is gracious in defeat or about having to suffer minor hardships. **Человек, сохраняющий невозмутимость при проигрыше / умеющий проигрывать с достоинством / не теряющий достоинства при появлении трудностей.**

I'm sure they were very unhappy that we got the house they were trying to buy, but they were really good sports about it. Я уверен, что они здорово расстроились, когда мы приобрели дом, который они тоже пытались купить, но **они и вида не показали.**

48. **GRANDSTAND PLAY:** behavior intended to impress an audience rather than have a real effect. (Reference is to the grandstands where spectators sit and watch a game.) **Выступление, рассчитанное на эффект.**

All those unrehearsed gestures were a kind of grandstand play; the audience loved it, but it confused the other actors. Все **его неожиданные жесты,** которых не было на репетициях, **рассчитаны на внешний эффект;** публике они очень нравились, но сбивали с толку других актёров.

49. **GROUND RULES:** the specific rules or procedures of a certain place. **Набор правил, стандартов и т.п. для ведения какого-либо процесса / поведения в определённом месте; основные правила; принципы.**

Maybe your parents let you eat without washing your hands, but our ground rules are that if you don't wash, you don't eat. Может *быть, твои родители разрешают тебе не мыть руки перед едой, но у нас другие **правила поведения**: не моешь руки — не ешь!*

50. **HARD TO CALL:** difficult to judge or predict in advance, with regard to the outcome of something. **Трудно судить/предсказать.**

    *Given all the complex factors influencing the voters, this election is very hard to call. Принимая во внимание все сложные факторы, влияющие на избирателей, результат предстоящих выборов **очень трудно предсказать.***

51. **HATE THE GAME, NOT THE PLAYER:** do not blame a person for what he has had to do to succeed or survive, blame the system that compels such behavior. **Не вини человека, который должен прибегать к каким-то уловкам, трюкам, чтобы преуспеть или выжить; вини систему, которая толкает его на это.**

    *Don't blame rich people for taking advantage of tax loopholes, we would do it too in the same circumstances. As they say, hate the game not the player. Не вини состоятельных людей за то, что они используют всякие лазейки в налоговой системе; мы бы делали то же самое при таких же обстоятельствах. Как говорят: «**Не вини людей, которые идут на всякие уловки, а вини систему, которая толкает их на это**».*

52. **HE/SHE ('S) GOT GAME:** someone plays some particular sport (or performs an analogous activity) extremely well. **Он — великолепный игрок/спортсмен; она — великолепная спортсменка.**

    *Watch number 33. He's really got game. Обратите внимание на игрока с номером 33; **он — великолепный спортсмен**.*

53. **HEAD/MIND GAMES:** a kind of interaction in which one tries to gain one's own ends by manipulating the thoughts and emotions of another person. **Игра на эмоциях, чувствах другого человека.**

    *I broke up with him, because he kept trying to play mind games with me. Я порвала с ним; он явно пытался **играть на моих чувствах**.*

54. **HEADS UP:** (imperative) Look out! **Предостережение: «Берегись! Осторожней!»**

    *"Heads up," he shouted to warn me of the low hanging branches. «**Берегись**», — кричал он, предупреждая меня о низко висящих ветках.*

55. HOW ABOUT THAT, SPORTS FANS?: an exclamation used jocularly to draw attention to some accomplishment or other noteworthy event (from use by sports radio announcers). **Ну, как вам это нравится, дорогие болельщики?** Шутливое восклицание, чтобы привлечь внимание к какому-либо неожиданному достижению или интересному действию.

My sports-minded brother taught his son to say "How about that, sports fans?" as code to let his parents know he had successfully used the potty. Мой увлечённый спортом брат научил своего сынишку говорить: «**Ну, как вам это нравится, дорогие болельщики?**» — объявляя родителям, что он успешно посидел на горшке.

56. HOW YOU PLAY THE GAME, IT'S: emphasis on the quality of one's performance and behavior as opposed to objectively judged success in some endeavor. Used in the saying: "It's not whether you win or lose, it's how you play the game that counts." **(Очень важно), отдаёшь ли ты всего себя игре/соревнованию/делу; играешь ли, работаешь ли с полной отдачей сил; делаешь ли всё, что в твоих силах; всегда ли ты на высоте / на должном уровне.**

I thought you looked great in the race until you had that cramp at the end, and even then you kept on running. Remember it's how you play the game that counts. Надо сказать, ты выглядел отлично во время забега, пока у тебя не свело ногу в самом конце, но и даже после этого ты продолжал бежать. Так важно помнить: «**Делай своё дело с полной отдачей сил!**»

57. I'M GAME: I am ready and willing to do whatever has been suggested. **Я готов/согласен на всё; я не прочь.**

"Do you want to try out that new dance club that just opened?" "I'm game." «Хочешь попробовать новый танцевальный клуб, который только что открылся?» «**Я не прочь**».

58. IN THE BALL GAME: an active participant. **Активно участвовать.**

I had no ambition to play a leading role in the matter; I just wanted to get into the ball game. Я не был настолько амбициозен, чтобы играть первую скрипку в этом деле; я просто хотел **принять в нём активное участие**.

59. IRON MAN: the strongest or most talented member of a team or group. (Original meaning is a male athlete of remarkable endurance — see for example: https://en.wikipedia.org/wiki/Ironman_Triathlon. «Железный человек» — Троеборье.) Железный человек; человек, за которым чувствуешь себя, как за каменной стеной.

We always let Rob present the closing argument. He is the iron man of our law firm. Мы всегда поручаем Роберту представить в прении сторон наши заключительные аргументы. **За ним мы, как за каменной стеной.**

60. **IT'S ONLY A GAME:** consoling phrase used to play down the importance, in the real world, of losing at some sporting event. Это всего лишь игра (на этом жизнь не кончается).

    My wife had no idea how awful losing the tournament made me feel. She just kept repeating, "But after all, it's only a game." Моя жена никак не могла понять, как ужасно я себя чувствовал, проиграв соревнование. Она всё повторяла: «В конце концов, **это всего лишь игра!**»

61. **IVY LEAGUE:** the term "Ivy League" is used to refer to the most prestigious universities in the US, with connotations of academic excellence and a certain amount of elitism. (The Ivy League is an athletic association, founded in 1954, of eight American universities including Harvard, Yale, and Princeton. The reference behind the phrase is to the ivy plants traditionally covering the buildings of these venerable institutions.) «Айви Лига» («Лига Плюща») — группа из восьми старейших элитарных университетов США, наиболее престижных как социально, так и с точки зрения академических достижений (Гарвард, Принстон и т.д.) и, соответственно, спортивная лига, представляющая эти университеты; **символ элитарности, престижности; интеллектуальная элита.**

    It amused him, a graduate of a second-rate state university, to beat those Ivy League lawyers at their own game. Ему, выпускнику второразрядного университета, доставляло удовольствие побить этих элитарных адвокатов из **«Лиги Плюща»** их же собственным оружием.

62. **JOCK:** athlete, especially one who has the social habits and tastes of someone primarily interested in sports. (Originated in the phrase "jock strap"). **Типичный спортсмен** (особенно в колледже, университете).

    The student body was more or less divided up into jocks, nerds, and Bohemians. Все студенты более или менее разделялись на **типичных спортсменов,** старательных зануд и богему.

GENERAL IDIOMS — ОБЩИЕ ИДИОМЫ

63. JOCK STRAP OR ATHLETIC SUPPORTER. (*See* **10. ATHLETIC SUPPORTER OR JOCK STRAP**).

64. KEEP/GET THE BALL ROLLING, TO: to maintain (or start) momentum. Делать что-либо без перерыва; продолжать начатое дело, *напр.*, поддерживать беседу.

I am not good at starting conversations, but once they are underway, I can keep the ball rolling. Я не большой мастер начинать беседу, но если разговор уже идёт, **я могу его поддержать**.

65. KEEP ONE'S EYE ON THE BALL, TO: to stay alert, pay attention to what one is doing. Быть настороже; быть начеку; не упускать из виду основной цели.

No one ever got ahead in politics without keeping his eye on the ball at all times. В политике никто и никогда не выбивался наверх, если не **был всегда начеку**.

66. KNOW THE SCORE, TO: not to be naive or foolish about life. Знать, что к чему; знать все важные факты (включая неприятные); знать истинное положение дел.

I don't know how he could have fooled me for so long. After all, I am not some naïve young thing; I know the score. Не понимаю, как он мог дурачить меня так долго. В конце концов, я не такая уж наивная девочка. **Я знаю, что к чему.**

67. LATE IN THE GAME: close to the end of some process, sequence of events, etc. Близко к концу какого-либо действия/процесса и т.п.; поздно.

It is a little late in the game to start worrying about whether you really want to move to California — all the arrangements have already been made. Пожалуй, теперь **слишком поздно** думать о том, хочешь ты или не хочешь переезжать в Калифорнию — обо всём уже договорено.

68. LEVEL PLAYING FIELD: conditions that are fair and equal to all sides. Равные возможности/условия для всех.

The only way to have a level playing field in education is to give equal resources to all schools. Единственный способ дать всем **равные возможности** в образовании — это обеспечить все школы одинаковыми ресурсами.

GENERAL IDIOMS — ОБЩИЕ ИДИОМЫ

69. LOCKER ROOM TALK: coarse, vulgar, often sexual conversation among males including respective jokes. **Грубый, вульгарный разговор среди мужчин; часто на сексуальные темы, включая такого же типа анекдоты/шутки; мужской трёп.**
Boys, let's have no locker room talk at the dinner table. Мальчики, давайте обойдёмся без этой **грубой трепотни** за столом.

70. LOSER: a person who is perceived as chronically doomed to fail at anything he undertakes, or one who undertakes nothing. (May also be used as a general purpose insult.) **Никчёмный человек; ничтожество; ни на что не способный человек.**
My brother-in-law is a real loser who is always trying to borrow money from family members. Мой зять — **абсолютное ничтожество**; он вечно пытается брать хоть сколько-нибудь денег взаймы у всех членов семьи.

71. MAKE/SCORE POINTS, TO: to act in such a way as to gain favor with someone; to make a favorable impression. **Добиться успеха у кого-то; добиться у кого-то расположения/ благосклонного отношения к себе; произвести впечатление.**
If you want to score points with her, tell her how much you love children. Если хочешь **произвести** на неё **впечатление**, скажи ей, как сильно ты любишь детей.

72. MAKE SPORT OF, TO: (archaic) to make fun of someone. **Насмехаться над кем-либо..**
We were taught never to make sport of someone because of a disability. Нас учили никогда не **насмехаться над инвалидами.**

73. MAKE THE CUT, TO: to exceed the standard for being chosen for some activity or accolade or to move on to the next stages of a selection process. **Попасть в число лучших; выйти на следующую ступень (в соревновании); пройти отборочный турнир.**
I did not do as well as I would have liked at the audition, but at least I made the cut. Я выступил на прослушивании не так хорошо, как мне бы хотелось, но, по крайней мере, **я прошёл во второй тур.**

74. MAY THE BEST MAN WIN: a stock phrase uttered (sincerely or insincerely) right before a competition to express the wish that the person who most deserves to win (in undefined ways) will indeed triumph. **Пусть выиграет/победит самый достойный/ лучший/сильнейший.**

When I found out that my friend was applying for the job I had wanted for years, I was too proud to ask him to withdraw, and simply placed my hopes on the old saying, "May the best man win." Когда я узнал, что мой друг подал заявление на работу, о которой я мечтал годами, гордость не позволила мне попросить его забрать заявление, и я просто понадеялся на старую поговорку: «**Пусть выиграет достойный!**»

75. **MEET ONE'S MATCH, TO:** of someone who regularly wins or triumphs, to indicate that he/she is finally confronting an opponent capable of beating him/her. **Встретить достойного противника/конкурента.**

    You know how she is always putting people down with witty but nasty remarks? Well, in Joe, she has finally met her match. Ты знаешь, как она всегда обрезает людей своими едкими остроумными репликами? Так вот в Джо она наконец **встретила достойного противника.**

76. **MOVE THE GOAL POSTS, TO:** to change the rules after a competition/process of some kind has begun. **Изменить правила в середине игры.**

    We have too many overweight soldiers. Should US Army monitor a soldier's diet? Or move the goal posts by changing the federal guidelines defining "overweight"? У нас в армии — слишком много солдат, которые весят гораздо больше нормы для своего роста. Должна ли американская армия следить за солдатской диетой? Или просто «**поменять правила игры**», изменив нормы веса для пригодности к военной службе?

77. **NAME OF THE GAME:** the crux of the matter or ultimate goal. **Основная идея/цель; самое главное; суть; суть дела.**

    The name of the game at her high school was to be just the same as everyone else. В старших классах школы для неё **самым главным** было быть такой же, как все остальные.

78. **NICE GUYS FINISH LAST:** a statement that one has to be hardhearted, aggressive, and possibly dishonest if one is to succeed in life, specifically applied when bad things happen to a particularly worthy person. **Добрый человек — всегда последний на очереди; добрый человек останется ни с чем / в дураках / за бортом / на бобах / при пиковом интересе / с носом / у разбитого корыта; в жизни выигрывают жёсткие, ушлые люди.**

His wife, whom he treated like a queen, ran off with a terrible guy who took all her money and then deserted her. Nice guys finish last! Он относился к жене, как к королеве, а она сбежала с каким-то негодяем, который забрал все её деньги и потом бросил. **Такие добряки, как он, всегда остаются с носом.**

79. **NO PAIN, NO GAIN:** there is no progress without suffering. (*Посл.*) **Без труда не вытащишь и рыбку из пруда; без труда нет плода; не добьёшься успеха, если не тренируешься / не работаешь упорно, до боли в мускулах; только потом и кровью можно добиться успеха;** (*посл.*) **хочешь есть калачи, не лежи на печи.**

Yes, eating 67 hot dogs to win the prize gave me a stomachache, but no pain, no gain. Да, я съел 67 сосисок и заработал приз и боль в животе. Как говорят: «**Только потом и кровью добьёшься успеха**».

80. **NO SWEAT:** very easy, requiring very little exertion; hence, no problem; may also be used as a synonym for "you're welcome." **Без проблем; легко и просто; легче лёгкого; не о чем говорить; пара пустяков; проще пареной репы; проще простого;** (**грубо**) **раз плюнуть.**

"Thank you for helping me." "No sweat." «Спасибо за помощь». «**Не беспокойтесь! Да это легче лёгкого**».

81. **NOT BY A LONG SHOT:** virtually no chance. **Никоим образом; никаких шансов.**

This candidate can't win the nomination again — not by a long shot. Этот кандидат не может быть номинирован ещё раз — у него **нет никаких шансов.**

82. **NOT PLAY FAIR, TO:** to cheat or to make use of some irrelevant advantage. **Поступать/действовать нечестно, непорядочно; использовать нечестные приёмы.**

He didn't play fair. He won the cookie-selling contest by taking his adorable baby sister with him when he went door to door. Как он выиграл соревнование среди школьников — кто больше продаст печенья? Он использовал не вполне честный приём — обходил дома со своей прелестной крошечной сестрёнкой.

83. **NO-WIN SITUATION:** a situation in which a favorable outcome is impossible, e.g. a competitive situation in which neither side can

benefit, or a decision in which either alternative is detrimental to the decider; "between a rock and hard place" (Comes from Game theory, that is the study of mathematical models of conflict and co-operation between intelligent rational decision-makers.). **Ситуация, в которой благоприятный исход невозможен; безвыходное положение; безысходная ситуация;** (*погов.*) **быть между двух огней;** (*погов.*) **между молотом и наковальней.**

*It was a no-win situation. If I agreed that she looked like she had lost weight, she would accuse me of having thought that she was fat before. If I said I disagreed, she would be insulted that I had not noticed the improvement. Я был **в безвыходном положении**. Если бы я согласился с ней, что, похоже, она похудела, она бы обвинила меня в том, что раньше она мне казалась слишком толстой. Если бы я не согласился, она бы обиделась, что я не заметил очевидного улучшения.*

84. **–OFF:** a competitive event intended to determine the winner from among several finalists. (Modeled after the sports term "play-off.") **Часть слова, описывающего состязание, чтобы определить победителя среди нескольких финалистов,** так же, как *play-off* – финал спортивного соревнования, *напр.*, bake-off — финал состязания пекарей на лучший пирог.

Twenty finalists took part in the bake-off contest, each baker with his or her recipe. Prizes were awarded for originality and taste. Двадцать человек приняли участие в финальных соревнованиях пекарей. Призы присуждались за оригинальность/новизну и вкус.

85. **OFF ONE'S GAME:** not up to one's usual level of competence. **(Быть) не в лучшем виде / не в лучшей форме; (выступать) ниже своих возможностей.**

*I'm sorry that the dinner I cooked was so mediocre. For some reason, I'm off my game today. Прошу прощения, что мой обед получился таким средненьким, что-то я сегодня — **не в лучшей форме**.*

86. **ON/FROM THE SIDELINES:** out of the action; a spectator instead of a player. **Вне гущи событий; вне действия; не у дел; быть пассивным/сторонним наблюдателем; не принимать активного участия.**

*Mr. President, how does it feel to watch the campaign from the sidelines? Господин Президент, что Вы чувствуете, когда наблюдаете предвыборную кампанию **со стороны**?*

GENERAL IDIOMS — ОБЩИЕ ИДИОМЫ

87. **ON THE REBOUND:** attempting to recover from an unfortunate love affair by starting another one. Жениться/ выйти замуж или завести новый любовный роман /интрижку сразу после несчастной любви (к другой/другому).

    They said he married her on the rebound. Они утверждали, что он **женился на ней, чтобы оправиться от несчастной любви.**

88. **ONLY GAME IN TOWN:** the only thing of a particular type available or worth interacting with. Нет выбора; здесь это единственное место (организация), которое (–ая) предлагает такие услуги.

    We teenagers did not find the ping-pong tournament very exciting, but we all attended. It was the only game in town. Нас, подростков, соревнование по пинг-понгу не очень-то волновало, но мы все пошли. **Выбора-то не было.**

89. **OUT OF BOUNDS:** unfair, inappropriate, forbidden, beyond established limits. За рамками правил/приличий и т.п.; запретный; (посторонним) вход воспрещён.

    Almost any kind of remark mentioning differences between the sexes is out of bounds for a public figure these days. В наши дни практически любое упоминание различий между полами является **запретной темой** для любого общественного деятеля.

90. **PASS THE TORCH, TO:** to convey leadership or some other honor, or to focus on one's successor. (Reference is to the Olympic torch.) Передать руководство/лидерство/председательство или какое-либо почётное положение другому человеку / в другие руки.

    I have had a long career as CEO, but now the time has come to pass the torch. Моя карьера Генерального директора была продолжительной, но сейчас пришла пора **передать руководство в другие руки.**

91. **PEP TALK:** an encouraging talk from a coach or analogous figure intended to generate self-confidence and determination to succeed in those about to enter a competition or similar situation. Мобилизующая беседа; накачка; напутствие; ободряющие слова; разговор с намерением подбодрить, настроить спортсменов/ учеников...на предстоящие соревнования/экзамены.

    You've studied for the test for hours; you don't need a pep talk from me to feel confident you will do well. Ты потратил много часов, чтобы подготовиться к этому экзамену. Я не думаю, что тебе необходимо моё напутствие, чтобы чувствовать себя уверенным, что всё будет хорошо.

92. **PERFECT TEN:** a flawless performance or other rating. (Reference is to top score in competitions where performances are rated by judges.) Безупречное выступление; вне всякой критики; выше всяких похвал; на пять с плюсом; не (к чему) придраться; не придерёшься.

    I would call that talk he just delivered a perfect 10. Я бы сказал, что лекция, которую он только что прочитал, была выше всяких похвал — **на пять с плюсом**.

93. **PLAY A WAITING GAME, TO:** to choose a strategy of passive waiting in order to get what one wants. Выжидать; придерживаться выжидательной тактики / выжидательного образа действий.

    Right now, with all our competitors pestering potential customers to death with phone calls, it is time to play a waiting game. Сейчас, когда все наши конкуренты до смерти надоедают потенциальным клиентам бесконечными телефонными звонками, самое время **принять на вооружение выжидательную тактику**.

94. **PLAY ALONG WITH, TO:** to humor someone; pretend to go along with someone's plans or ideas. Притворно поддерживать кого-то, чьи-то планы, идеи / подыгрывать кому-то (часто, чтоб сделать человека довольным, счастливым).

    Poor thing. She thinks she will be well enough to go to the wedding next week. Just play along with her. Бедняжка, она думает, что на следующей неделе она будет в достаточно хорошей форме, чтобы пойти на свадьбу. Не разочаровывайте её, **подыграйте ей**.

95. **PLAY BALL WITH, TO:** to cooperate with someone in order to achieve some end. (Usually has negative connotations.) Ладить; сотрудничать; поддерживать хорошие отношения. (Обычно имеет негативный оттенок: «Чтобы достичь какой-либо своей цели».)

    If you want to get that building constructed, you may have to play ball with organized crime. Если вы хотите получить возможность построить это здание, боюсь, вам придётся **ладить с мафией**.

96. **PLAY BY THE RULES/BOOK, TO:** to follow all procedures, regulations, etc., generally both in letter and spirit. Играть по правилам;

следовать всем правилам, законам, требованиям... (по букве и по духу).

Joe has always played by the rules; I can't believe he sneaked out of that mandatory meeting. Джо всегда **следует всем правилам**. Я не могу поверить, что он сбежал с этого обязательного собрания.

97. **PLAY FAIR, TO:** to behave honorably, justly or in accordance with the rules. Действовать/ поступать честно/ по правилам /порядочно/ по справедливости.

My physics teacher gave very difficult tests, but he always played fair and told us what material was going to be covered. Наш учитель по физике давал нам очень трудные контрольные работы, но так как он **всё делал по справедливости**, то всегда говорил нам, какой материал в них войдёт.

98. **PLAY CAT AND MOUSE:** to toy with someone in one's power for one's own amusement, frequently out of sadistic motives; play a cruel game with someone trying to outwit, deceive that someone by exploiting one's advantageous position. Играть в кошки-мышки с кем-либо; играть кем-либо, как кошка с мышкой (используя свою власть, часто из садистских побуждений); пытаться жестоко одурачить, перехитрить, обмануть кого-либо, используя свое выгодное, предпочтительное положение.

He began to suspect that the immigration agent was not trying to help him, but merely playing cat and mouse with him. Он начал подозревать, что иммиграционный агент вовсе и не пытается ему помочь, а просто **играет с ним в кошки — мышки**.

99. **PLAY GAMES WITH:** to toy with or manipulate someone. Дурачить кого-либо; морочить голову кому-либо; манипулировать кем-то.

Don't take her flirting seriously; she just likes to play games with men. Не принимайте её флирт всерьёз. Она просто любит **морочить мужчинам голову**.

100. **PLAYING FIELDS OF ETON, THE BATTLE OF WATERLOO WAS WON ON THE:** emphasizing the influence of sports training in prestigious British private schools on the future character of British statesmen and officers, and in turn the influence of this character on historical events. May be used, frequently ironically, in allusion to any part of this assertion. (Quotation attributed to

the Duke of Wellington.) **Битва под Ватерлоо была выиграна на спортивных площадках Итона.** Эта фраза, приписываемая герцогу Веллингтонскому, подчёркивает значение влияния спортивных тренировок в престижных Британских частных школах на выработку характера будущих государственных деятелей и офицеров. В свою очередь это оказало влияние на ход некоторых исторических событий. Ссылка/намёк на любую часть этой фразы используется, часто иронически.

Where are the playing fields of Eton preparing our increasing number of women leaders for their roles? **Где те спортивные поля Итона, которые приготовят всё возрастающее число женщин-лидеров к их будущей роли?**

101. **POWDER PUFF:** activities (especially those usually engaged in by males) intended for or performed by females. (The term was coined by Will Rogers to refer to an air race with female contestants.) **Состязание или какой-либо другой вид деятельности, в котором обычно заняты мужчины, но в данном случае рассчитанный на женщин,** *напр.*, powder puff football game — женский футбол, от «powder puff» — пуховка для пудры; (сленг) женоподобный мужчина.

I have been thinking of taking a course in Powder Puff Auto Mechanics. **Я думаю, не взять ли мне «Курс автомехаников специально для женщин».**

102. **REST ON ONE'S LAURELS:** to be satisfied with past achievements and make no further efforts to achieve more. (Allusion to the laurel wreath given to ancient Olympic winners.) **Почивать на лаврах.**

Nobel Prize winners seldom are content to rest on their laurels, but go on to further important discoveries. **Лауреаты Нобелевской премии редко удовлетворяются уже достигнутым и почивают на лаврах;** обычно они продолжают работы, ведущие к новым важным открытиям.

103. **RETIRE SOMEONE'S NUMBER:** may be used as a general reference to honoring someone's unique and unmatchable performance. (From the practice of not allowing subsequent players to bear the number on their jersey previously worn by a retiring player as a way of honoring him.) **Изъять из пользования номер футболки знаменитого игрока/спортсмена, ушедшего из спорта/в отставку** (может использоваться и в других видах деятельности).

He is not just a mailman; he is a fixture and contributor to the community. They ought to retire the number on his mail truck when he retires. Он не просто наш почтальон, он неотъемлемая и важная часть жизни нашего района. Когда он уйдёт на пенсию, следовало бы, **как в хоккее изымают из пользования номер футболки знаменитого спортсмена, изъять из пользования номер его почтовой машины и сдать его в музей.**

104. **REWRITE THE RECORD BOOK, TO:** to surpass all previous performance. Переписать книгу рекордов; поставить новый рекорд; превысить предыдущее самое большое достижение.
Dr. Leon's new treatment has rewritten the record book when it comes to cancer survival. **Новый метод лечения доктора Леона побил все рекорды в том, что касается выживания раковых больных.**

105. **RINGER:** a very high performing substitute player added (frequently in violation of the rules) to a team or organization; introduced solely for an important competition or event. «Подставка» в команде, в соревновании и т.п., т.е.подставное лицо; человек/спортсмен высокой квалификации, включённый в команду (лошадь, включенная в скачки) против правил, *напр.* мужчина, похожий на женщину, играющий в женской команде.
In our fifth grade performance of "Snow White," we had no boy tall enough to be the prince and had to bring in a ringer from the sixth grade. В спектакле «Белоснежка» в пятом классе у нас не было мальчика, достаточно высокого, чтобы играть роль принца. Мы ввели **«подставку»** в наш состав «актёров» — мальчика из шестого класса.

106. **ROOT FOR:** to hope and cheer for someone's success. «Болеть» за кого-то.
Who are you rooting for to win the Best Actress award? **За какую актрису,** номинированную на «Лучшую Актрису Года», **ты болеешь?**

107. **RUN OUT THE CLOCK, TO:** to use delaying tactics in order to gain or maintain an advantage; to stall. **Тянуть время** (обычно, чтобы сохранить преимущество).
The last part of his speech was all repetition. I think he was just running out the clock. Последняя часть его речи была беско-

нечным повторением одного и того же. *По-моему он просто **тянул время.***

108. **RUN UP THE SCORE, TO:** to do much more than necessary to secure victory (in any sense), in order to impress, intimidate, etc. Делать гораздо больше, чем требуется для выигрыша, чтобы создать сильное впечатление/запугать кого-либо и т.д.; превзойти самого себя, чтобы впечатлить кого-либо.
    Valentine Day Advertisement: *Don't just give her a Valentine. Run up the score.* Реклама в День Святого Валентина: «Недостаточно сделать День Святого Валентина праздничным для неё; ***превзойди самого себя***, подари ей что-нибудь такое, чтоб она ахнула в изумлении!»

109. **SCORE, TO:** 1) to acquire or steal. Добыть любыми средствами, включая воровство, например, добыть деньги, наркотики.
    We need to score some coke. Нам надо **добыть кокаин** во что бы то ни стало.
    2) to succeed in having sexual intercourse. Добиться возможности иметь секс/переспать с кем-либо.
    Did you score last night? Тебе удалось **переспать с кем-нибудь** вчера?

110. **SETTLE THE/A SCORE, TO:** to get even or take revenge on someone. Свести счёты; отплатить; рассчитаться; расквитаться.
    After she had insulted him so badly, he tried in vain to think what to say to settle the score. После того, как она так сильно его оскорбила, он тщетно пытался придумать, что бы сказать такое, чтобы **расквитаться** с ней.

111. **SHUTOUT:** decisive victory, particularly with the losing side scoring no points at all. Решительная, абсолютная победа; выигрыш на ноль.
    I would say that the Presidential debate was a shutout for him. Я бы сказал, что президентские дебаты закончились для него **решительной победой**.

112. **SORE LOSER/SPORT:** a bad, bitter, and/or vociferous loser. Тот, кто не умеет проигрывать с достоинством; тот, кто, проигрывая, сердится и кричит; тот, кто любит «махать после драки кулаками».

I sent my old boyfriend a wonderful wedding present. I didn't want to be thought of as a sore loser. Я послала замечательный подарок на свадьбу старому другу, с которым долго встречалась. Я не хотела, чтобы обо мне думали, что я **не умею проигрывать с достоинством**.

113. **SOUTH PAW:** lefthander. Левша.
    Look at the way the baby picks up his rattle — he will be a southpaw for sure. Посмотри, как малыш поднимает свою погремушку, наверняка он будет **левшой**.

114. **SPOILSPORT:** someone who ruins enjoyment for other people. Тот, кто портит другим настроение; тот, кто отравляет другим (окружающим) удовольствие; брюзга; (жаргон) кайфоломщик.
    Come on have a drink. Don't be such a spoilsport. Давай, выпей рюмочку, **кончай портить всем настроение**.

115. **SPORTING CHANCE:** a reasonably good chance. Какой-то достаточно сильный шанс, какая-то надежда на успех.
    If you do nothing but study for the next week, you may have a sporting chance of passing your courses. Если ты будешь всю неделю заниматься, у тебя появятся **достаточно сильные шансы сдать экзамены**.

116. **SPORTING HOUSE:** (archaic euphemism) a brothel. **Публичный дом**; (сленг) **бардак**; бордель; дом терпимости.
    It was rumored that the Congressman's heart attack took place in a sporting house. Прошёл слух, что у этого конгрессмена случился инфаркт, когда он был **в публичном доме**.

117. **SPORTING LIFE:** (archaic) a life focused on gambling and various pleasures of the flesh. **Распутный образ жизни; прожигание жизни**.
    She wanted her son to grow up to be a preacher, but he chose the sporting life instead. Она хотела, чтобы её сын, когда вырастет, стал священником, но он предпочёл вести **распутный образ жизни**.

118. **SPORTING WOMAN:** (archaic euphemism) prostitute. Женщина лёгкого поведения; проститутка.

I refuse to have my daughter show herself in public dressed like a sporting woman. Я запрещаю моей дочери появляться на публике, одетой, как **проститутка**.

119. **SPORTSMANSHIP:** conduct and attitude considered to be ideal for sportsmen, particularly fairness, respect for one's opponent, sense of fellowship, graciousness in winning and losing. (Related but not identical to "Being a good sport" — See **12 — BE A (GOOD) SPORT**) Черты, присущие настоящему (идеальному) спортсмену, особенно, **самопожертвование, справедливость, уважение к противнику, чувство товарищества/локтя, умение выигрывать и проигрывать с достоинством.**

Two runners Abbey D'Agnostino of the USA and Nikki Hamblin of New Zealand tangled and tumbled during the 5000m race at the 2016 Olympic Games. Abby got up and convinced her rival to continue the race: "Get up, we have to finish, this is the Olympic Games". Minutes later, it turned out Abby was injured. Then Nikki helped her. Together they managed to finish the race. The Olympic Committee awarded both runners the Pierre de Coubertin (the founder of the modern Olympics) medal for their "selflessness and extraordinary act of sportsmanship." This medal has only been awarded 17 times in the Olympic history. На Олимпийских Играх 2016 года американка Эбби Д' Агностино и Никки Хэмблин из Новой Зенландии в забеге на 5000 м столкнулись и упали. Эбби встала первой и убедила свою соперницу продолжать забег: «Вставай! Мы должны закончить забег, это же Олимпийские игры!» Через несколько минут выяснилось, что Эбби, упав, получила серьезную травму. На этот раз Никки помогла ей. Поддерживая друг друга, они смогли закончить дистанцию. Олимпийский комитет наградил обеих спортсменок медалью Пьера де Кубертена (основателя современных Олимпийских Игр) «За самопожертвование и экстраординарное проявление **достоинства и благородства в спортивной борьбе**». Эта медаль присуждалась всего 17 раз за всю историю Олимпийских игр.

120. **STICKLER FOR THE RULES:** a person valuing the letter rather than the spirit of rules. **Буквоед; тот, кто строго, придирчиво придерживается буквы закона, правил (иногда в ущерб духу); ярый приверженец/защитник правил.**

Be careful about being even a minute or so late to work. Miss. Robinson is a real stickler for the rules and would not hesitate to report

GENERAL IDIOMS — ОБЩИЕ ИДИОМЫ

you. Будь осторожен, не опаздывай на работу ни на минуту; мисс Робинсон **придирчиво придерживается установленных правил** и без колебаний сообщит начальнику о твоём опоздании.

121. SUDDEN DEATH: a procedure for settling a tie. In a sudden death overtime, the first team to score wins the whole game, and the other loses. **Выигрыш ничейной игры игрой до первого очка, гола.**

In case of tie in the spelling bee, the winner will be decided by "sudden death" overtime. Если в первом раунде конкурса на знание орфографии не выявится победитель, **соревнующимся задают дополнительный вопрос, и тот, кто правильно ответит первым, побеждает.**

122. TAKE ONE FOR THE TEAM, TO: make some sacrifice or accept some personal injury in order to improve the situation of one's group (organization, party, etc.). **Пожертвовать чем-то / принять на себя удар / оскорбления ради общих целей какой-то группы людей / организации / партии и т.п.**

The Senator really took one for his team when he allowed the interviewer to insult him. The resulting publicity generated sympathy for his party's position. Сенатор воистину **принял удар на себя**, позволив журналисту оскорбить его. После огласки этой истории общественное мнение явно стало сдвигаться к позиции его партии.

123. TALK A GOOD GAME, TO: to speak very knowledgeably or claim success at something despite lack of actual competence or experience. **Говорить со знанием дела или как будто со знанием дела, убедительно врать о своем опыте или успехах в чем-либо, но ничего толком не уметь делать; произносить замечательные речи, но не в состоянии подтвердить слова делом; строить из себя кого-то;** (*посл.*) **много кудахтанья, да яиц нет.**

Don't believe what he says about his success with women. He talks a good game, but... Не верь тому, что он говорит о своём успехе у женщин; **всё это — просто болтовня, на деле ничего этого не было.**

124. TEAM EFFORT: an accomplishment by a whole group rather than any particular individual. **Усилие всей команды / всей группы;** (советский штамп, который широко использовался в речах и лозунгах) **усилие всего коллектива,** например, усилием

всего коллектива в едином порыве выполним задание партии и правительства догнать и перегнать Америку.
I deserve no particular thanks for this success; it was purely a team effort. Я не сделал ничего особенного для достижения такого успеха; мы добились этого **усилием всей команды**.

125. **TEAM PLAYER:** an individual who puts the interests of a group or organization to which he belongs above his own. **Тот, кто успешно работает в коллективе; не индивидуалист.**
Although he was extremely competent, they did not hire him, fearing he was not much of a team player. Хотя он был чрезвычайно квалифицированным специалистом, его не взяли на работу, так как боялись, что он не очень-то **умеет работать в коллективе**.

126. **TEAMWORK:** a coordinated effort by a number of people to achieve some end. **Скоординированные усилия / скоординированная работа группы людей.**
If we are to succeed at all, it will be through teamwork. Если нам удастся преуспеть в этой работе, то только благодаря **скоординированным усилиям всей нашей группы**.

127. **TEXTBOOK PLAY:** something executed with perfect technique and precision. **Совершенное исполнение (как по учебнику); совершенная игра.**
The theft of the painting was a textbook play. Весь процесс похищения картины произошёл в точности, **как описывают учебники криминалистики**.

128. **THAT'S THE WAY THE BALL BOUNCES:** statement meaning that's fate, there's nothing you can do about it (syn. That's the way the cookie crumbles.) **Такова жизнь; селяви (заимствовано из французского языка — c'est la vie); ничего не поделаешь, такая выпала карта.**
All he said when they told him he had cancer was "That's the way the ball bounces." Всё, что он сказал, когда ему сообщили, что у него — рак: «**Такова жизнь!**»

129. **THERE'S NO "I" IN TEAM:** clichéd, punning exhortation to put aside one's personal interests in favor of teamwork in some group endeavor. **Интересы команды важнее, чем интересы отдельных участников/игроков.**

The coach ended every pep talk by saying, "There is no 'I' in team. Каждую «накачку» перед игрой тренер заканчивал словами: «В слове **команда** нет буквы **Я**». *(Сравните с пословицей: Я— последняя буква алфавита.)*

130. THROW A GAME, TO: to deliberately cause your side to lose a contest, especially for profit. **Намеренно проиграть/поддаться** (особенно за какие-то услуги или за деньги).
"We threw the game. Is that what you want to hear?" growled the coach after his team lost. «Мы **просто поддались**. Это то, что вы хотите услышать?», —прорычал тренер после того, как команда проиграла.

131. TIE BREAKER: some procedure or aspect of a situation used to decide between two competitors who are considered to be evenly matched. Какая-либо процедура или просто фактор, которые могут решить исход соревнования/диспута/выбора в пользу одного из практически равных участников, *напр.*, серия одиннадцатиметровых штрафных ударов в футболе.
I think the fact that one of the candidates has a beautiful family and the other is a bachelor may be the tie-breaker in the election. Я думаю, **тот факт**, что у одного из кандидатов — прекрасная семья, а другой — холостяк, **может решить исход** выборов.

132. TIME-OUT: suspension of activity or participation; a short period of time when a child has to stop an activity as a punishment for behaving badly. **Тайм-аут; короткая остановка** (какой-либо деятельности, *напр.* игры, занятий, работы и т.п.); **короткий перерыв** (в какой-либо деятельности); **поставить ребенка в угол.**
When my grandson misbehaves, he must take a time-out in his room. Когда мой внук плохо себя ведёт, ему приходится в наказание **сделать перерыв в игре**, и пересидеть какое-то время в своей комнате.

133. TOO CLOSE TO CALL: with regard to the outcome of some competition, election, race etc., it is not possible to predict because the competitors are too evenly matched. Пока ещё трудно предсказать исход/конечный результат соревнования/выборов и т.п.
The poll takers invested a great deal in their surveys, but decided the election was simply too close to call. Было потрачено много

*времени и денег на опросы общественного мнения, но оказалось, что **результат** выборов **предсказать** пока **невозможно**.*

134. **TROPHY WIFE:** usually the much younger, glamorous second wife of a rich and successful man. The implication is that he has acquired her (among other reasons) as a means to demonstrate his success and to impress and arouse envy in others. **Жена напоказ; жена как приз** *(молодая красивая жена богатого немолодого человека, как в рассказе А. П. Чехова «Анна на шее»: «Анна» — орден в петлице немолодого генерала, и Анна на шее — его молоденькая красотка-жена.);* **статусная жена.**

    My 86-year-old grandpa is marrying an 80-year-old widow he met at the senior center — he laughingly calls her his "trophy wife." Мой 86-летний дедушка женится на 80-летней вдове, с которой он познакомился в доме для престарелых, он в шутку называет её «**призовой женой**».

135. **TURNABOUT IS FAIR PLAY:** if one person does something to another or harms someone, then it is fair if the roles are reversed, meaning it is permissible to retaliate in kind. Occasionally, it is used in a friendly manner as an admonishment to keep things fair and equal. **Если один человек сделает что-то другому человеку, будет только справедливо, если второй отплатит ему тем же; око за око, зуб за зуб;** *(посл.)* **как аукнется, так и откликнется.**

    Of course, he won't like having to do all the household chores this week, but I did them all last week and turnabout is fair play. Конечно, ему не нравится целую неделю делать всю работу по дому, но я делал то же самое всю прошлую неделю, так что **это только справедливо**.

136. **UP CLOSE AND PERSONAL:** finding out or disclosing details about the personal life of celebrities may also, by implication, refer to close contact with someone or something. (Originally, this was the name of a feature or TV coverage of the Olympic Games, involving reporting on the lives of athletes.) **(Раздобыть или раскрыть) конфиденциальные сведения о какой-либо знаменитости; близкое знакомство, тесный/личный контакт с кем-либо или чем-либо; что-либо сугубо личное; самому/самой соприкоснуться с кем-либо или чем-либо.**

    The art of interviewing someone is to get up close and personal with topics interviewee is interested in. Искусство интервьюирования кого-либо заключается в том, чтобы **близко знать или** *даже самому соприкоснуться с темами, интересующими интервьюируемого человека.*

137. WHAT'S YOUR GAME? 1) What do you do for a living? **Кем (где) ты работаешь? Чем ты зарабатываешь на жизнь?**
"What's your game?" "I'm in the hardware business." «**Чем ты занимаешься, где работаешь?**» «*Я работаю в магазине хозяйственных товаров*».
2) What are you trying (especially deceptively) to accomplish? **Чего ты добиваешься (особенно, обманным путём)?**
I don't know what his game is, but I don't want any part of it. Я не знаю, **чего он добивается,** *но не хочу принимать в этом никакого участия.*

138. WHISTLEBLOWER: someone who reports wrongdoing (especially of his organization or superiors) to the press or authorities. **Бьющий тревогу; разоблачитель; человек, который сообщает о злоупотреблениях, о противозаконной или общественно-вредной деятельности в своей компании / в своём ведомстве высшему начальству или средствам массовой информации.**
There are many more whistleblowers in countries with a free press. В странах со свободной прессой гораздо больше **людей, которые бьют тревогу по поводу разных проблем.**

139. WHOLE NEW BALL GAME, A: a completely new situation. **(Вот это) совсем другое дело; совсем другая история.**
It is a whole new ballgame in our office since he took over as manager. С тех пор, как он стал менеджером, работать в нашем офисе — **совсем другое дело.**

140. WIN-WIN SITUATION: a bargain or other transaction in which both parties benefit or in which both alternatives benefit a chooser. (Term derived from Game theory — see **83 — NO-WIN SITUATION.**) **Все в выигрыше; ситуация, в которой невозможно проиграть;** (*посл.*) «**И волки сыты, и овцы целы**».
She got my husband and I got rid of him — a win-win situation. Она получила моего мужа, а я от него избавилась — **все в выигрыше!**

141. YOU CAN'T WIN THEM ALL: statement of philosophical consolation for a loss or failure. **Всё не выиграешь.**

"You can't win them all," he said when the judge sentenced him to life in prison. **«Всё не выиграешь»**, — сказал он, когда судья приговорил его к пожизненному лишению свободы.

142. **YOU PLAY BALL WITH ME AND I'LL PLAY BALL WITH YOU:** if you help me out (in a dubious or illegal situation), I will do the same for you. *(посл.)* **Рука руку моет; ты — мне, я — тебе; ты меня не подведи, и я тебя не подведу** (особенно в сомнительной или нелегальной ситуации).

    The relationship between the mayor and City Council seems to be one of you play ball with me, and I'll play ball with you. Похоже, что отношения между мэром города и Городским советом были типа: **рука руку моет**.

143. **YOU WIN SOME, YOU LOSE SOME:** statement of consolation for a loss or failure, predicting that things will even out in the end. **Где-то выиграешь, где-то проиграешь; где-то найдёшь, где-то потеряешь.**

    I lost my shirt at poker last night. You win some; you lose some. Вчера я проигрался в покер в пух и прах. Что ж, **где-то выиграешь, где-то проиграешь**.

144. **YOUR/HIS/HER/THEIR, ETC. CALL, IT'S:** you/he/she/they, etc. should decide about that. **Ты решай; вы решайте и т.п.; тебе/вам/ей/и т.п. решать.**

    Should we have Chinese or Italian food for dinner? It's your call. Что у нас будет на ужин: что-нибудь из китайского или итальянского ресторана? **Тебе решать**.

145. **ZERO SUM GAME:** an activity in which what one party wins, the other party loses. (Term derived from Game theory — see **83. NO-WIN SITUATION**.) **Ситуация (игра), в которой сколько выигрывается, столько проигрывается**, например, азартные игры: карты или бильярд.

    Don't ever treat marriage as a zero-sum game. Никогда не относись к браку, как к игре, в которой **сколько ты выиграешь, столько твой супруг должен проиграть**.

Team Sports — Командные игры

Baseball — Бейсбол

146. A LOT ON THE BALL, TO HAVE; ON THE BALL, TO BE: to be alert, bright, competent, efficient and intelligent or knowledgeable and skillful, e.g. a teacher who is really on the ball or a professional electrician who has a lot on the ball. **Быть на чеку; быть внимательным, деловым, компетентным, квалифицированным, расторопным, способным, умным и т.п.**, как *напр.*, прирождённый учитель, настоящий профессионал, или знающий все секреты своей профессии, быстрый, расторопный умный электрик.

That new man we hired seems to have a lot on the ball. Похоже, что этот новенький, которого мы взяли на работу, — ***компетентный работник.***

147. AHEAD OF (BEHIND/BEHIND IN) THE COUNT: in an advantageous (disadvantageous) position so far with respect to achieving some goal. (Reference to whether a pitcher has thrown more strikes or balls so far to a batter.) **Быть пока / на данный момент в лучшем, более выгодном положении / в лучшей позиции (в худшем, менее выгодном положении / в худшей позиции).**

All I need is a B in this course, and since I got A's on my last two exams, I am ahead of the count. Меня бы устроила и четвёрка за этот курс; так как я уже получил пятёрки за два последних экзамена, ***я оказался в лучшем положении.***

148. ALL OVER THE BALLPARK: very confused and unfocused; varying greatly. **В беспорядке; без ясного направления и цели; в состоянии хаоса; (результаты/данные) с большим разбросом.**

The survey results were all over the ballpark. Результаты опроса оказались ***хаотическими*** *и не внесли никакой ясности.*

149. AT BAT: having one's chance or time to perform in public or be in the limelight. Быть на виду / в центре внимания; «командовать парадом»; действовать, когда приходит твоя очередь.

Newspaper headline: The leading candidate is at bat, and everyone is watching. Газетный заголовок: *Лидирующий кандидат — **в центре внимания**; все следят за каждым его шагом.*

150. BAD BALL HITTER: someone with poor judgment. Человек, не способный на правильные суждения.

I don't know how he got promoted to manager — everyone knows he's a bad ball hitter. Я не знаю, как его продвинули на позицию менеджера; всем известно, что он просто **не способен принимать правильные решения**.

151. BALLPARK FIGURE: approximate estimate. Приблизительное число.

How many people are you expecting at the meeting? I just need a ballpark figure. Сколько людей, вы думаете, будет на этом собрании? Мне нужно **приблизительное число**.

152. BAT A THOUSAND, TO: to have performed perfectly on something. Исполнять какую-то работу /действовать/ делать что-либо безукоризненно/безошибочно.

I'm batting a thousand; everyone I asked to be on my panel accepted. Я всё **сделал абсолютно безошибочно**; все, кого я попросил участвовать в обсуждении, приняли моё приглашение.

153. BAT AROUND, TO: to consider various alternatives in an informal way. Обсуждать/рассматривать/дебатировать различные возможности.

Come on in; we were just batting around various ideas for the presentation. Заходите, мы просто **обсуждаем разные идеи** для презентации.

154. BATTING AVERAGE: performance record. Процент удачных попаданий.

Her new fiancé has been divorced three times. I would never consider a man with that batting average. Её новый жених уже трижды разводился. Я бы даже не рассматривала возможность — выходить замуж за человека с таким **процентом неудачных попаданий**.

155. **BATTING ORDER:** order in which individuals will act or perform. Порядок выступлений; порядок, в котором люди приступают к своим обязанностям.

What is the batting order for the panel participants? Каков **порядок выступлений** участников обсуждения?

156. **BEAN SOMEONE, TO:** to hit someone in the head with a thrown object. Ударить по голове / (грубое выражение) дать по башке брошенным предметом.

At the picnic I tossed my orange up in the air and beaned the man sitting next to us. На пикнике я подбросил в воздух апельсин и **попал прямо в голову моего соседа.**

157. **BENCH STRENGTH:** quality of potential "players" in reserve. Сила, качества, возможности запасных игроков; то же — группы людей в запасе / в резерве / во втором эшелоне.

It is important not only to have good managers in place, but also to work on developing bench strength for a company. Важно не только иметь хороших руководителей на местах, но и растить **группу людей второго эшелона, которые бы поддержали успех компании.**

158. **BENCH WARMER:** a person who is officially a member of a team, but rarely is called upon to participate actively. Запасной игрок; человек, сидящий без дела / просиживающий штаны (на работе) по вине руководства/начальства.

Yes, I was a member of that critical committee, but I was mostly just a bench warmer since I was so junior to the others. Да, я был членом этого очень важного комитета, но по большей части **я просиживал там штаны**, так как был ниже всех по положению.

159. **BIG LEAGUE(S):** arena of activity of the foremost performers in any field. Высшая Лига; команда/компания/группа людей самого высокого класса в той или иной сфере деятельности.

After being a small-town attorney, he was hired by a prominent Eastern law firm and entered the Big League. После работы адвокатом в маленьком городке он был нанят известной адвокатской фирмой на восточном побережье и, как говорят, попал в **Высшую Лигу.**

160. **BLEACHERS:** the cheap seats at a performance or their inhabitants. Галёрка; дешёвые места для зрителей.

*The boyish player was a favorite in the bleachers. Этот похожий на мальчишку игрок был любимцем болельщиков, сидящих **на самых дешёвых местах**.*

161. **BLOOPER:** an embarrassing mistake. (Reference is to a ball that is easy to hit or catch.) Промах; глупая оговорка/ошибка (особенно на публике), **ставящая человека в неловкое, смешное положение**.

*Did you see that program showing TV bloopers? It was really funny. Ты видел программу, в которой показывали разные **оплошности людей**, выступавших перед телевизионными камерами. Это было жутко смешно.*

162. **BOTTOM OF THE NINTH:** the eleventh hour; the last chance to alter a situation in one's favor. Последний шанс / последняя возможность изменить ситуацию в свою пользу.

*It is the bottom of the ninth — our lease is up next week — and we still haven't found a suitable place to live. **Время истекает** — наш контракт кончается на следующей неделе, а мы так и не нашли подходящей квартиры.*

163. **BOX SCORE:** a detailed summary or record of performance in some area. Детальный подсчёт (напр. убитых, раненых и пропавших без вести во время войны); детальная сводная информация о всех действиях.

*The organization keeps a box score of voting records on environmental issues. Эта организация ведёт **детальный учёт всех голосов** в голосованиях, связанных с проблемами окружающей среды.*

164. **BUSH LEAGUE:** small time, amateurish. Любители; группа дилетантов, непрофессионалов (игроков, актеров и т.п.); дилетантский, непрофессиональный, посредственный, халтурный.

*I do not enjoy going to those bush league theatrical performances; I would rather save my money for a Broadway show. Мне не доставляет удовольствия ходить на **спектакли любительских групп**. Я бы предпочёл подкопить денег и посмотреть Бродвейское шоу.*

165. CLUTCH HITTER: a person who comes through in a stressful or critical situation. Надежда команды (в трудную минуту); тот, кто не теряет самообладания в критической ситуации / в самых трудных напряжённых условиях.

I don't know what I would say if they caught me, but I would think of something. I have always been a clutch hitter. Не знаю, что бы я сказал, если бы меня поймали, но что-нибудь бы придумал. *Я всегда сохраняю самообладание в самой критической ситуации.*

166. COME OUT OF LEFT FIELD, TO: to come out of nowhere; describes something completely unexpected or with no previous basis. Совершенно неожиданно появиться/произойти; взяться буквально ниоткуда; как с неба свалиться.

The unexpected ending of the movie appears at first to come out of left field. Поначалу кажется, что такая **неожиданная концовка фильма никак не связана с его содержанием — непонятно, откуда берётся.**

167. COVER ALL THE BASES, TO: to make all conceivable preparations; to deal with or plan for everything that could possibly come up in a situation or activity. Всё предусмотреть; обдумать всё до мельчайших деталей.

My mother practically brings a tourniquet and snakebite kit whenever we go out to the park. She says she wants to cover all the bases. Всегда, кода мы едем в парк, моя мать берёт с собой практически всё, что можно себе представить, разве что не кровоостанавливающий жгут и специальный медицинской набор на случай укусов змеи. Она говорит, что **хочет всё предусмотреть.**

168. CURVE BALL: an unexpected turn of events or demand, frequently negative and in a competitive situation. Неожиданный поворот событий/действий/требований, часто носящий негативный характер; хитрый ход/маневр; финт; уловка.

That last question I was asked was a real curve ball. Последний вопрос, который мне задали, **был совершенно неожиданным для меня; в нём была какая-то уловка.**

169. DOUBLE-HEADER: any sequence of two similar events following each other closely. Два одинаковых/подобных события подряд.

Headline of science article: *Seismic Double-header: Seismologist Shows Deep Earthquakes Come in Pairs.* Заголовок научной статьи: «Сейсмолог сообщает о **двух следующих друг за другом** подземных землетрясениях в Париже».

170. **DOUBLE PLAY:** two accomplishments at the same time. Ситуация, когда одним действием удаётся достичь сразу две цели / решить сразу две проблемы / (*погов.*) убить двух зайцев одним ударом/выстрелом.

    The Senate has made a key double play today, one that will move us toward our goal of reducing disability and death from heart disease and stroke, our nation's number one and number three killers. Сенат своим ключевым решением сегодня **убил двух зайцев одним ударом**, приблизив нас к желанной цели уменьшения количества инвалидов и смертных случаев от инфарктов и инсультов — «убийц» номер один и номер три в нашей стране.

171. **EARLY INNINGS:** too early in a process to be able to tell much about the outcome. **Слишком рано говорить/думать об этом / о результатах.**

    He seems to be doing well at college, but he is only a freshman. It is early innings yet. Похоже, что в колледже всё у него складывается очень хорошо, правда, он ещё только на первом курсе. **Слишком рано** говорить о результатах.

172. **EASY OUT:** something that can be dealt with without effort or much thought. **Простой способ; лёгкий выход из положения; то, что очень легко/просто.**

    Do not worry about the written driver's test–it is an easy out. Не беспокойся о письменном экзамене для получения водительских прав — это **очень просто.**

173. **EXTRA INNINGS:** additional time beyond that scheduled needed or taken to complete something. **Дополнительное время, нужное/требуемое, чтобы закончить что-либо.**

    I'm sorry I am home so late; our meeting went into extra innings. Прошу прощения, что я пришёл домой так поздно. Наше собрание **затянулось.**

174. **FARM SYSTEM:** system, official or informal, by which people entering a profession are trained for participation in the most

major areas by progressing in a series of jobs in more and more important venues. Система подготовки молодых профессионалов в различных областях деятельности перемещением их с работы на работу, из отдела в отдел для занятия, в конечном итоге, руководящей позиции в компании, в какой-либо области деятельности; система подготовки/тренировки молодых спортсменов для игры в высшей лиге, когда любая американская хоккейная команда Высшей Лиги имеет ещё одну более молодую команду, лучшие игроки которой могут быть переведены в команду Высшей Лиги временно или постоянно; система вторых сборных страны/города/университета (в спорте).

The Times plays an important role in Washington's journalistic farm system. The paper has been a springboard for young reporters to jobs at The Wall Street Journal, The New York Times, even The Post. Газета «Вашингтон Таймс» **играет очень важную роль в системе подготовки** вашингтонских журналистов. Эта газета является **трамплином для молодых** репортёров для попадания на работу в «Уолл-Стрит Джорнэл», «Нью-Йорк Таймс» и даже «Вашингтон Пост».

175. **FIELD QUESTIONS, TO:** to accept and answer questions from the audience. Отвечать на серию вопросов аудитории как вид контакта с ней.

After an hour of fielding questions, he was exhausted. После целого часа **ответов на вопросы аудитории** он был абсолютно без сил.

176. **GATE (MONEY):** the amount of money taken in or the number of paid audience members coming to a performance. Количество денег полученных от представления/спектакля; количество проданных на спектакль билетов.

The gate from the school play was higher than expected. **Школьный спектакль принёс гораздо больше денег**, чем ожидалось.

177. **GATECRASHER:** someone gaining admission to an event without paying or being invited. Тот, кто пытается попасть на игру/представление/спектакль или даже частную вечеринку без билета / без приглашения / «зайцем».

My father wanted my older brother and his friends to stand at the door when I had my party to keep out gatecrashers. Мой отец хотел, чтобы мой старший брат и его друзья стояли у двери *во время вечеринки, устроенной для меня, и не пускали **тех, кого не приглашали**.*

178. GET TO FIRST/SECOND/THIRD BASE, TO: complete one of the mandated stages of an activity or process; (teen-age slang) reach various stages of sexual activity short of sexual intercourse. Сделать первые шаги (ещё один шаг, ещё несколько шагов) в каком-то деле; продвигаться по ступеням сексуальных отношений юношей и девушек, ведущих к настоящему сексу.

*She told me she let him get to second base with her in the car Saturday night. Она сказала мне, что вчера вечером в машине позволила ему **перейти на вторую ступеньку в их сексуальных отношениях** — больше, чем простые поцелуи.*

179. GO TO BAT FOR SOMEONE, TO: to actively support someone. Вступиться за кого-либо; активно поддерживать кого-либо.

*The boss wanted to fire him, but the assistant manager went to bat for him and persuaded management to put him on probation. Босс хотел уволить его, но помощник менеджера **вступился за него** и убедил руководство дать ему испытательный срок.*

180. HARD-HITTING: effective, forceful, aggressive. Эффективный; убедительный, сильный.

*The hard-hitting antiwar documentary opened this week. На этой неделе на экраны вышел **сильный** антивоенный фильм.*

181. HAVE GOOD INNINGS, TO: to do well or succeed, especially for a period of time in successive endeavors. Показать хорошие результаты, преуспеть, особенно в течение какого-то периода времени в различных предприятиях/соревнованиях.

*I have had good innings and bad ones, but they all taught me something. У меня бывали **периоды успеха** и неудач, но и те, и другие были для меня хорошей школой.*

182. HAVE TWO STRIKES AGAINST ONE, TO: already at a serious disadvantage. Быть в невыгодном положении, когда больше шансов против, чем за.

*Children born to drug addicted mothers already have two strikes against them. У детей, родившихся от матерей-наркоманок, **гораздо меньше шансов вырасти нормальными**, здоровыми людьми.*

183. HIDDEN BALL TRICK: deceptive maneuver. Обманный маневр; обманная тактика; хитрость; уловка.
   The speaker taught the audience a hidden ball trick to get sales prospects to reveal their weaknesses. Лектор учил слушателей **хитрой тактике**, как заставить потенциальных покупателей раскрыть их слабости.

184. HIT AND RUN: describing a situation where a driver hits a pedestrian, property, etc., and then drives away from the scene. Описывает ситуацию, в которой шофёр, являющийся причиной аварии, наносит серьёзный ущерб кому-то или чему-то и уезжает/сбегает с места происшествия.
   My friend was killed in a hit-and-run accident. Мой друг был убит **автомобилем, водитель которого удрал с места происшествия**.

185. HIT: success. Хит; что-то/кто-то, производящее/-ий впечатление; то, что / тот, кто имеет успех.
   My first boyfriend was not a hit with my parents. Мой первый ухажёр не **произвёл большого впечатления** на моих родителей.

186. HOME RUN: any spectacular achievement or success; as used by adolescent males, complete success in an attempted seduction. Впечатляющее достижение; полный/грандиозный успех (как в рассказах юношей об успешных попытках соблазнить девушку); попадание в самое яблочко.
   The ad agency really hit a home run with their newest campaign. Последняя кампания этого рекламного агентства имела **грандиозный успех**.

187. HOME TEAM: a participant in a competition who is from one's home area or equivalent. Команда/ группа людей / участники соревнования из того же самого места, что и рассказчик/ герой повествования; наши люди; свои.
   The candidate for Governor used to live in my home town, and although I do not like his policies I will have to vote for the home team. Кандидат в губернаторы когда-то жил в нашем городе, и хотя мне не нравится его политика, я должен голосовать за «**своих**».

188. HOT DOG, TO: to show off. Играть/выступать на показ; устраивать показуху; показушничать.

The coach yelled at the team to stop hot dogging for the watching girls. (This term originated in baseball but is currently used primarily in surfing and winter sports.) *Тренер стал кричать, чтобы команда прекратила **устраивать показуху** для девочек — зрительниц.*

189. **IF YOU BUILD IT, THEY WILL COME:** a reassurance that some planned project will attract business, or at least attention, from the public. (A famous line from a movie "Field of Dreams" pertaining to building a baseball diamond in the middle of a cornfield.) *(Дословно)* **Если это построишь, люди придут.** *(Известная фраза из фильма «Поле мечтаний», используемая как уверение, что тот или иной планируемый проект привлечёт бизнес или, по крайней мере, внимание публики.)*

From a web site telling you how to attract visitors to your website: *But there are things you can do to ensure that if you build it, they will come.* Из Интернета — совет, как привлечь посетителей к вашему веб-сайту: «Есть вещи, которые можно сделать, чтобы быть уверенными, что **если вы откроете ваш веб-сайт, посетители появятся**.

190. **I CALL 'EM (THEM) THE WAY /LIKE/AS I SEE 'EM:** a statement that one has given his own personal opinion or judgment in open, honest and direct way, no matter what anyone else thinks to the contrary. (Supposed statement of self-justification made by a baseball umpire.) **Я сужу о чём-либо на основании того, что я увидел; то, что я вижу (своими глазами), так и сужу об этом, так и называю.**

"I thought you said my blind date was pretty." "I call 'em like I see 'em". «Мне показалось, что ты сказал о девушке, с которой у меня было свидание, что она миленькая». «**Как я вижу что-то, так это и называю**».

191. **IN THE BALLPARK:** approximately. **Приблизительно; примерно.**

The car cost in the ballpark of $40K. Этот автомобиль стоит **примерно 40,000 долларов**.

192. **IN THE CELLAR:** at the absolute bottom of some system of ranking. **На самом дне; в самом конце; на последнем месте.**

Our class is in the cellar when it comes to collecting money for the Red Cross. Наш класс — **на последнем месте** по сбору денег для Красного Креста.

193. **IN THERE PITCHING, TO BE:** to be striving persistently and actively. Стараться изо всех сил / активно прикладывать максимально возможные усилия, чтобы внести свой вклад в какое-то дело.

It's a very competitive business and everyone's in there pitching. Этот бизнес по своей природе построен на сильной конкурентоспособности, и каждый **старается изо всех сил внести свой вклад**.

194. **IT ISN'T/AIN'T OVER TILL IT'S OVER:** even very late in a process, it is not possible to consider the outcome settled. (Phrase attributed to baseball great, Yogi Berra.) **Не всё кончено, пока всё не кончено.**

We went to bed at midnight, sure our candidate had lost, but awoke to find he had won in the final count. It isn't over, till it's over, as they say. В полночь мы пошли спать, уверенные, что наш кандидат проиграл, но когда мы проснулись, то узнали, что по окончательному подсчёту голосов он выиграл. **Не всё кончено, пока всё не кончено.**

195. **KNOCK IT/ THE BALL OUT OF THE PARK / OVER THE FENCE, TO:** to have a great success in some specific endeavor. Выступить очень хорошо; показать всё своё мастерство.

My brother could not come to my piano recital but sent a telegram saying he was sure I would knock it out of the park. Мой брат не мог приехать на мой сольный фортепьянный концерт, но прислал телеграмму, в которой уверил меня, что я **выступлю с блеском**.

196. **LINEUP:** events, people, etc. arranged in a particular order. Заявленный состав исполнителей или групп на концерте, состав участников соревнования и т.п.; ряд подозреваемых в каком-либо преступлении, выстроенных для опознания; программа радио или телепередач на определенный день, организованная таким образом, чтобы привлечь как можно больше слушателей/зрителей.

The television network's Thursday lineup is disappointing. **Подборка** телевизионных **передач** по четвергам — разочаровывает.

197. **LOSING STREAK:** sequence of failures, usually unbroken. Полоса неудач/провалов/поражений; несколько проигрышей подряд.

That's the third girl in a row who refused to go out with me. I've never had such a losing streak. Это уже третья девушка, которая отказалась идти со мной на свидание. У меня никогда не было такой **полосы неудач**.

198. MAKE A PITCH FOR, TO: to attempt to persuade others to accept some product or course of action. Выдвигать аргументы / убеждать кого-то в пользу чего-либо/ какого-либо продукта / курса действий; набивать цену; нахваливать; расхваливать; сделать деловое предложение.

In his speech he made a pitch for careers in the medical profession. В своей речи он **выдвигал аргументы в пользу** карьеры в области медицины.

199. MINOR LEAGUE: the opposite of big or major league; small time; second rate. Вторая лига; низшая лига; работники/актёры/спортсмены мелкого масштаба /мелкого пошиба; люди, играющие второстепенную роль в той или иной области; люди, находящиеся на вторых ролях.

He was in a few movies, even starred in one, but was always considered a minor league actor. Он играл в нескольких фильмах, даже однажды в главной роли, но его всегда рассматривали как актёра **на вторых ролях**.

200. NO HITS, NO RUNS, NO ERRORS: an event or period in which nothing happens. Период времени, когда ничего не произошло.

"I was sorry to miss the staff meeting. How did it go?" "Don't worry you missed nothing. No runs, no hits, no errors." «Жаль, что я пропустил общее собрание. Как оно прошло?» «Не беспокойся. Ты ничего не пропустил. **Абсолютно ничего не произошло**».

201. NOT (EVEN) GET TO FIRST BASE: not even begin to make progress. Не сделать (ещё) ни малейшего прогресса; ничего (ещё) не добиться.

I spent all day trying to sell cars, but couldn't even get to first base with a single potential customer. Я потратил целый день, пытаясь продавать автомобили, но ни с одним из покупателей дело **даже близко не дошло** до продажи.

202. NOT IN THE SAME LEAGUE WITH: in no way comparable. Никакого сравнения; не выдерживает сравнения.

*The Chinese restaurants in our local shopping centers are not in the same league with those in China Town. Китайские рестораны в нашем местном торговом центре **не идут ни в какое сравнение** с ресторанами в Китайском квартале.*

203. NOTHING ON THE BALL, TO HAVE: to be incompetent, ineffective. Быть некомпетентным/нерасторопным/неумелым; (детское) **неумека**.

*I don't know why he thinks he will get elected; he has absolutely nothing on the ball. Я не знаю, почему он думает, что его выберут; он **абсолютно некомпетентен**.*

204. OFF BASE: inappropriate or incorrect. Неуместный; неправильный; ошибочный; не соответствующий правилам/стандартам/приличиям; несовместимый с правилами и т.п.

*She was way off base in her assessment of the company's economic situation. Она была **абсолютно неправа** в своей оценке экономического положения компании.*

205. ON DECK: to be next in line or on the agenda; to be prepared to go into action. Быть следующим на очереди; быть готовым к выступлению/действию.

*I hope this speaker doesn't take extra time. I am on deck to speak next. Я надеюсь, что этому докладчику не потребуется дополнительное время. Я **должен выступать следующим**.*

206. ON THE DISABLED LIST: unable to participate because of injury or illness. Не участвовать в каком-то событии/соревновании из-за болезни/травмы.

*I'm afraid my husband will be unable to help out with the kids' sailing races. He is on the disabled list. Я боюсь, что мой муж **из-за травмы не сможет помогать нашим детям в парусной гонке**.*

207. ON THE FLY: in passing. На ходу; на лету; по ходу (работы).

*Most of the time I am too busy to sit down for lunch. I just grab something and eat it on the fly. По большей части я слишком занят, чтобы сесть и нормально поесть в середине дня. Обычно я покупаю что-нибудь и ем **на ходу**.*

208. ONE DOWN AND TWO TO GO: said of anything where one out of three tasks (or something similar) has been accomplished. (Refers to strikes in baseball. Two down and one to go... is also used similarly.) **Что-то одно уже сделано, но две работы/задачи/проблемы ещё впереди.**

The oldest of our three sons has just graduated from college. One down and two to go. Старший из наших трёх сыновей только что закончил институт. **Одного выпустили в люди, осталось еще двое.**

209. **OUT IN LEFT FIELD:** eccentric or disoriented. **Человек со странностями; чудаковатый; спятивший; рехнувшийся; не в своём уме.**

I wouldn't be surprised at anything he did. He's always been out in left field. Я бы не удивлялся ничему, что он делает. Он всегда был **со странностями**.

210. **OUT OF ONE'S LEAGUE:** surrounded by unbeatable competition or in a situation completely beyond one's competence; too good or too expensive for someone. **Гораздо ниже по уровню, чем другие участники; некомпетентный в данной ситуации; не ровня; слишком хороший или слишком дорогой для кого-то (предмет, билет и т.п.).**

Henry thinks he's pretty clever, but in that group he is way out of his league. Генри думает о себе как о человеке умном, но в этой группе он был явно **ниже всех по уровню**.

211. **PINCH HIT, TO:** to substitute for. **Заменить/подменить кого-то.**

The candidate cannot be here to deliver his speech so I am going to pinch hit for him. Наш кандидат не может приехать, чтобы произнести речь, так что я собираюсь **подменить** его.

212. **PITCHMAN:** one who delivers sales pitches, e.g., on TV. **Тот, кто рекламирует какой-то продукт.**

He got a job as a pitchman for a used car dealer. **Его взяли на работу** в агентство по продаже старых автомобилей, чтобы **рекламировать** их **на телевидении**.

213. **PLAY-BY-PLAY ACCOUNT:** detailed, frequently tedious account of some process. **Детальный, подробный отчёт/рассказ о каком-либо процессе/событии и т.п.**

I sat next to a woman on the train who insisted on giving me a play-by-play account of her child's toilet training. Я сидела на поезде рядом с женщиной, которая настойчиво и **подробнейшим об-**

разом *рассказывала* мне, как она учила своего ребёнка ходить на горшок.

214. **PLAY HARDBALL, TO:** to behave aggressively and ruthlessly. Вести себя агрессивно; быть безжалостным; (*погов.*) идти по трупам.
He seems like a sweet guy when you first get to know him, but if you ever cross him, you find that he has no problem playing hardball. На первый взгляд он кажется приятным парнем, но стоит сделать что-то против его интересов, то немедленно обнаружишь, как он без всяких колебаний **становится страшно агрессивным**.

215. **POWER HITTER:** someone who can be counted on to do well especially in a critical situation. Тот, на кого можно положиться, кто не подведёт, особенно, в критической ситуации; тот, кто выступает/действует уверенно, надёжно, особенно, в критической ситуации.
This is an important case, and the law firm is using only power hitters. Это очень важное судебное дело, и наша адвокатская контора использует только **самых надёжных и агрессивных адвокатов**.

216. **RAIN CHECK:** indication that an invitation or opportunity can be postponed to a later, more convenient time. Указание на то, что человек не отказывается от приглашения (скажем, от участия в какой-то встрече/игре/соревновании), **но обещает принять это приглашение в другой раз, в другое, удобное для него время**.
Sorry we can't make your party, but please give us a rain check for the next one. Простите, что мы не можем придти на вашу вечеринку, но, **в другой раз, если вы нас пригласите, мы обязательно придём**.

217. **RAINED OUT:** cancelled because of rain or other inclement weather. Какое-то событие/соревнование/встреча отменены из-за плохой погоды.
I'm afraid our picnic has been rained out. Я боюсь, что наш пикник **отменяется из-за жуткой погоды**.

218. **RIGHT OFF THE BAT:** immediately, with no preliminaries. Немедленно; сразу; без промедления; с места в карьер.

The two women took to each other right off the bat. Эти две женщины **сразу же** прониклись друг к другу симпатией.

219. **RIGHT UP SOMEONE'S ALLEY:** for something to be perfectly suited to someone. **Точно по чьей-либо части; то, что идеально подходит кому-либо; то, что соответствует наклонностям/ способностям/интересам того или иного человека.**
   I think this translation job is right up your alley. Я думаю, что сделать этот перевод — **точно по твоей части**.

220. **ROOKIE:** beginner, newcomer. **Начинающий/новичок.**
   Service at the supermarket is usually slower on Wednesdays, when they train the rookie cashiers. По средам, когда они тренируют **начинающих** кассиров, обслуживание в супермаркете проходит гораздо медленней, чем обычно.

221. **SAFE BY A MILE:** totally secure; assured of success. **Успех обеспечен; провал невозможен; верное дело; (жаргон) верняк.**
   There is absolutely no danger of your failing the test. You'll be safe by a mile. Не может быть, чтобы ты провалил этот тест. Ты **наверняка** выполнишь его.

222. **SANDLOT:** amateurish, small time, do-it-yourself. (Allusion is to the dirt lots in cities where informal unorganized baseball is played.) **Относится к чему-либо любительскому/ не профессиональному,** например, Sandlot Science — наука, доступная любому человеку/любителю. (Намек на любой пустой участок земли на улице, где кто угодно может играть в бейсбол.)
   "Sandlot Science" is the title of a Web site that tells people how to do science experiments with common materials. «**Наука, доступная каждому,**» — название веб-сайта, рассказывающего о том, как делать научные эксперименты, используя подручные материалы.

223. **SAY IT AIN'T SO / ISN'T SO, JOE:** jocular statement that some news has affected you negatively and you hope it isn't true. (Allusion to a well-known plea by a small boy to a famous ball player accused and guilty of fixing games.) **Скажи, что это совсем не так / что это неправда!** Это выражение может быть усилено: **Ради Бога, скажи, что это не так!**
   "You're not going to be around for our party? Say, it ain't so, Joe." «Неужели ты не придёшь на нашу вечеринку? **Ради Бога, скажи, что это не так**».

TEAM SPORTS — КОМАНДНЫЕ ИГРЫ

224. SCREWBALL: as an adjective: zany, eccentric, insane; as a noun: a person with these qualities. Человек со странностями/причудами; «клоун»; слегка того; сумасшедший; трахнутый (пыльным мешком); чудак; человек, действия которого не имеют здравого смысла; чокнутый; шут гороховый; эксцентричный человек.

He was always coming up with screwball schemes that got the rest of us kids in trouble. Вечно *ему в голову приходили какие-то странные, авантюрные планы*, из-за которых у всех у нас, детей, были потом неприятности.

225. SEND TO THE SHOWERS, TO: to remove someone from action; retire because of poor performance. (Refers to replacement of a pitcher who is doing badly. The replaced pitcher is free to shower and change his clothes.) Отстранить от работы / от участия в игре; вывести из игры — обычно из-за плохого исполнения/выступления.

After the disastrous first financial quarter, a number of executives were sent to the showers. После катастрофического первого финансового квартала, группа начальников была **отстранена от работы**.

226. SERVE UP A FAT PITCH/SOFTBALL/ LOLLIPOP, TO: to, intentionally or unintentionally, provide someone (especially an opponent) with just the opportunity he needs to make himself look good. Выложить/поднести кому-либо, особенно, оппоненту подарок «на блюдечке с голубой каёмочкой» / замечательную возможность показать себя (в хорошем свете).

That question was nothing but a fat pitch to the Congressman, who used his answer to brag about his record on the issue. Этот вопрос *был настоящим подарком* конгрессмену, который использовал свой ответ, чтобы похвалиться своими достижениями в области обсуждаемой проблемы.

227. SEVENTH INNING STRETCH: a brief break from a long period of sitting. Короткий перерыв после долгого сидения на одном месте; возможность размять ноги / слегка размяться.

About 3 p.m., I take a seventh inning stretch, walking downstairs to buy a candy bar. Часа в три я обычно делаю **короткий перерыв, чтобы долго не сидеть на месте**, и спускаюсь вниз купить себе шоколадный батончик с орехами и мёдом.

228. **SLUGGER:** a jocular term of endearment for a small boy. (Originally a strong hitter in baseball.) Шутливое нежное обращение к детям: «Силач-бамбула»; «боец». (Изначально, бейсболист, очень сильно отбивающий мяч.)

Come on, slugger, don't cry. We'll get you another ice cream. «Эй, **силач-бамбула**, хватит плакать, давай купим тебе ещё одно мороженое».

229. **SLUMP:** period of poor performance. Период времени, когда игра/работа не клеится; период неудач/провалов/поражений в той или иной деятельности; резкий спад в деловой активности / в экономике и т.п.

I haven't completed a crossword puzzle all week. I seem to be in a slump. Я даже ни одного кроссворда за всю неделю не решил. **Что-то у меня не клеится.**

230. **SPITBALL:** an underhanded ploy or dirty trick. Хитрый/коварный маневр/трюк/ход; грязная уловка; закулисный тактический ход.

It was claimed that the lobbyists would resort to every possible legislative spitball to win congressional approval. Утверждалось, что лоббисты **прибегнут к любой хитрой** законодательной **уловке**, чтобы заполучить для своего проекта необходимые голоса в Конгрессе.

231. **SPRING TRAINING:** a preliminary event or practice period during which the results do not count. Предварительная практика/игра, когда результаты действий/состязаний не идут в счёт / не принимаются во внимание.

Candidates who lose in the primaries have claimed that they are merely "spring training." Кандидаты, проигравшие в предварительных выборах, утверждали, что это была **просто предварительна игра, которая в счёт не идёт**.

232. **SQUEEZE PLAY:** applying pressure on a person or group from more than one direction in order to gain some advantage. Давление на человека или группу людей, чтобы добиться от них того, что ты хочешь; (фигурально) взять/зажать кого-либо в тиски.

The tenants of the building felt themselves to be the victims of a squeeze play as the landlord kept raising rents and cutting services. Владелец дома буквально **зажал** своих жильцов **в тиски**, постоянно увеличивая ренту и уменьшая количество услуг.

233. **STEP UP TO THE PLATE, TO:** to take responsibility for something. Взять ответственность на себя; вызвать огонь на себя.

At last, the management of my coop stepped up to the plate and paid for the time I spent and materials I bought to repair my unit. Наконец-то, управление моего кооператива **взяло ответственность на себя** и оплатило материалы и время, потраченное мной на ремонт моей квартиры.

234. **STRIKE OUT, TO:** to fail badly. Потерпеть неудачу; провалиться с треском; выбыть/выпасть из игры; быть выброшенным из какого-либо действия.

That new brand of coffee they were marketing struck out in all the stores. Новый сорт кофе, который так разрекламировали, **с треском провалился** — его не покупали ни в одном магазине.

235. **SWITCH HITTER:** (slang) someone who is bi-sexual. (In baseball a switch hitter is someone who bats either left- or right-handed.) Бисексуальный человек; человек, который вступает в сексуальные отношения с мужчинами и женщинами; (жаргон) двустволка. (В бейсболе — игрок, который может держать биту, как в правой, так и в левой руке.)

I hear it is now fashionable on certain college campuses to declare oneself to be a switch hitter. Я слышал, что сейчас в некоторых колледжах стало модно объявлять себя **бисексуальными.**

236. **TAKE A BAD BOUNCE, TO:** to take a turn for the worse, especially randomly and of no lasting importance. Принять дурной оборот; повернуться к худшему.

The stock market took a bad bounce today. На фондовой бирже дела сегодня **пошли плохо.**

237. **THERE IS NO JOY IN MUDVILLE:** phrase meaning that some locality is unhappy because a group or individual associated with it has failed or even failed spectacularly; used more generally for any disappointment. (This is the last line of the famous poem "Casey at the Bat," which describes the striking out of a local hero.) Сильное разочарование по какому-либо поводу; сильное разочарование из-за провала / очень плохого выступления местной знаменитости / известной личности. (Дословно) В Мадвиле никто не радуется.

There is no joy in Mudville tonight. My son's soccer team did not make the finals. Мы все сегодня были **страшно разочарованы**, футбольная команда моего сына не вышла в финал.

238. **THREE STRIKES AND YOU'RE OUT:** three chances are all you get; if you do something again (for the third time), you are in trouble. **Три ошибки, три нарушения (закона/правил), и для тебя всё кончено.** Аналог в детской считалке: «Первый раз прощается, второй раз запрещается, а на третий раз не простим мы вас».

    I would date a man who had been divorced twice, but not three times. Three strikes and you're out. Я бы ещё стала встречаться с человеком, который был **дважды** в разводе, **но три раза — это уже слишком!**

239. **THROW THE (DEM) BUMS OUT:** (imperative) jocular exhortation to get rid of all those people in power. (Originally said to have been addressed by fans to the Brooklyn Dodgers.) **Выгоните/выбросьте (к чертям / к чертовой матери) всё руководство / всех, кто стоит у власти.**

    I have just one thing to say to the electorate: "Throw dem bums out!" Только одно я хочу сказать всем, кто собирается голосовать: «Гоните к чёртовой матери всех, кто стоит сейчас у власти».

240. **THROW/PITCH SOMEONE A CURVE, TO:** to behave toward someone in an unexpected way or give them surprising news, or to confuse someone. **Действовать/ вести себя в неожиданной манере; преподнести кому-то неожиданную новость / сюрприз; запутать кого-то.**

    My boss really threw me a curve when he told me he was retiring and I would have to take over. Мой начальник **преподнёс мне сильнейший сюрприз**, когда он сказал, что уходит на пенсию, и я должен буду принять руководство.

241. **TINKER TO EVERS TO CHANCE:** precision teamwork. (The allusion is to the sequence of players involved in making numerous well-executed triple plays.) **Исключительно точная, скоординированная, слаженная работа команды/ группы людей.**

    The firemen got the fire out together with no fuss: Tinker to Evers to Chance. Пожарники, **исключительно слаженно работая**, без всякой суеты потушили пожар.

TEAM SPORTS — КОМАНДНЫЕ ИГРЫ

242. **TOUCH ALL THE BASES, TO:** to take every precaution; be sure to go through all recommended steps. (*See* also **167. COVER ALL THE BASES**) Всё предусмотреть; не пропустить ни одного нужного шага в процессе.

   In our attempt to gain citizenship, we made sure to touch all the bases. Пытаясь получить гражданство, мы старались **всё предусмотреть и ничего не упустить**.

243. **TOUCH BASE WITH, TO:** to contact someone for no particular reason as a means of or maintaining social or business relations. **Связаться/поговорить с кем-либо; пообщаться; войти в контакт с кем-то для поддержания социальных или деловых отношений.**

   I'm just calling to touch base since we haven't spoken for a while. Я просто звоню, чтобы **пообщаться**; мы давно не разговаривали.

244. **TWIN BILL** (*See* **169. DOUBLE-HEADER**)

245. **UTILITY INFIELDER/PLAYER:** someone who can fill a number of different roles adequately, if not spectacularly. **Специалист/игрок — универсал**; тот, кто может играть любую роль / выступать достаточно хорошо в любой роли в команде/ в группе людей / в каком-то виде деятельности; **разноплановый специалист.**

   We have enough experts on staff. What we need is a couple of utility infielders. В нашей группе достаточно много экспертов, узких специалистов, нам бы пригодилась парочка **специалистов-универсалов**.

246. **WAIT TILL NEXT YEAR:** traditional ironic/jocular loser's statement; may be understood as a battle cry for the future. **Подождите до следующего года, то-то будет; мы ещё себя покажем!**

   Well, our vacation was pretty dull this year, but wait till next year. Да, в этом году наш отпуск получился довольно-таки скучным; **подождите уж до следующего года**.

247. **WHO'S ON FIRST?:** confused situation, especially prolonged misunderstanding in a conversation. (Allusion to a classic comedy routine by Abbott and Costello about a ballplayer named "Who" being on first base.) **Запутанная ситуация, особенно, долгое**

недопонимание друг друга в беседе; (*посл.*) «Я ему про Фому, а он мне — про Ерёму».

She thought I was talking about Bill when I meant "the bill." It was a classic "who's on first" conversation. Аналогична этому примеру известная шутка Жванецкого: *У нас был грузин. Звали его Авас. Его спрашивают: «А Вас как зовут?» Он говорит: «Авас». И т. д.* Классический вариант разговора типа: «*Я ему — про Фому, а он мне — про Ерёму*».

248. **WILD PITCH:** careless, erroneous, or thoughtless statement or action. Легкомысленное/неаккуратное/необдуманное заявление или действие.

His claim to have invented the Internet was just a wild pitch. **Его утверждение, что он изобрёл Интернет, было, мягко говоря, необдуманным и легкомысленным.**

249. **WINNING STREAK:** a sequence of successes, pieces of good luck, etc. Беспроигрышная полоса/серия; серия успехов/побед.

The candidate's winning streak was broken by a third place finish in the recent elections. **Беспроигрышная полоса** *в жизни этого кандидата была прервана, когда он оказался третьим на недавних выборах.*

250. **YOU'RE BLIND, UMP!:** derisive statement of doubt in the abilities of someone making a decision or "call." Насмешливое замечание, выражающее сомнение в способностях кого-либо принять правильное решение. **Открой глаза! Да ты совсем ослеп! Совсем ничего понять не можешь! Или — Ты что, совсем ослеп? Тоже мне, судья нашёлся!**

"What do you mean, my kid doesn't qualify for the beautiful baby pageant. You're blind, ump!" «*Что ты имеешь в виду, заявляя, что мой ребёнок не годится для детского конкурса красоты.* **Да ты, похоже, совсем ослеп! Тоже мне, судья нашёлся!**»

BASKETBALL — Баскетбол

251. **AIR BALL:** a complete miss. Удар мимо цели; абсолютный промах; полный провал.
The attempt was not only a failure, but a total failure, a real air ball. Попытка не просто не удалась, это был **полный провал**.

252. **FULL COURT PRESS:** vigorous attack or offensive; strong pressure. Мощная, энергичная атака; массированное наступление; сильное давление в нескольких направлениях сразу, «по всему полю».
The senator advocated a full-court press for immigration reform. Чтобы пробить в жизнь иммиграционную реформу, сенатор энергично пропагандировал свою идею, применяя **мощное давление по всем направлениям**.

253. **GIVE IT YOUR BEST SHOT, TO:** to try your best. Сделать всё, что в твоих/чьих-либо силах.
I know you haven't practiced for the audition the way the others have. All you can do is give it your best shot. Я знаю, что ты не готовился к прослушиванию в студии, как все остальные. Тебе остаётся только одно — **показать всё, на что ты способен в этих обстоятельствах**.

254. **HIGH FIVE:** a form of greeting or celebration in which two people strike their hands together at shoulder level. (This practice was introduced by basketball players.) «Дай пять». (Хлопнуть кого-либо ладонью по ладони в знак приветствия или как знак общей радости по поводу, например, выигранной игры; в Америке этот хлопок совершается на уровне плеча.)
Hey, brother, nice game, give me a high five. Эй, братец, а ведь хорошая игра получилась, **дай пять**!

255. **HOME COURT ADVANTAGE:** the advantage conferred by negotiating, competing, etc. on one's own turf. Дома и стены помогают.
Let's invite them to have the meeting over here; it will give us the home court advantage. Давайте пригласим их на деловую встречу к себе; **дома и стены помогают**.

256. IF YOU DON'T SHOOT, YOU DON'T SCORE: homily suggesting that you cannot achieve anything if you do not make an effort to do it; nothing ventured, nothing gained. Не будешь ничего делать, ничего и не достигнешь; (*посл.*) не поклоняясь грибу до земли, не поднять его в кузов; (*посл.*) под лежачий камень вода не течёт.

Even if you don't believe you have a chance, you ought to apply for a scholarship to music school. If you don't shoot, you don't score. Даже если ты не уверен, что у тебя есть шанс получить дотацию для обучения в музыкальной школе, все равно надо подать заявление на стипендию. **Под лежачий камень вода не течёт.**

257. IN-YOUR-FACE: in a bold, aggressive, possibly defiant manner. (Говорить/ действовать) в смелой, агрессивной/бескомпромиссной/ вызывающей/дерзкой манере; бросающийся в глаза; кричащий; шокирующий (о внешнем виде).

This low-key advertising is not working; we need a real in-your-face campaign. Эта неброская реклама не работает, мы должны начать **напористую, агрессивную, бескомпромиссную** кампанию.

258. MY BAD: my mistake, my fault, I'm sorry. (Originally African-American slang used on urban basketball courts.); (latin) Mea culpa. **Моя вина.**

"Did you remember to pick up milk?" "Whoops, my bad!" «Ты не забыл купить молоко?» «Ой-ёй-ёй! Забыл! Моя вина!»

259. NOTHING BUT NET: not only a success, but success in a task in which perfect accuracy is required. (From a perfect basketball shot in which the ball does not hit the rim.) **Точно в цель; решение/завершение какой-либо задачи/проекта с абсолютной точностью.**

(From an Internet article) *Sending a rover to Mars is like shooting a basketball from Los Angeles to New York and hitting nothing but net.* Послать планетоход на Марс — всё равно, что бросить баскетбольный мяч из Лос-Анджелеса в Нью-Йорк и **точно попасть** в корзину.

260. ONE-ON-ONE: direct encounter between two people. **Один на один.**

You need to sit down with him one-on-one and explain to him what he needs to do to improve his work. Ты должен встретиться с ним **один на один**, и объяснить, что ему надо сделать, чтобы улучшить свою работу.

261. POINT MAN: someone who is the forefront of an important enterprise. Центровой (человек); ведущий специалист, человек, играющий критическую, часто решающую роль, или находящийся в ключевой позиции в том или ином предприятии; человек на переднем крае какого-либо движения; человек, представляющий где-либо какое-то предприятие/движение; специальный уполномоченный.
He is the president's point man on economic issues. Он, **тот человек, который разрабатывает и координирует политику** президента по экономическим вопросам.

262. REBOUND, TO: to recover from a negative event or situation. (*See* **14. BOUNCE BACK**) Воспрянуть/оживиться/поправиться (о здоровье, настроении и т.п.); выправить ситуацию.
He has rebounded amazingly fast from his surgery. Он поразительно быстро **поправился** после операции.

263. SLAM-DUNK: a sure thing, a sure means of annihilating a competitor. Верное дело; (*грубо*) верняк; верный путь к выигрышу/победе; (*погов.*) дело в шляпе; победа в кармане.
He kept insisting that his win was a slam-dunk, and then he lost. Он настойчиво утверждал, что у него **победа — в кармане**, а потом — проиграл.

264. TAKE IT TO THE HOOP, TO: to do some task yourself, rather than pass it on. Попытка сделать что-то / решить какую-то проблему самому, без чьей-либо помощи.
He was a person who wasn't afraid to take it to the hoop. Он был человеком, который не боялся пытаться **решать проблемы без чьей-либо помощи**.

265. a)TRASH TALK: disparaging, insulting remarks, especially when used to upset another person and thus impair his performance. Унизительные, оскорбительные, пренебрежительные реплики (иногда даже беззлобные, с юмором) с целью вывести кого-либо/оппонента из равновесия / сбить спортсмена с ритма; словесная перепалка.

Basketball legend Larry Bird was a real trash talk pro. During the three-point All-Star shooting contest in 1986, Bird famously eyeballed his competition for several minutes before saying: "I'm just looking around to see who's gonna finish up second." Легендарный баскетболист Лерри Берд был настоящим профессионалом в **словесной перепалке**. В 1986 г. во время состязания Всех Звезд на попадание в кольцо с далекого расстояния Берд несколько минут внимательно рассматривал соперников и сказал: «Я все смотрю, чтоб понять, кто из вас займет второе место».

b) **TALK TRASH, TO:** to speak disparagingly, often insultingly or abusively about a person or group to intimidate the opposition (also can be used in a humorous spirit). Бросать пренебрежительные реплики, осыпать оскорблениями кого-либо (иногда беззлобно, с юмором) в какой-либо конкурентной, соревновательной ситуации, чтобы вывести оппозицию/противника из равновесия.

My brother kept talking trash to me all the time I was on the phone trying to ask Liv for a date. Мой брат **бросал пренебрежительные реплики** по моему поводу всё время, пока я по телефону уговаривал Лив пойти со мной на свидание.

266. **UNTIL THE FINAL BUZZER:** up to the very last minute of some competition or struggle; taking advantage of the last possible chance. До последнего (используя все шансы до самого конца); до последней минуты; до последнего вздоха.

After receiving his gloomy diagnosis, Fred vowed to fight the disease until the final buzzer. Получив мрачный диагноз, Фред поклялся бороться с болезнью **до последнего вздоха**.

267. **WHITE MAN'S DISEASE/WHITE MEN CAN'T JUMP:** a statement purportedly used to explain the predominance of black players in basketball, used either as an example of racist generalizations or as a jocular introduction to a similarly negative statement not intended to be taken seriously. Недостаток мощи/атлетизма в баскетболе у белых игроков — утверждение, призванное объяснить, почему чёрные игроки доминируют в баскетболе, и используемое или как обобщение расистского характера, или как шутливое заявление типа: «Белые люди не могут прыгать, а служители церкви не могут танцевать».

What do you mean you don't want an Anglo dance partner because they don't have rhythm? I suppose you also believe that white men can't jump. Что ты имеешь в виду, отказываясь танцевать в паре с белым американцем — потому что у белых нет чувства ритма? Ты, наверно, думаешь также, что **белые люди и прыгать не могут.**

Cricket — Крикет

268. **BOWL SOMEONE OVER, TO:** to astonish or overwhelm someone. Сильно удивить / ошеломить кого-то (часто в положительном смысле); привести в замешательство; вывести из равновесия кого-либо (в прямом и переносном смысле); (*погов.*) вылить ушат холодной воды на кого-то (неожиданными, ошеломляющими / отрезвляющими новостями / действиями).
  I was simply bowled over by everything my friends had done to plan the surprise party. Я был **ошеломлён** тем, как мои друзья спланировали неожиданное для меня чествование.

269. **HOLD UP ONE'S END, TO:** to do one's part; to perform as promised. Делать своё дело; внести свою долю / свой вклад в какое-то дело; (*погов.*) не ударить лицом в грязь.
  Don't worry about me. I'll hold up my end; just see you do the same. Обо мне не беспокойся, я-то **своё дело сделаю;** смотри сам **не ударь лицом в грязь.**

270. **KNOCK FOR SIX, TO:** to defeat overwhelmingly or upset greatly. Ошеломить; нанести неожиданное поражение; привести в крайнее изумление.
  I was really knocked for six to hear that she had died. (Predominantly British.) Я был **абсолютно ошеломлён** известием, что она умерла.

271. **LET THE SIDE DOWN, TO:** to fail to contribute well or enough, thus damaging a group effort. Не сделать, что от тебя ожидают; не сделать свою часть работы, как надо; не поддержать общие усилия и повредить общему делу / провалить работу.
  I wouldn't have worked so hard on the science project, but I was working with two other students and didn't want to let the side down. Сам бы я не стал так усиленно работать над научно-

исследовательским проектом, но я работал вместе с двумя студентами и не хотел **повредить общему делу**.

272. **NOT CRICKET:** not fair; not ethical. (Note: almost exclusive jocular use in American English,) **Несправедливо/нечестно/неэтично.** (В американском английском языке эта фраза употребляется почти исключительно в шутливом, ироническом смысле.)
   *I suppose she didn't consider it cricket to divorce her husband when he was away at war; so she waited until he got back. Я не думаю, что она считала **неэтичным** развестись с мужем, когда он был на фронте, и именно поэтому с нетерпением ждала его возвращения и тут же подала на развод.*

273. **STICKY WICKET:** an awkward situation. (Note: almost exclusive jocular use in American English.) **Затруднительное/щекотливое положение; неловкая ситуация.** (В американском английском языке эта фраза употребляется почти исключительно в шутливом, ироническом смысле.)
   *I'm afraid coming up with the money is a bit of a sticky wicket for me right now. Я боюсь, что достать сейчас деньги будет для меня **весьма затруднительно**.*

274. **STONEWALL, TO:** to cover up information or refuse to testify or cooperate; to engage in delaying tactics. **Тщательно скрывать/прикрывать/замалчивать что-либо** (*напр.* какую-то информацию); делать обструкцию; чинить препятствия (расследованию).
   *The delegate simply stonewalled when confronted with the charges against him. Этот делегат **чинил всевозможные препятствия расследованию**, когда ему предъявили обвинения.*

275. **STUMPED:** baffled, taken aback, unable to solve a problem. **Озадаченный; поставленный в тупик; захваченный врасплох; неспособный решить какую-то проблему.**
   *Well, I don't know what the problem with your car is. I confess I am stumped. Я не могу понять, что в твоей машине не в порядке. Должен признаться, что **я зашёл в тупик**.*

276. **THE HONORS ARE EVEN:** both sides have done equally well. (British) **Обе стороны заслуживают одинаковой похвалы; обе стороны одинаково хороши.**

Both of the debaters were excellent; I would say the honors are even. Оба участника прений были великолепны; я бы сказал, что оба **заслуживают одинаковой похвалы**.

277. **TWELFTH MAN:** a person participating in something only as a standby substitute for an active participant. (British) **Запасной (игрок и т.п.)**
    I didn't mind not being asked to speak; after all I was there as twelfth man. Я не расстроился, что меня не попросили выступить; в конце концов, я был там на всякий случай, можно сказать, **запасным**.

Football — Американский Футбол

278. **ALL-AMERICAN:** representative of the best in the nation, especially of wholesome young people. **Типично/чисто американский; американский до мозга костей; представитель всего лучшего, что есть в национальном характере американцев** (особенно, когда речь идёт о молодёжи).
    The ideal of the All-American girl has changed much in the last 50 years. **Образ типичной американской** девушки сильно изменился за последние 50 лет.

279. **ARMCHAIR QUARTERBACK:** a non-participant, after-the-fact and, by implication, non-qualified expert or critic who insists on voicing his opinions. May be used as a verb. **Неправомочный критик** (особенно после факта); **непрошенный советчик** (американский сленг — kibitzer); тот, кто не был ни свидетелем, ни участником какого-то события, и не имеет опыта, чтобы объективно оценить или критиковать это событие, но, тем не менее, настойчиво делает это снова и снова, хотя никто не спрашивает его мнение; комбинация незнайки и всезнайки (после факта).
    We reported the news as it happened at the disaster scene. For others to armchair quarterback us is ridiculous. Мы сообщили о случившемся именно так, как всё произошло на месте катастрофы. Для тех, **кто не был свидетелем** катастрофы, критиковать нас — просто нелепо.

280. **BLINDSIDE, TO:** to launch a surprise attack or take advantage of some weakness; to take or catch unawares. **Застать/застигнуть врасплох; неожиданно атаковать; неожиданно ударить/атаковать со стороны, с которой атакуемый не может видеть удара** (особенно с тяжёлыми последствиями для атакуемого).

The economic turndown blindsided many investors. Экономический спад **застал врасплох** многих вкладчиков капитала.

281. **CALL AN AUDIBLE, TO:** to decide what to do at the last second after seeing all possible options and obstacles that have come up. **Изменить/пересмотреть план действий на ходу, увидев в процессе работы/игры новые возможности или новые препятствия.**

Something has come up and I'll have to call an audible and alter our strategy. Обстоятельства изменились, я должен буду **пересмотреть план действий на ходу** и изменить нашу стратегию.

282. **CALL THE SIGNALS, TO:** to give orders; to be in charge. **Отдавать приказы; командовать (парадом).**

I never would have dreamed that I would call the signals and write and direct my own play. Я никогда и не мечтал, что буду **командовать парадом** и не только напишу, но и сам поставлю свою пьесу.

283. **CARRY THE BALL, TO:** to assume leadership and responsibility. **Принять на себя руководство/ответственность.**

You've done enough. It is time to relax and let someone else carry the ball. Ты сделал достаточно. Пора передохнуть и передать **руководство** кому-то другому.

284. **CATCH-UP BALL, TO PLAY:** last minute desperate attempt to change impending defeat into victory. **Делать отчаянную попытку в последний момент повернуть ход событий в свою пользу / от проигрыша к выигрышу.**

It is amusing to watch companies try to play catch-up ball as the end of the fiscal year approaches. Удивительно и даже забавно наблюдать, как некоторые компании делают **отчаянные попытки изменить ход событий в свою пользу**, когда близится окончание финансового года.

TEAM SPORTS — КОМАНДНЫЕ ИГРЫ

285. **DANCING IN THE END ZONE:** exuberant celebration of one's own triumph or apparent triumph. **Бурное, неудержимое выражение своего триумфа** (как, например, безудержные, акробатические прыжки футболиста, только что забившего гол).
Certainly, his idea was adopted, but he should avoid dancing in the end zone until it is clear that it works. Конечно, его идея была принята, но ему бы не следовало так **неудержимо выражать свой триумф**, пока не выяснится окончательно, работает ли эта идея.

286. **END RUN AROUND, TO MAKE AN:** to use an indirect approach, especially one involving bypassing individuals or organizations. **Добиваться чего-либо действиями в обход прямых путей;** (*посл.*) умный в гору не пойдёт, умный гору обойдёт.
To get permission for our march, we made an end run around local authorities and went directly to the mayor. Чтобы получить разрешение на наш марш, мы **пошли** прямо к мэру **в обход местных властей.**

287. **END ZONE:** the completion or deadline of some process. **Завершение или последний срок завершения какого-либо процесса.**
I told my son that we were getting close to the end zone, and he had better make some firm decisions as to what colleges he wanted to apply to. Я сказала сыну, что приближается **последний срок** подачи документов в колледжи, и пора бы ему принять твердое решение, куда он всё-таки хочет идти.

288. **FAKE OUT, TO:** to outmaneuver or fool someone. **Перехитрить/одурачить кого-то.**
We faked out the teacher by making him think we had gone on the field trip. Мы **одурачили** нашего учителя, убедив его, что мы ходили на экскурсию на какое-то предприятие.

289. **FILL THE GAP, TO:** to substitute for or replace another person. **Заменить/подменить кого-то; занять чьё-то место (на работе, в команде).**
I will be unable to teach this class tomorrow. John will fill the gap. Я не смогу завтра проводить занятие. Джон **подменит** меня.

290. FIRST STRING: the best or preferred performers at some task. Первая скрипка; первый состав; лучшие игроки команды; самые лучшие или предпочтительные исполнители той или иной задачи.

My husband is the first string cook around here; I only back him up. На нашей кухне мой муж **играет первую скрипку**. *Я только помогаю ему, если надо.*

291. FOURTH AND INCHES: tantalizingly close to one's goal but still with a chance of not reaching it. Исключительно близко к достижению цели (но без стопроцентной уверенности).

Congress is fourth and inches to passing a tax reform bill. Конгресс **исключительно близок** к тому, чтобы принять Закон улучшения налоговой системы.

292. FOURTH AND LONG: a situation in which success appears unlikely close to the last minute. (Ситуация, в которой) успех кажется маловероятным до последней минуты.

I love stories where it is fourth and long, and the hero triumphs. Я люблю сюжеты, в которых **до последней минуты успех главного героя кажется маловероятным**, но в конце его ждет триумф.

293. FUMBLE /FUMBLE THE BALL, TO: to make a clumsy error. Fumble as a noun refers to the error itself. Сделать нелепую/неловкую ошибку; неуклюже, неловко, неумело обращаться с чем-либо (*напр.* с мячом); запутаться в собственных ногах. Пример перевода fumble как существительного: неловкая ошибка; неуклюжее, неловкое обращение с чем-либо.

I was fumbling with the key as I couldn't see the lock in the dark. Я **неловко тыкал** ключом куда попало, так как не видел замка в темноте.

Everyone fumbles the ball a bit the first time they try to change a diaper. Каждый, кто первый раз меняет подгузник, **делает это неумело и неуклюже**.

294. GO ALL THE WAY, TO: to carry something to its conclusion; to have sexual intercourse. Довести (дело) до конца; вступить в половую связь; заниматься сексом; иметь секс; совокупляться.

Don't listen when boys try to persuade you to go all the way. Не слушай мальчишек, когда они пытаются убедить тебя **иметь секс** с ними.

295. GO FOR THE LONG BALL, TO (*See* **297. GO LONG**)

296. GO INTO A HUDDLE, TO: to get together in private to discuss and decide something. Обсуждать и решать что-либо конфиденциально, в обстановке секретности; вступить в тайный сговор.
Your father and I went into a huddle and decided that we could afford to send you to private school. У меня **была конфиденциальная беседа** с твоим отцом, и мы решили, что можем позволить себе послать тебя в частную школу.

297. GO LONG, TO: to take whatever risk necessary to try to achieve a big gain. Кто не рискует, тот не выигрывает; (*посл.*) кто не рискует, тот не пьёт шампанского; (*посл.*) риск — благородное дело.
I asked my father whether I should try to start my own business, and he gave me the advice he always does, "Son, go long; you can do it!" Я спросил у отца, следует ли мне начать свой собственный бизнес, и он дал мне совет, который всегда даёт в таких случаях: «Сын, **кто не рискует, тот не выигрывает**».

298. HAIL MARY PLAY: a desperate maneuver against heavy odds. Отчаянная попытка спасти положение при исключительно неблагоприятных обстоятельствах, когда практически все шансы — против; в этом деле без помощи Бога не обойтись; с Божьей помощью.
We're going to need a Hail Mary play if we want to avoid bankruptcy. Похоже, мы можем избежать банкротства разве что с Божьей помощью. Не зря говорят: «Бог не выдаст, свинья не съест!»

299. HAND-OFF: transfer of control from one individual or unit to another. Передать контроль/ответственность от одного человека другому или от одной группы другой.
I have broken my arm and am going to have to hand the task of editing the paper off to you. Я сломал руку, и мне придётся **передать** редактирование этой статьи тебе.

300. INSTANT REPLAY: a detailed description of something directly after it occurred. Подробное описание какого-либо события немедленно после того, как оно произошло; мгновенное воспроизведение информации; повторный показ записей (аудио или видео) какого-либо события / спорных моментов, *напр.* спортивного соревнования.

I was there when you had the argument; you don't need to give me an instant replay of it. Я же был там во время вашего спора; не надо мне **снова всё повторять**.

301. KICKOFF: the start or beginning of something. **Начало; старт.**
The project kickoff meeting has been postponed. Собрание по поводу **начала** проекта было отложено.

302. LETTER IN, TO: to succeed or specialize in a particular area of accomplishment. (This is an allusion to the practice of giving outstanding school athletes a large cloth letter, the first letter of the school's name, to wear on their jackets for each sport in which they excel.) Преуспеть или специализироваться в каком-либо виде деятельности; получить (какое-то) признание в колледже/школе.
My son was a decent athlete in high school, but in college he lettered in girls. Мой сын был довольно хорошим спортсменом в школе, но в колледже он **специализировался в беге** за девчонками, и весьма в этом преуспел.

303. LIFE IS FOOTBALL WITHOUT A HELMET: an aphorism suggesting that life may be just as difficult and competitive, and more unprotected, than even the roughest of games. **Жизнь — это (американский) футбол без шлема.** Клише, утверждающее, что жизнь — труднее любой самой тяжёлой, грубой игры.
Of course, I am not afraid to let my son play football. What better preparation is there for real life? Didn't someone say that life is football without a helmet? Конечно, я разрешу моему сыну играть в футбол. Что может лучше приготовить человека к реальной жизни? Не зря же говорят, что *жизнь — это (американский) футбол без шлема?*

304. MONDAY MORNING QUARTERBACK: one who, without real expertise, analyzes and criticizes others' performance, especially after the fact. (*See* **279. ARMCHAIR QUARTERBACK**) (*Посл.*) Задним умом крепок; умный задним числом; тот, кто любит анализировать и критиковать действия других в каком-то деле, не имея в этом деле никакого опыта, особенно, задним числом.

TEAM SPORTS — КОМАНДНЫЕ ИГРЫ

Don't be such a Monday morning quarterback. If you really knew what errors I was going to make on this, you should have told me before I did it, not afterwards. Если ты заранее знал, какие я сделаю ошибки, что ж ты меня не предупредил. **Легко быть умным задним числом.**

305. OFFSIDES: inappropriate, out of line, or in poor taste. **Бестактный; недопустимый; неподобающий; неприемлемый; несоответствующий; неуместный.**

In my opinion, the remarks that radio personality made were offsides. По моему мнению, реплики, которые отпускал радиоведущий, были абсолютно **неуместны.**

306. OLD COLLEGE TRY: strenuous, enthusiastic effort; used especially in exhortations. (Frequently ironic) **Энергичные, полные энтузиазма действия.**

Come on you can do it! Just give it the old college try! Ребята, а ну-ка, покажите, как вы можете играть! **Как когда-то в студенческие годы!**

307. ON THE BENCH: sitting on the sidelines of something one would have liked to participate in. (Note this idiom is distinct from non-sports idiom *to sit on the bench* — to be a presiding judge.) **Оказаться/быть не у дел, в стороне от главных действий.** (Замечание — не путайте эту идиому, с другой идиомой, не имеющей отношения к спорту: to sit on the bench — быть судьей, ведущим процесс.)

Everyone wants to be a full participant in life. No one wants to spend a life sitting on the bench. Каждый хочет быть в жизни полнокровным участником. Никто не хочет отсиживаться всю жизнь **в стороне от главных событий.**

308. PEP RALLY: a gathering intended to raise enthusiasm among fans for a particular team. **Собрание/встреча, цель которого/которой поднять энтузиазм среди болельщиков какой-либо команды.**

The meeting was just a pep rally for the candidate and gave us no new information. Единственной **целью встречи было — поднять энтузиазм сторонников** этого кандидата; никакой новой информации мы не получили.

309. PICK UP/TAKE THE BALL AND RUN WITH IT, TO: on one's own initiative; to take responsibility or assume leadership. По собственной инициативе принять ответственность или руководство на себя.

We want an employee who will take the ball and run with it. Нам нужен инициативный работник, который бы **взял на себя ответственность и руководство**.

310. PLAYBOOK: a scheme or set of strategies for conducting a business or political campaign. План действий / стратегия для ведения бизнеса или политической кампании.

They borrowed a page from the playbook of the opposition. Часть **стратегического плана** они позаимствовали у оппозиции.

311. PLAYMAKER: a person who takes the initiative and acts decisively or aggressively. Стратег; «дирижёр» команды; агрессивный, инициативный, решительный лидер команды / группы людей; тот, кто «делает игру»; организатор побед команды. (Последнее выражение звучит точно так же, как советский штамп «организатор и вдохновитель наших побед»).

Joe is a hardworking guy, but Rob is the real playmaker on the leading sales team. Джо, несомненно, — работяга, но Роб — настоящий **дирижёр, лидер ведущей группы** сбыта.

312. POLITICAL FOOTBALL: an issue for which blame or responsibility is passed, especially repeatedly. Политический футбол; проблема, ответственность за решение которой или вину за бездеятельность, политики и т.п. сваливают друг на друга.

The matter of financing education has become a political football. Вопрос финансирования образования превратился в **политический футбол**.

313. PUNT, TO: pass off responsibility to someone else. Свалить ответственность на кого-то; отпасовать дело / ответственность за что-либо кому-нибудь другому.

I knew the boss would be critical of whoever gave the report, so I punted and stayed home sick that day. Я знал, что наш начальник критически отнесётся к тому, кто принесёт ему этот отчёт, поэтому я остался дома, сказавшись больным, и таким образом **свалил ответственность на другого** человека.

TEAM SPORTS — КОМАНДНЫЕ ИГРЫ

314. **QUARTERBACK, TO:** take charge of a team effort. Взять на себя руководство усилиями группы в осуществлении какого-либо плана.
   Marge volunteered to quarterback the fund drive. Маргарита **вызвалась руководить** сбором денег.

315. **RUN INTERFERENCE, TO:** to clear the way for someone; keep opposing forces distracted. Расчистить путь для кого-то / для достижения определённой цели, отвлекая внимание тех, кто может этому помешать.
   My brother and I were a team. One of us would be doing some mischief, while the other would run interference with our parents. Мы с братом работали на пару. Пока один из нас делал что-то, что родители не разрешали, другой их **отвлекал**.

316. a) **SIDELINED, TO BE:** to be injured or removed from some activity; to sideline; to shelve some project. Быть выведенным из какого-то действия; быть выбитым из строя, например, из-за травмы.
   Although his mental processes were all intact, his increasing senile tremor sidelined him from continuing to give public lectures. Хотя его умственное состояние было в полном порядке, усиливающийся старческий тремор **вывел его из строя**, не давая ему возможности выступать с лекциями.
   b) **SIDELINE, TO:** положить проект на полку; отложить проект на неизвестное время (возможно навсегда).
   We had better sideline that plan for the time being. В настоящее время для нас лучше **отложить** этот проект.

317. **SIDESTEP, TO:** to avoid an issue. Уклоняться (от серьезных, критически важных вопросов); избегать/обходить стороной (серьёзные вопросы).
   To our disappointment, the speaker sidestepped all the critical issues. К нашему разочарованию, лектор старательно **избегал** говорить на волнующие всех темы.

318. **STATUE OF LIBERTY PLAY:** any bit of audacious trickery or misdirection. Дерзкий, наглый обман/трюк; надувательство; попытка направить кого-либо по ложному пути (происходит от хитрого манёвра в футболе, при котором один из игроков держит мяч в высоко поднятой руке так же, как факел у Статуи Свободы).

The senator accused the president of using the old Statute of Liberty play — showing the public one thing and doing something else. Сенатор обвинил Президента в том, что он **нагло обманывает общественность**, говоря ей об одном, а делая совсем другое.

319. STIFF ARM, TO: to fend off or rebuff. Давать отпор; отражать (атаку).

We have watched the Administration use stiff arm tactics on the opposition to push legislation that it considered important. Мы наблюдали, как Администрация **давала мощный отпор оппозиции**, чтобы протолкнуть законопроект, который считала очень важным.

320. TACKLE, TO: to deal with or handle some difficult problem or issue. Принять вызов и взяться за решение трудной проблемы; энергично браться за трудное дело; биться над решением трудной задачи/проблемы; (*посл.*) «взять быка за рога» и решить трудную проблему.

We've got to tackle these witnesses one by one, or we'll never find out what really happened. Мы должны **взять быка за рога** и разобраться с каждым свидетелем поодиночке, иначе мы никогда не узнаем, что же всё-таки случилось.

321. THIRD AND LONG: with one last chance at an important but not easily achieved goal. Последний шанс достижения важной, но труднодостижимой цели.

From the Internet: In football, "third and long" is a desperate situation where a team must gain monumental yardage for a first down. The children helped by the Third and Long Foundation still face some challenges when battling situations of delinquency, drugs, violence, crime, and unemployment. Дети, получающие помощь благотворительного фонда «**Последний шанс**», продолжают сталкиваться с серьёзными проблемами, стараясь выжить в среде, где их окружают малолетние преступники, наркотики, насилие, преступность и безработица.

322. THROW FOR A LOSS, TO: to shock or upset someone. Ошеломить/расстроить кого-либо; вывести кого-то из / лишить кого-то душевного равновесия; выбить из колеи.

His statement that he wanted a divorce really threw her for a loss. Его заявление, что он хочет развода, совершенно **ошеломило её**.

323. WIN ONE FOR THE GIPPER: maudlin appeal to a group to do its best (used mainly ironically and jocularly today). (Phrase comes from a movie about Coach Knute Rockne, played by Ronald Reagan, exhorting his team to win a game for a terminally ill teammate.) Сентиментальный призыв /обращение к какой-либо группе/команде сделать всё, что в их силах для достижения какой-либо цели.

*President Reagan's most famous use of the phrase was at the 1988 **Republican National Convention** when he told Vice President George Bush, "George, go out there and win one for the Gipper."* Самый известный случай использования Рональдом Рейганом этой фразы произошёл на Республиканской Конвенции 1988 года, когда Рейган сказал Вице-президенту Джорджу Бушу: «Давай, Джордж, *покажи, на что ты способен. Выиграй для меня!*»

324. WIN THE TOSS, TO: to beat someone else out for something; with implication that this occurred by chance. Случайно выиграть что-либо; случайно одержать победу; выиграть на везении (при равных силах); выиграть пари (подбрасыванием монеты).

There were several good candidates for the position, but I won the toss. Было несколько хороших кандидатов на эту позицию, но *мне повезло*, и взяли меня.

325. WINNING ISN'T EVERYTHING; IT'S THE ONLY THING: ironic espousal of the importance of winning. Всё — ради победы; выигрыш — это не только самое важное (в жизни), это — единственно важное.

(A quote from famous football coach Vince Lombardi.) *Winning isn't everything. It's the only thing. Clients want and understandably expect results.* **Выигрыш — это не просто самое важное, это — единственно важное в жизни.** Клиенты хотят, и, что вполне понятно, ожидают нужных результатов.

326. YOU CAN'T TELL THE PLAYERS WITHOUT A PROGRAM: there are so many individuals involved in something that you will be confused without some kind of guide. (This phrase is used by program sellers at ball games.) Так много участников (в каком-то представлении, в игре и т.д.), что без программки / без списка участников /(грубо) без пол-литра не разберёшься.

When people asked me during the college years of our four children how many of them were living at home, I would reply, "You can't tell the players without a program." Если меня спрашивали, когда наши четверо детей учились в университетах, сколько из них живёт дома, я обычно отвечала: «**Без списка участников — не разберёшься**».

Ice Hockey — Хоккей на льду

327. FACEOFF, TO: to have a one-to-one confrontation with someone. (Also used as a noun.) Столкнуться с кем-либо один на один; иметь дело / разговаривать с кем-либо напрямую, один на один.
   The enraged cousins faced off on the question of the use of the beach house. Двоюродные братья **яростно спорили друг с другом**, как использовать их общий дом на берегу моря.

328. HAT TRICK: three wins in a row. (Comes originally from cricket.) Три выигрыша подряд; хет-трик.
   Everyone was holding his breath, waiting to see if the racehorse would pull a hat trick. Все затаили дыхание в ожидании, выиграет ли эта лошадь **третьи скачки подряд**.

329. HE SHOOTS, HE SCORES: an exclamation made after someone has had a clear success, always uttered with enthusiasm and occasionally with surprise. "Удар! Гол!" — полное энтузиазма и изумления восклицание, означающее, что кто-то только что триумфально завершил какое-то действие.
   We heard my baby brother shouting, "He shoots, he scores" in the bathroom and found that he had tossed most of my mother's cosmetics into the toilet. Мы слышали, как мой маленький братишка кричал в ванной: «**Удар! Гол!**», и потом обнаружили, что он выбросил почти всю мамину косметику в унитаз.

330. KEEP YOUR STICK ON THE ICE: an informal Canadian farewell meaning approximately "take care" or more specifically "stay alert." Простое (без формальностей) канадское выражение при прощании, имеющее смысл: **Будь здоров; будь начеку;** *(посл.)* **держи порох сухим;** *(посл.)* **держи хвост пистолетом;** (дословно) **держи клюшку на льду**.

Until next time, keep your stick on the ice. «До встречи. **Будь здоров!**»

331. **POWER PLAY:** to do something that takes advantage of someone else's temporary weakness; more generally, simply to exercise power to achieve one's goals. **Введение в бой / в действие крупных сил; демонстрация силы/ действия с позиции силы, чтобы достигнуть своей цели; игра или какие-либо действия в большинстве.**

    In a power play, voting on the issue took place on a day when two members of the opposing side were home sick with the flu. Чтобы **действовать с позиции силы**, голосование по этому вопросу было проведено в тот день, когда два члена оппозиции не смогли прийти, так как были больны гриппом.

332. **SIN BIN:** a place of punishment. (From the jocular term for the hockey penalty box.) **Штрафная скамейка/скамья; скамейка для штрафников; место для наказания.** От шутливого названия скамейки для нарушивших правила хоккеистов.

    My sons go almost too readily to sit in the corner now that we have renamed it the "sin bin." Мои сыновья почти с готовностью отправляются теперь в угол после того, как мы стали называть его, как в хоккее, «**штрафной скамейкой**».

333. **TONSIL HOCKEY:** deep or "French" kissing. (Teen-age slang.) **«Французский» поцелуй; страстный поцелуй (с использованием языка).**

    Let's look through the window with the lights off and watch my sister playing tonsil hockey on the porch. Давай погасим свет и будем смотреть в окно, как моя сестра **целуется с кем-то «по-французски»** возле входной двери.

Soccer — Футбол (европейский)

334. HAVE THE BALL AT ONE'S FEET, TO: to be in an excellent position to achieve or accomplish something. (Primarily British). Иметь отличные шансы добиться/достигнуть чего-то.

With the grant we just got, we really have the ball at our feet to help our community. С помощью субсидии, которую мы только что получили, мы имеем **отличные шансы помочь** жителям нашего микрорайона.

335. OWN GOAL: an action that backfires. Гол в свои ворота; действие, которое приводит к неприятным последствиям для того, кто замышлял это действие; действие, которым кто-либо сам загнал себя в угол / в лузу.

Everyone laughed at Ralph's own goal. The week after he proposed fining employees for lateness, he was the first one to have to pay. Все смеялись, когда Ральф «**забил гол в свои ворота**». Через неделю после того, как он предложил штрафовать сотрудников за опоздания на работу, он оказался первым, кому пришлось платить штраф.

336. RED CARD: a penalty for bad behavior, such as head-butting, that expels a person from the game or action. The term "red card" is being used by a number of organizations in various campaigns against perceived evils; for example, "Give a red card to racism," "Operation Red Card" against pirating of movies, etc. Красная карточка — демонстрируемый судьёй знак удаления игрока с поля за грубое нарушение правил игры или неспортивное поведение; этот термин используется в аналогичном смысле и в других видах деятельности.

"Show racism The Red Card" is an anti-racist campaigning and educational charity, with a leading role played by British soccer players. «Покажем расизму **Красную карточку**» — это антирасистская и учебно-просветительская благотворительная организация, в которой ведущую роль играют британские футболисты.

337. SHOOTOUT: a short decisive confrontation at the end of a longer conflict. Короткая решающяя конфронтация, чтобы разрешить какой-либо длительный конфликт, разногласия, дебаты.

The third debate will constitute a shootout for the two leading candidates. Третьи **дебаты обещают быть короткими, бурными и решающими** для двух лидирующих кандидатов.

338. **SOCCER MOM:** a political and social stereotype of a group of U.S. women with school age children. A soccer mom is typically imagined as upper middle class, probably college-educated, most often suburban or exurban, and typically white. В американском социальном, культурном и политическом лексиконе — это мать детей школьного возраста, живущая в окрестностях большого города, достаточно богатая, как правило, белая, часто с высшим образованием. Она занимается воспитанием своих детей с такой же энергией, с которой до этого она делала свою карьеру, и чьё время часто тратится на перевозку детей из одного спортивного кружка в другой. Европейский футбол в этом выражении даёт некий обобщённый образ спортивной активности детей независимо от их пола, возраста и атлетических возможностей.

The political candidate appealed highly to the soccer mom vote. Этот кандидат **успешно привлекал голоса достаточно обеспеченных, образованных, очень активных, в основном, белых женщин, отдающих массу энергии воспитанию своих детей.**

Tug-of-war — Перетягивание каната

339. **ANCHORMAN:** a TV or radio personality who coordinates news segments. Диктор на телевидении или на радио.
They are replacing the anchorman on the 6 o'clock news. Они заменяют **диктора 6-часовых новостей.**

340. **DIG IN ONE'S HEELS, TO:** to resist stubbornly. Занять твёрдую позицию; не уступать; упираться; упорно/упрямо сопротивляться; (жарг.) упереться рогом.
No matter how we tried to persuade her, she dug in her heels and refused to go with us. Сколько мы ни пытались убедить её, она **упёрлась** и отказалась идти с нами.

341. TUG-OF-WAR: a contest in which the lead goes back and forth; a struggle for supremacy. **Перетягивание каната; бой/борьба с переменным успехом; решительная схватка; тяжба.**

We both agreed that we did not want our custody arrangement to turn into a tug-of-war with the children as the prize. Мы оба согласились, что не хотим, чтобы вопрос об опеке превратился в **соревнование по перетягиванию каната**, в котором дети будут призом.

Tennis — Теннис

Including Table Tennis — Включая настольный теннис

342. ACE SOMETHING, TO: to do extremely well on something, especially an exam or test. **Быть ассом в каком-то виде деятельности; быть мастером своего дела; делать что-то исключительно хорошо, особенно сдавать (на отлично) экзамены и зачёты.**

I know that material so well I do not have to study in order to ace the final exam. Я знаю этот материал настолько хорошо, что мне не надо готовиться к заключительному экзамену, чтобы **сдать** его **на отлично**.

343. BACKHANDED COMPLIMENT: an insulting remark masked in the form of a compliment. **Сомнительный комплимент.**

When he told me I had a talent for seeing the complex in the simple, I couldn't tell if it was a real or a backhanded compliment. Когда он сказал, что у меня — талант видеть сложное в простом, я не был уверен, был ли это настоящий или **сомнительный комплимент**.

344. BALL'S IN SOMEONE'S COURT, THE: it is someone else's turn to answer, act, or take responsibility. **Пришла очередь такого-то (человека) взять на себя ответственность /действовать/ отвечать.**

We made them a reasonable offer on the house. Now the ball is in their court, and we are waiting to hear from them. Мы дали им разумное и приемлемое предложение на покупку их дома. Теперь **их очередь принимать решение**, и мы ждём их ответа.

345. FOLLOW THROUGH, TO: to pursue fully to completion. **Доводить дело до конца.**

The trouble is that he never follows through with any of his good ideas. Его проблема заключается в том, что он никогда не **доводит до конца** ни одну из своих удачных идей.

346. GAME, SET, AND MATCH: decisive victory; an announcement that someone has just won not only the battle, but the war. **Решительная, полная и окончательная победа** (например, победа не только в отдельном сражении, но и во всей войне).

And then the small boy confidently spelled the word his last remaining opponent had missed, winning the game, set, and match. И затем мальчик уверенно произнёс по буквам слово, в котором его последний оставшийся оппонент сделал ошибку; это была **окончательная и решительная победа**.

347. INNER, E. G., TENNIS: the mental aspects of one's attitude to some sport or endeavor; said to be the real decisive factor in winning. (Term "inner tennis" coined by T. Gallway) **Внутренний настрой** (*напр.*, на выигрыш в том или ином состязании, на достижение цели в каком-либо смелом проекте).

You know your words well enough, but if you are going to win the Spelling Bee at even the state level, we have to work on your inner spelling. Ты знаешь нужные слова достаточно хорошо, но, если ты хочешь выиграть соревнование по орфографии хотя бы на уровне штата, нам надо поработать над твоим **внутренним настроем**.

348. LITTLE OLD LADY IN TENNIS SHOES, A: an eccentric female senior citizen, one who has given up caring what the world thinks of her, so she does and says what she pleases; also used politically to refer to the putative core of right wing extremists. **Эксцентричная старушка**, которой наплевать, что о ней думают, и которая делает и говорит, всё, что хочет, может сказать, что ей вздумается, что ей заблагорассудится.

Don't worry about her. She's vocal but not politically savvy. Just a little old lady in tennis shoes. Не обращайте на неё внимания. Она много говорит, но не очень-то соображает в политике, просто **эксцентричная старушка**.

349. OFF-THE-WALL: (racquet ball) unpredictable, bizarre, or eccentric remark or action. **Непредсказуемая/неожиданная/ исключительно странная /эксцентричная реплика**; такого же рода действие.

He is always making off-the-wall suggestions and remarks when we are trying to have a serious discussion. Он вечно делает какие-то **исключительно странные** замечания, когда мы пытаемся вести серьёзную дискуссию.

350. PUT A SPIN ON, TO: give a particular meaning or interpretation to events, especially in politics. **Манипулировать/жонглировать фактами; представлять факты в определенном свете.**

How in the world are we going to put a positive spin on this disastrous news? Как же нам всё-таки **представить факты** таким образом, чтобы представить эту кошмарную для нас новость в положительном свете?

351. SPIN CONTROL: the act of putting favorable spin on some event or news. **Манипуляция фактами/новостями, особенно в политике так, чтобы они выглядели в положительном свете.**

We need some powerful spin control to keep this news from affecting our image. Нам нужно как-то так **хитро и убедительно преподнести факты**, чтобы эта новость не подпортила нам репутацию.

352. SPIN DOCTOR: one who exercises spin control. **Мастер интерпретации фактов/новостей/событий таким образом, чтобы в свете этих фактов какой-то человек, какая-то политическая фигура / группа людей /партия выглядели положительно в глазах публики; партийный пропагандист; пиарщик; спин-доктор.**

Our (political) party is sick. Call the spin doctor. Наша политическая партия «больна», пора вызвать хорошего **пиарщика, спин-доктора**.

353. TENNIS, ANYONE?: amusing conversational non-sequitur, from a stock line in British comedies concerning the leisured class. May be a parody of an urbane, but painfully trivial, upper class response to some serious or disastrous news. **Забавная разговорная реплика, никак не вытекающая из предыдущего разговора.**

"Ladies and gentleman, the radio has just announced that we are at war. What do you have to say to that? Tennis anyone?" «Дамы и господа, по радио только что сообщили, что началась война. Ну, что вы на это скажете? **Кто-нибудь хочет сыграть в теннис?**»

354. TOP-SEEDED: expected to win by those who know. **Тот, от кого ожидают победы/выигрыша.**

Who is the top-seeded candidate for the Democratic nomination? Кто **наиболее вероятный** претендент на номинацию в качестве кандидата в президенты от Демократической партии?

Races — Гонки/Скачки

Bicycling — Велогонки

355. BACK-PEDAL, TO: to retract a statement or publicly change an opinion. **Идти на попятный (-ую); отказываться от прежнего мнения/намерения/обещания/плана/решения/согласия.**

The senator backpedaled on the issue of immigration after meeting with a group of constituents. После встречи с группой избирателей сенатор **пошёл на попятный** в вопросах иммиграционной политики.

356. BREAK AWAY FROM THE PACK, TO: to suddenly begin to distinguish yourself from a group of competitors and/or peers. **Вырваться вперёд; оторваться вперёд от остальной группы (соревнующихся и т.п.).**

David was certainly a good student in his first years of high school, but by his junior year he had really begun to break away from the pack. Давид был определённо хорошим учеником в начальных классах старшей школы, но к первому курсу колледжа он действительно стал **вырываться вперёд**.

357. FREEWHEELING: unrestrained, independent. **Независимый; раскованный; свободный.**

What he liked was the freewheeling nature of jazz. Что ему нравилось — так это **свободная, раскованная** природа джаза.

Car Racing — Автогонки

358. GENTLEMEN, START YOUR ENGINES: Used to refer to the start of virtually any active, high-involvement activity, including a warning to a male audience that some sort of titillating spectacle is about to begin. (This phrase is the inexplicably famous command that starts the NASCAR races.) **Господа, заводите моторы ваших машин!** (Известная команда при начале автомобильных гонок — используется при начале практически любой деятельности, включая шоу исключительно для мужчин.)

Article title: *Ladies and gentlemen, start your engines: The holiday shopping season is almost here.* Газетный заголовок: «Дамы и господа! **Заводите моторы.** Сезон праздничных покупок — совсем рядом».

359. GO-FASTER STRIPES: cosmetic or similar modifications to a car or other vehicle that make it look more like a racing vehicle but have no actual effect on its performance. **Модификация внешнего вида автомобиля или окраска его, сделанная так, что внешне он становится похож на гоночный.**

Joe's new "cooler" look is no different than the "go faster stripes" on his car; he is still the same old Joe. Новый «стильный» вид Джо — не более чем **яркие полосы на его автомобиле, которые не делают его гоночным.** На самом деле, он всё тот же прежний Джо.

360. HITTING/FIRING ON ALL (SIX) CYLINDERS: operating at highest capacity. **Работать на пределе возможностей / с использованием всех мощностей / с самой высокой производительностью / (жаргон) на полную катушку.**

I surprised myself by getting my paper written in only four hours. For once I was hitting on all cylinders. Я сам себе удивился, когда сделал письменную работу всего за четыре часа. Хоть раз я работал «**на полную катушку**».

361. NASCAR DAD: a putative demographic group defined in the 2004 presidential campaign as a white, working class father. **Представитель гипотетической демографической группы любителей автомобильных гонок — белых отцов семейства, из рабочего класса.**

"Just because I meet all the criteria for being a NASCAR dad doesn't mean I do not like poetry," said the trucker. «То, что я отвечаю всем критериям белого **работяги, отца семейства и любителя автомобильных гонок**, не значит, что я не люблю поэзию», — сказал шофёр грузовика.

362. **ON THE BUBBLE:** the one most vulnerable to being evicted from an elite group. Наиболее уязвимый кандидат на переход из высшей группы/категории/лиги в более низкую.

The television reporter did a series about various shows that are on the bubble, and may not be renewed next year. Телевизионный репортёр сделал серию передач о различных шоу, которые начали терять популярность, и **которые** из-за этого **могут не возобновиться** в следующем году.

363. **PIT STOP:** a stop during an automobile trip to rest, eat, and especially use the facilities. (From the refueling stops of cars during auto races.) Короткая остановка в пути для отдыха, перекуса и, особенно, чтобы сходить в туалет.

I am going to pull in to that gas station ahead. I need to make a pit stop. Я хочу заехать вон на ту заправочную станцию. **Мне нужна небольшая передышка.**

364. **SPIN OUT OF CONTROL, TO:** to acquire so much speed or momentum as to make control impossible. **Выйти из-под контроля / полностью потерять контроль из-за какого-либо слишком быстрого развития действий/событий.**

Many patients feel that hospital bills have spun out of control in recent years. Многие пациенты жалуются, что в последние годы плата за лечение в этом госпитале **вышла из под контроля.**

365. **TAKE THE CHECKERED FLAG, TO:** to win. Победить; выиграть.

Just once I want to be the one to take the checkered flag in something. I don't really care what. Хоть разок я хочу **быть победителем.** Неважно в чём.

366. **UP TO SPEED:** at one's usual (or the required) level of performance. На обычном, привычном или требуемом уровне.

Sharon has only been on the job for two days and probably isn't working up to speed yet. Шэрон проработала на этой работе всего два дня, и, вероятно, **ещё не вышла на требуемый уровень.**

Horse Races — Скачки

367. ACROSS THE BOARD: treatment given to all members of a group everybody or everything), either in equal measure or at least fairly. **Всем поровну.** Compare with a Russian saying «Всем сёстрам по серьгам» that is similar but not identical to the above idiom and normally used in reference to criticism, reprimands etc. Значение этой русской пословицы: 1) Каждому своё, никто не забыт (необязательно поровну); 2) Каждый будет наказан (по заслугам). No one is left out/spared; everyone gets what he/she deserves.
*All the participants in a drunken street-brawl were sentenced to 30 days in jail across the board. Все участники пьяной уличной драки **получили поровну** — по тридцать дней в тюрьме.*

368. AGAINST ALL ODDS: strongly contrary to all sensible predictions. **Несмотря на то, что все обстоятельства/предсказания были против кого-либо или чего-либо; в исключительно неблагоприятных для себя/кого-либо условиях.**
*Against all odds this high school dropout became the president of a university. **Несмотря на то, что все обстоятельства были против** него, этот человек, который даже не закончил школу, стал впоследствии президентом одного из университетов.*

369. AHEAD OF THE PACK: before everyone else or at least the majority. **Впереди всех или, по крайней мере, большинства.**
*My sister has always been way ahead of the pack in adopting whatever fad is going to be popular. Моя сестра всегда была **впереди всех в том**, что касалось любого увлечения, обещавшего стать популярным.*

370. ALSO RAN: a loser or nonentity. **Неудачник; никто и звать никем; ничтожество; заурядный человек; посредственность; проигравший.**
*She made all the other girls at the dance look like also-rans. В её присутствии все остальные девушки на танцах выглядели весьма **заурядно**.*

371. BACK THE WRONG HORSE, TO: to support the losing side. **Поставить не на ту лошадь/лошадку; ошибиться в расчётах / в выборе; просчитаться.**

I would rather take the chance of backing the wrong horse, than back a winner who, I feel, is not the right man. Я охотней рискну и **поставлю на проигрывающую сторону**, чем стану поддерживать победителя, если чувствую, что это не тот человек, который здесь нужен.

372. BEAT THE ODDS, TO: to achieve something that is very unlikely or not statistically expected, given the circumstances. Выиграть/достичь кажущейся недостижимой цели в исключительно неблагоприятных для себя обстоятельствах, когда все шансы / (*перен.*) все карты против тебя; добиться успеха несмотря ни на что.

He beat the odds and survived his supposedly terminal cancer for 30 years. **Несмотря на неблагоприятные прогнозы**, он победил предполагавшийся неизлечимым рак и прожил ещё 30 лет.

373. BEATEN AT THE POST: defeated at the last minute. Потерпевший неудачу/поражение в самую последнюю минуту / на финише.

Everything pointed toward his winning the election, but the day before he made a stupid misstatement and ended up being beaten at the post. Всё указывало на то, что он победит на этих выборах, но накануне выборов он допустил глупую ошибку, сделав ложное заявление, и **потерпел поражение буквально на финише**.

374. BY A NOSE: by a small margin. Чуть-чуть; едва; едва-едва; самую малость; совсем ненамного; с небольшим перевесом.

At this point in the evening the Republicans are winning by a nose. На данный момент, республиканцы выигрывают **совсем ненамного**.

375. CHAMPING AT THE BIT: so eager to get started that one cannot keep still. Быть в нетерпении; (*перен.*) грызть удила; рваться в бой.

While others hung back, he was just champing at the bit to try the stunt. Пока все остальные выжидали, он буквально **рвался в бой** — попробовать этот сенсационный трюк.

376. DARK HORSE: a winner who had not been expected to do well at all. Тёмная лошадка; тот, от кого не ожидали (не ожидают) выигрыша.

The Nobel Peace Prize was won by a dark horse this year. В этом году Нобелевскую Премию Мира получил совершенно неожиданный кандидат.

377. **DEAD HEAT:** tie. **Ничья; вничью; одинаковый результат.**
The spelling bee ended in a dead heat. Соревнование на знание орфографии закончилось **вничью.**

378. **DESK JOCKEY:** a person whose job (especially a dull one) mainly involves sitting at a desk. (Derived from **379 — DISK JOCKEY**) **Работник канцелярии; бюрократ;** (пренебрежительно) **канцелярская крыса; бумажная/чернильная душа.**
How many desk jockeys dream of a life of adventure? Сколько **чернильных душ** мечтает о приключениях?

379. **DISK JOCKEY:** a person who plays recorded music either on the radio or for parties. Also known as a DJ. **Диск-жокей;** тот, кто проигрывает пластинки/ музыкальные записи на радио или на вечерах (на танцах, в барах и т.п.); (современный жаргон) дискарь.
He works in a music store but his ambition is to be a disk jockey on the radio. Он работает в музыкальном магазине, но его цель — стать **диск-жокеем** на радио.

380. **DOWN TO THE WIRE:** approaching the deadline before which something must be accomplished. **В последний момент; (довести) до последнего/крайнего срока / до последней минуты.**
We're really getting down to the wire and I still have no idea what to get her for her birthday. **Мы дотянули до последней минуты,** а я всё еще не решил, что ей подарить на день рождения.

381. **FADE IN THE STRETCH, TO:** to weaken toward the end of the activity. **Ослабеть или ослабить усилия к концу какого-либо действия.**
He starts off each day as a very energetic worker but tends to fade in the stretch. Каждый день он начинает работать очень энергично, но обычно **к концу дня сдаёт.**

382. **FINISH IN (OUT OF) THE MONEY, TO:** to win (not win) or be (not be) one of the top three winners of a contest. **Выиграть (не выиграть) или быть (не быть) в первой тройке победителей.**

I do not necessarily expect to win first place but I think I might finish in the money. Я не претендую непременно на первое место, но думаю, что мог бы **закончить в первой тройке**.

383. FIRST OUT OF THE GATE: the first to start or to do something. (A variant for foot racing is "first man off the blocks".) Первым стартовать или начать какое-то дело.

Our governor was the first one out of the gate to announce his candidacy for presidency. Наш губернатор был **первым**, кто объявил о своей кандидатуре в президенты.

384. FLAT-OUT: with maximum effort. (A reference to a jockey flattening himself on a horse's neck to reduce wind resistance). Во весь дух; изо всех сил; как можно скорее; сломя голову; с максимальным вложением сил/энергии; что есть сил.

We had to run flat-out to catch the bus. Мы должны были бежать **изо всех сил**, чтобы успеть на автобус.

385. FREE-FOR-ALL: a brawl, a fight, or contest without rules and open to anyone who wants to fight. (The original use of the term is a horse race open to all entrants.) «Базар»; беспредел; общая драка; свалка; состязание без всяких правил; состязание/дискуссия, в которых может участвовать любой.

The argument in the bar soon turned into a free-for-all. Спор в баре вскоре превратился **в общую свару**.

386. FROM SCRATCH: starting from the very beginning. (Comes from the line scratched in the ground where horses started racing.) С самого начала; (при приготовлении пищи) из начальных компонентов, а не из полуфабрикатов.

I like to bake cakes from scratch rather than using a mix. Я люблю печь торты **из основных составляющих**, а не из полуфабрикатов.

387. GET SOMEONE'S GOAT, TO: to purposely upset or bother someone. (Supposedly, from stealing a goat placed in a horse's stall with a racehorse as a companion and a calming influence in order to keep that horse from running its best). Намеренно беспокоить/раздражать кого-то; умышленно стараться вывести кого-то из равновесия.

She always manages to do something that gets my goat. Ей всегда удаётся сделать что-то, что **выводит меня из равновесия**.

388. GIVE SOMEONE A RUN FOR HIS MONEY, TO: to provide sufficient competition in a contest. **Оказать сильное сопротивление; быть достаточно сильным соперником в состязании/соревновании и т.п.**

He is a very good figure skater and can give any professional a run for his money. Он очень хороший фигурист и может **быть сильным соперником** любого профессионала.

389. GIVE FREE REIN TO: to allow complete freedom in some area. **Дать полную свободу в чём-то / в каком-то виде деятельности.**

When you do this art project, give your imaginations free rein. Когда ты будешь делать этот художественный проект, **дай полную свободу** своему воображению.

390. GIVE SOMEONE HIS HEAD, TO: to let someone have his way. **Дать кому-либо возможность идти своим путем; позволить кому-либо делать, что заблагорассудится/захочется.**

Although we had rules about important things, we gave our children their heads with regard to less important matters. Хотя у нас были правила для всех важных вещей, в менее важных делах мы **предоставляли нашим детям делать всё, что им заблагорассудится.**

391. GRANDSTAND FINISH: a situation in which the result is decided at the last minute, i.e., right under the eyes of the spectators. (Primarily British.) **Захватывающий финиш, результат которого становится ясен в самый последний момент,** *напр.,* на глазах у зрителей.

In a grandstand finish, the election was called in favor of the underdog at 6:00 this morning. **Финал был захватывающим,** в 6 часов утра победителем в выборах был объявлен кандидат, от которого никто не ожидал победы.

392. HIGHLY TOUTED: highly recommended or praised. (Tout originally meant to spy on horses to see which ones performed well.) **Усиленно рекомендованный/расхваливаемый.**

I did not think that highly touted film was very good. Я не считал, что так **сильно расхваленный** фильм был очень хорош.

393. HIT ONE'S STRIDE, TO: to do one's best; achieve one's maximum competence or a steady comfortable pace. **Войти в /обрести**

свою лучшую форму; войти в /найти свой ритм; достичь своего лучшего уровня в работе; делать всё, что в твоих (его, её ...) силах.

He struggled in school last year, but this year he seems to have hit his stride. В прошлом году ему было трудно в институте, но в этом году он, похоже, **вошел в ритм**.

394. HOLD YOUR HORSES: Wait a while; don't be so impatient. Не торопись; потерпи немного.

Hold your horses; don't rush me. I will tell you the story in my own good time. **Потерпи немного**, не торопи меня, я расскажу эту историю, когда найду подходящее время.

395. HOMESTRETCH: the very last phase of any enterprise. (*перен.*) Финишная прямая; заключительная часть / заключительный этап чего-либо.

You can't quit now, right when we are finally in the homestretch. Ты не можешь бросить работу сейчас, когда мы вышли **на финишную прямую**.

396. HORSE RACE: a contest whose result is hard to predict. Соревнование/состязание/конкурс/борьба с непредсказуемыми результатами.

The last election was not very exciting, but this one will be a real horse race. В последних выборах не было ничего захватывающего, но **результат** нынешних выборов будет **очень трудно предсказать**.

397. HORSES FOR COURSES: statement that some individuals are better in certain situations than in others. Каждый должен заниматься своим делом; (*посл.*) всяк сверчок знай свой шесток.

She's a brilliant legal strategist, but that doesn't mean she does well in the courtroom. There are horses for courses. Она — блистательный юридический стратег, но это не значит, что она сильна в зале суда. **Каждый должен заниматься своим делом**.

398. HOT TO TROT: highly eager to engage in some activity, particularly sexual encounters. Полный страстного желания к какому-либо действию, особенно к сексу; жадный/охоч до секса; похотливый; сексуально озабоченный.

Why does she dress that way if she is not hot to trot? Зачем бы ей так одеваться, если бы она не была **сексуально озабочена**?

399. IN THE RUNNING: under consideration; among the competitors who have a chance to win. **На рассмотрении; быть среди участников состязания, конкурса и т.п. / среди соперников с шансами на выигрыш.**

My cousin is determined to get married this year and, to our amazement, there are three potential husbands in the running. Моя двоюродная сестра полна решимости выйти замуж в этом году; к нашему изумлению, у неё на рассмотрении — три кандидата.

400. JOCKEY FOR POSITION, TO: to maneuver for a more advantageous place. **Всеми средствами добиваться более выгодной позиции / более выгодного положения; маневрировать, чтобы добиться более выгодной позиции.**

All the reporters jockeyed for position around the celebrity and her new baby. Все репортеры старались найти наиболее выгодную для съемок позицию вокруг знаменитости и её новорожденного.

401. LEFT AT THE POST: left (far) behind. **Отставший; оставшийся позади.**

We decided to rent a house and so were left at the post when the real estate boom took place. Мы решили снимать дом и в результате остались ни с чем, когда начался быстрый подъём цен на недвижимость.

402. LONG IN THE TOOTH: old. (Facetious reference to the fact that horses' teeth get longer as they age.) **Старый; (из него / из неё) песок сыплется.** (Это распространённое, беззлобное, шутливое замечание. Люди легко говорят это о себе и о других.)

Isn't she a little long in the tooth for him? Не слишком ли она стара для него? Из неё уже песок сыплется.

403. NECK AND NECK: tied in a contest. **Голова в голову; в равном положении; не отставая; нога в ногу.**

The two candidates are running neck and neck. На данный момент оба кандидата находятся в равном положении.

404. NON-STARTER: an idea, proposal, or candidate with no chance of being accepted or successful. **Идея/предложение/кандидат без всяких шансов на успех.**

I am afraid that, though interesting, your proposal is a non-starter in our grant competition. Я боюсь, что твоё предложение, хотя оно и интересное, **не имеет никаких шансов** на получение гранта.

405. NO-SHOW: someone who doesn't appear to take a place (e.g., at a theater, on a plane) he or she has reserved. (Originally referred to a horse registered for a race that did not run for some reason.) **Не явившийся (пассажир на самолёт, зритель в театр и т.п.).**

You could try flying stand-by, there are always a few no-shows for every flight and you may well get a seat. Вы можете попытаться лететь самолётом, в расчёте на резервные билеты; всегда бывает несколько пассажиров, которые **не являются** к моменту отлёта, и вполне возможно, что вам удастся получить место.

406. ODDS-ON FAVORITE: the thing or person generally considered most likely to win or be preferred. **Неоспоримый фаворит на победу; наиболее вероятный победитель (по мнению большинства).**

Every once in a while the odds-on favorite loses an election. Периодически случается, что **несомненный фаворит** проигрывает на выборах.

407. OUT OF THE RUNNING: out of contention. **Выйти из игры, не имея шансов на успех.**

John has no documents so is out of the running for that job. У Джона нет необходимых документов, так что **у него нет шансов** получить эту работу.

408. PACESETTER: a leader or innovator in a field with whom everyone else tries to keep up. **Лидер/новатор; тот, кто задаёт тон в какой-либо сфере деятельности.**

Long the pacesetter in women's fashion, she seems to have lost her touch. Похоже, она утратила прежнюю хватку, хотя и была долгие годы **законодателем** женской моды.

409. PHOTO FINISH: a contest outcome that is extremely close and requires a photograph to determine the winner. **Фотофиниш; финиш какого-либо состязания, в котором соперники показывают чрезвычайно близкие результаты, и для выявления победителя требуется фотография финиша.**

The two candidates ended up in a photo finish and a recount is underway. Оба претендента закончили с **почти одинаковым результатом,** и сейчас проходит повторный подсчёт голосов.

410. PLAY THE FIELD, TO: to date more than one member of the opposite sex rather than having a single steady partner (sometimes transferred to similar situations). Встречаться с несколькими мужчинами/женщинами, в отличие от того, чтобы иметь одного устойчивого партнёра; ухаживать за несколькими женщинами одновременно; принимать ухаживания нескольких мужчин одновременно; волочиться за женщинами.

Before he met Agnes, he had always just played the field. До того, как он познакомился с Агнесс, он всегда **встречался одновременно с несколькими девушками.**

411. PUT THROUGH THEIR PACES, TO: to cause people or things to demonstrate what they can do (usually for an audience). Сделать так, чтобы кто-либо или что-либо продемонстрировали свои возможности, способности.

This computer program sells itself. All you have to do is put it through its paces and customers will take out their wallets. Эта компьютерная программа сама себя продаст; **тебе нужно только дать ей продемонстрировать, на что она способна,** и покупатели сразу охотно раскошелятся.

412. RIDING FOR A FALL: heading for trouble. Действовать во вред себе /безрассудно/неосмотрительно; искать приключений на свою голову/(грубо) на свою задницу; нарываться на неприятности; рыть самому себе могилу/яму.

I did not like the look on his face when he left the house. I think he is riding for a fall. Мне не понравилось выражение его лица, когда он уходил из дома. Я думаю, что он **ищет приключений на свою голову.**

413. RUNNING MATE: a candidate running on the same ticket as another. Человек, выставляющий свою кандидатуру на выборах в паре с кандидатом на более высокий пост, например, кандидат на пост вице-президента США.

How many people now remember the name of the defeated governor's running mate? Кто сегодня помнит имя **вице-губернатора, который баллотировался вместе с губернатором,** потерпевшим поражение.

414. SCRATCH THAT: command or request to erase or disregard what was written or said. (Derived from the term indicating a horse has been withdrawn from a race.) Отмени/перечеркни что-либо; забудь о том, что сказано/написано.

Why don't we have lunch on Monday? No, scratch that, I have a dentist's appointment. Почему бы нам не пообедать вместе в понедельник? Ой, нет, в понедельник **не получится**, я иду к зубному врачу.

415. SHOO-IN: someone who is certain to win some contest or honor. Бесспорный, вероятный, первый кандидат на победу / фаворит в соревновании/состязании/конкурсе и т.п.

Susie is a shoo-in to be voted Freshman Queen. Сюзи — **бесспорный кандидат на победу** в выборах Королевы первокурсников.

416. SLEEPER: someone or something that performs much better than anticipated. Кто-либо (что-либо), кто (что) делает своё дело / выступает гораздо лучше, чем ожидалось/предполагалось; тот, кто добивается неожиданного признания и успеха; что-то, неожиданно получившее широкое признание; тёмная лошадка.

Look out for Harvey in the tournament. I have a feeling he's a sleeper. На этих соревнованиях следи за Харви. У меня такое чувство, что он **выступит лучше, чем от него ожидают**.

417. SPORT OF KINGS: semi-ironic designation of horse racing. Спорт королей — несколько ироническое определение скачек.

How can you say that going to the races is a low-class activity? Don't they call it the sport of kings? Как ты можешь говорить, что лошадиные скачки — занятие ниже твоего достоинства? Не называют ли их **спортом королей**?

418. START A HARE, TO: (from dog racing) to introduce a new topic into a discussion, especially one of dubious relevance that is prone to distract people from the issue at hand. Затевать ненужный спор; поднимать не относящийся к делу вопрос / ненужную тему (обычно отвлекающий/-ую от основной темы).

Oliver again tried to introduce the topic of accepting female members at the club meeting, but we wouldn't let him start that hare again. На собрании Оливер опять поставил вопрос о принятии женщин в члены клуба, но мы не дали ему **затеять ненужный спор**.

419. **STRAIGHT FROM THE HORSE'S MOUTH, I GOT/HEARD IT:** assertion that something is true because one heard it from a firsthand participant in some event. Из первых рук (узнать что-то).

*I'm quite sure they are indeed planning to move; I heard it straight from the horse's mouth. Я уверен, что они действительно собираются переехать. Они мне об этом **сами сказали**.*

420. **THE SMART MONEY IS ON:** phrase used to introduce the predictions or choice made by those with particular expertise, or even privileged information. (Refers to bets made by experienced gamblers.) Предсказание или выбор, сделанные теми, кто знает, на кого или на что ставить, или из опыта, или на основе конфиденциальной информации.

*The smart money is on the candidacy of Senator Jones. Те, кто действительно знают, что делают, **ставят на** кандидатуру сенатора Джонса.*

421. **THEY'RE (ARE) OFF AND RUNNING:** some contest or other complex and energetic activity has gotten underway. In some contexts, may mean that one or more people are starting to engage once again in a favorite or habitual activity. Действие (конкурс, игра, соревнование и т.п.) началось (например, бегуны стартовали, или Олимпийские игры открыты); действие в (полном) разгаре; (опять) браться/взяться за своё.

*Whenever my parents began to argue, my older brother would say sarcastically, "They're off and running!" Когда мои родители начинают спорить, мой старший брат говорит саркастически: «**Опять они за свое взялись!**»*

422. **THOROUGHBRED:** a well-bred person; a person of high birth or social position. Безупречно воспитанный человек; аристократ; голубых/чистых кровей.

*You can see what a thoroughbred he is, just from the way he talks to the staff. Из того, как он говорит со своими подчинёнными, сразу видно, что он **безупречно воспитанный человек**, как говорят, **голубых кровей**.*

423. **TROT OUT, TO:** to produce or introduce something in order to show off. (From the trotting out of horses before a race for the audience to admire.) Показать что-то, чтобы этим щегольнуть; (сленг) **устроить показуху**.

As soon as I came in, he trotted out all his trophies for me to admire. Как только я вошёл, он, **не без щегольства, устроил мне демонстрацию** всех своих трофеев.

424. **UNDER THE WIRE, JUST:** just before some deadline. Буквально в последнюю минуту/секунду; почти перед истечением последнего/крайнего срока.
   I finished my income taxes right under the wire. Я закончил свои налоговые расчёты **буквально в последнюю минуту**.

425. **VET, TO:** to check something out thoroughly before committing to it. (From the practice of having a veterinarian examines a racehorse before purchase.) Тщательно проверить все данные/показатели/условия и т.д. прежде, чем согласиться на участие в деле; тщательно проверять всю информацию о ком-либо при приёме на работу.
   You had better have the car vetted by a mechanic before you make an offer on it. Ты бы лучше **показал машину механику**, прежде чем примешь решение о покупке.

426. **WIN HANDS DOWN, TO:** to win easily. (Reference to the jockeys' practice dropping their hands and loosening theirs grip on the reins when they are sure they will win.) Выиграть с лёгкостью.
   I don't know what you are worried about, your team is sure to win hands down. Я не знаю, о чём ты беспокоишься; твоя команда наверняка выиграет **с лёгкостью**.

427. **WIN THE DAILY DOUBLE /SWEEPSTAKES, TO:** to have some extraordinary piece of luck. Кому-то невероятно/фантастически повезло.
   What are you grinning about? You look like you just won the daily double. Что ты ухмыляешься? Ты выглядишь так, будто тебе **фантастически повезло**.

428. **WIN, PLACE OR SHOW, TO:** to finish a competition as one of the top three. Закончить состязание в тройке победителей/призёров.
   At the county fair, my grandmother's pies never failed to win, place or show. На ярмарке в нашем округе моя бабушка со своими пирогами всегда **оказывалась в тройке победителей**.

429. WINNER'S CIRCLE, IN THE: metaphorically, living the charmed life and enjoying the privileges of someone deemed by society to be a winner. (Жить) в кругу привилегированных людей / жизнью привилегированных людей.

After all those years of considering myself a kind of loser, it was startling to suddenly find myself in the winner's circle when my novel was published. После долгих лет, когда я ощущал себя неудачником, было удивительно вдруг **оказаться в привилегированном кругу**, когда мой роман был опубликован.

430. WITHOUT TURNING A HAIR: in a calm and collected manner. (Sweaty horses have rough looking hair.) Без каких-либо признаков усталости; без признаков боязни/смущения; (делать что-то, требующее большого напряжения или смелости) без колебаний, решительно, и «глазом не моргнув»; спокойно и собранно; хладнокровно.

He is always so calm. I bet he would run into a fire to save someone without turning a hair. Он всегда так спокоен. Бьюсь об заклад, что он, **глазом не моргнув**, бросился бы в огонь, чтобы спасти кого-то.

Combat Sports — Спортивные единоборства

Boxing — Бокс

431. AHEAD ON POINTS: to have a slight lead based on rather specific and technical criteria. Вести/ быть впереди по очкам; слегка превосходить оппонентов/соперников по каким-то специфическим критериям.

Well, for this job opening, we have one person ahead on points, but another have made a better overall impression. На эту вакансию у нас есть кандидат, который **превосходит остальных по некоторым критериям,** но другой кандидат производит более хорошее впечатление в целом.

432. AT THE DROP OF A HAT: immediately and without much inducement. (From an early signal to contestants to start fighting.) Моментально; немедленно; по малейшему поводу; по первому зову; при первом удобном случае; (сленг) с полоборота; тотчас же.

They would start singing at the drop of a hat; anything was enough to set them off. **При первом же удобном случае** они начинали петь — их и просить не надо было.

433. BARE-KNUCKLE: a tough confrontation with no restrictions. Драка.

What started out as a civilized debate, turned into a bare-knuckle argument. То, что началось как цивилизованные дебаты, превратилось в словесную **драку.**

434. BEAT SOMEONE TO THE PUNCH, TO: to anticipate or forestall someone else's action. Опередить/предвидеть/предвкушать/ предупреждать чьи-то действия.

I was going to call and ask her to the dance, but she beat me to the punch and asked me. Я собирался пригласить её на танцы, но она **опередила меня,** предложив мне пойти с ней.

435. BLOW BY BLOW ACCOUNT: a very or excessively detailed account of some past event. Подробный/детальный/полный отчёт/рассказ.

Every Monday she comes in and spends an hour giving me a blow by blow account of her weekend. Каждый понедельник она приходит и **подробнейшим образом рассказывает мне**, как она провела выходные дни.

436. BOB AND WEAVE, TO: to move erratically for evasive purposes. Делать неуловимые уклоняющиеся движения (в прямом и переносном смысле), чтобы избежать чего-либо (прямой конфронтации, прямого ответа и т.д.); двигаться беспорядочно, чтобы уклоняться от чего-либо.

During the debate the leading candidate tended to bob and weave, rarely answering a question directly. Во время дебатов лидирующий кандидат, **неуловимо отклоняясь** от темы, всякий раз мастерски избегал прямого ответа на вопрос.

437. BODY BLOW: a very damaging event. Удар по корпусу; событие разрушительной силы, приносящее большой ущерб.

Hurricane Katrina delivered a body blow to New Orleans. Ураган «Катрина» **нанёс огромный ущерб** Новому Орлеану.

438. BOXER SHORTS: men's underwear resembling shorts worn by boxers. Свободные мужские трусы, похожие на спортивные трусы боксёров.

"All I need for Christmas is some underwear." "Boxer shorts or briefs?" «Всё, что мне нужно в подарок к Рождеству — это нижнее бельё». «*Свободные трусы или обтягивающие?*»

439. CAN'T/DOESN'T LAY A GLOVE ON SOMEONE: unable to do real harm to someone. Никому большого вреда не принесёт.

She yells and yells but never really lays a glove on me. Она кричит и кричит на меня, но **настоящего вреда никогда не приносит**.

440. COME UP TO SCRATCH, TO: to meet a standard. (Refers to a scratch mark in the ring that a fallen boxer had to reach for the fight to continue.) Быть в требуемой форме; удовлетворять необходимым требованиям; отвечать требуемым или ожидаемым стандартам.

We had to let him go; he just didn't come up to scratch as an employee. Мы должны были его уволить; как работник, он **явно не соответствовал своей позиции**.

441. COUNT (DON'T COUNT) SOMEONE OUT, TO: to consider (or not consider) someone eliminated or defeated. Сбрасывать (не сбрасывать) того или иного человека со счёта.
Don't count me out. If I ace this test I may yet be top student of the year. **Не сбрасывай меня со счёта**. Если я сдам этот экзамен на отлично, я ещё смогу стать лучшим студентом года.

442. DOWN AND OUT: people who are destitute, penniless, and hopeless. Бедняк; кто-либо в беспомощном состоянии / выброшенный за борт жизни / доведённый до пределов нищеты /опустившийся/ потерпевший полное крушение в жизни / разорённый. *The free lunch program does not serve the down and out alone.* Программа бесплатных обедов предназначена не только для людей, **дошедших до полной нищеты**.

443. DOWN BUT NOT OUT: having suffered a setback, but by no means defeated. Временно выбитый из колеи; отброшенный назад какими-то обстоятельствами, но не потерявший желание/ надежду/энергию продолжать задуманное/начатое дело.
It's true my last business did not succeed. However, I may be down but I am not out by any means. Это правда, мой последний бизнес не пошёл; **это выбило меня на какое-то время из колеи**, но я отнюдь не оставил своё намерение заниматься бизнесом.

444. DOWN FOR THE COUNT: decisively defeated, unconscious. Потерпевший сокрушительное поражение и надолго выведенный из строя; (находящийся) в бессознательном состоянии / в отключке; отключившийся.
Don't worry about regaining consciousness during the operation; you'll be down for the count. Не беспокойся, что ты начнёшь что-то чувствовать во время операции; ты **полностью отключишься**.

445. DROP ONE'S GUARD: leave yourself unprotected temporarily. Потерять на время бдительность/осторожность; оставить себя незащищённым.
My teenage son drops his guard occasionally and that's when I swoop in and give him a kiss. Стоит моему сыну на минуту

потерять бдительность и расслабиться, тут-то я и налетаю на него, и целую.

446. FALL GUY: a person who is left to take the full punishment for a crime or act he either did not commit or did not commit alone. (*погов.*) Козёл отпущения; (сленг) **стрелочник** (от пословицы: Стрелочник всегда виноват); тот, на кого свалили вину; тот, кто расплачивается за чужие преступления; тот, кто расхлёбывает кашу, которую не он заварил.
  Listen, we were all involved in cheating; I am not going to be the fall guy for the rest of you. Слушайте, мы все участвовали в этом мошенничестве, я не собираюсь **расплачиваться за вас всех**.

447. FANCY FOOTWORK: skillful maneuvering. Искусное/мастерское маневрирование; искусство маневрирования.
  Through fancy footwork I was able to talk them into letting us attend the closed meeting. **Искусно маневрируя** доводами, мне удалось уговорить начальство разрешить нам присутствовать на закрытом собрании.

448. FEATHERWEIGHT: very light in weight in any sense. Очень лёгкий человек (по весу); легковесный человек (в любом смысле).
  What's a featherweight like him doing in my Advanced Philosophy course? Что такая **пустышка**, как он, делает на углублённом курсе по философии?

449. FLOAT LIKE A BUTTERFLY, STING LIKE A BEE: to be light or graceful and yet strong and capable of doing harm or being effective. (A boast made by Mohammed Ali about his abilities and strategies.) Быть лёгким и грациозным, быстрым и гибким и в то же время быть эффективным в своих действиях и способным нанести, если надо, большой ущерб противнику/оппоненту; (*посл.*) мягко стелет, да жёстко спать; (дословно) порхает, как бабочка, а жалит, как пчела.
  From the Internet: Defense research aims to float like a butterfly, sting like a bee. Исследования в области вооружения должны **быть быстрыми, гибкими и эффективными**.

450. FLOORED: to be overcome, stunned; e.g., with astonishment, grief. Ошарашенный; ошеломлённый; сражённый наповал; как обухом по голове.

The announcement of their marriage simply floored their friends and families. Новость об их женитьбе буквально **сразила** их друзей и семью **наповал**.

451. GRUDGE MATCH: a contest motivated by bad feelings on the part of one or both of the parties; a rematch of some kind at the instigation of the loser of the previous match. Состязание/спор, вызванные затаённой злобой/обидой одной или обеих сторон / вызванные тем, что кто-то «имел зуб против кого-то»; переигровка/ повторное состязание по наущению проигравшей стороны.

Many Europeans considered the war in Iraq a grudge match between Bush and Saddam. Многие европейцы считали, что **война** в Ираке **вызвана тем, что Буш имел зуб** на Саддама.

452. HANG IN THERE, TO: to refuse to give up; to persevere, no matter how difficult it is. Биться до последнего; держаться изо всех сил / что есть сил.

I saw her right after the divorce and asked how she was doing. She smiled weakly and said, "Hanging in there!" Я видел её сразу после развода и спросил, как она себя чувствует. Она слабо улыбнулась и сказала: «**Держусь изо всех сил**».

453. HEAVYWEIGHT: of exceptional importance, reputation, or influence. Очень важная, значительная персона; большой авторитет; видный деятель; знаменитость; человек исключительной репутации/известности в той или иной сфере деятельности.

The firm, sensing trouble, called in a political heavyweight as a consultant. Чувствуя, что дела плохи, руководство фирмы пригласило **крупного** политического **стратега** в качестве консультанта.

454. HIT BELOW THE BELT, TO: to violate rules of fair play, decorum, arpropriateness, etc., in a conflict or dispute. (перен.) **Удар ниже пояса**. *It was bad enough when the opposition questioned his patriotism on the basis of his voting record, but calling attention to his immigrant family was hitting below the belt.* Достаточно неприятно было уже то, что оппоненты поставили под вопрос его патриотизм, мотивируя это тем, как он голосовал в Конгрессе; но **привлекать всеобщее внимание к тому, что он из эмигрантской семьи — было ударом ниже пояса**.

455. I ZIGGED WHEN I SHOULD HAVE ZAGGED (Famous quote from a losing boxer.): a jocular excuse for a mistake, specifically to being in the wrong place in the wrong time. (From the word "zigzag" — a line, course or progression characterized by a shurp turn first to one side and then to the other. От слова «зигзаг — ломаная линия») Я двигался зигом, когда надо было двигаться загом. (Известная шутка проигравшего боксёра, в значении: «Я сделал глупую ошибку») Шутливое объяснение ошибки, которая привела или могла привести к серьёзным последствиям, особенно, когда кто-то оказывается в плохое время в плохом месте.

Who knows what causes a person to drive off the road? Let's just say I zigged when I should have zagged. Кто знает, что заставляет водителя съехать в кювет? Можно сказать, что **я ехал зигом, когда надо было ехать загом**, *т.е.* **попросту допустил глупую ошибку**.

456. IN SOMEONE'S CORNER: rooting for or supporting someone; on someone's side. Болеть за кого-то; быть на стороне кого-то; поддерживать кого-то.

Throughout this difficult period I was encouraged by knowing that my friends were in my corner. Понимание того, что все друзья — **на моей стороне**, поддерживало меня в это трудное время.

457. INFIGHTING: fighting among members of an organization or group. Борьба внутри организации/группы; грызня — ситуация, когда внутри группы все перегрызлись (как крысы) / перессорились между собой.

No wonder that company went bankrupt with all the infighting that took place among management. Не удивительно, что эта компания обанкротилась, учитывая всю эту **грызню внутри руководства**.

458. KILLER INSTINCT: the drive to win at all costs fueled by aggression, if not hostility. Инстинкт киллера/убийцы; звериный инстинкт; психология человека, готового перегрызть горло другому / идти по трупам; стремление выиграть любыми средствами, подогреваемое внутренней агрессивностью/враждебностью.

He is a good boxer, but unless he develops a killer instinct he will never become a great one. Он — хороший боксёр, но если у него не разовьётся **инстинкт убийцы**, великим он никогда не станет.

459. KNOCK DOWN DRAG OUT FIGHT: a prolonged and hard fight or contest without rules; a brawl. (*See* **385. FREE-FOR-ALL**)

460. KNOCKOUT, A: an extremely attractive female. Женщина ошеломляющей красоты; девушка/женщина — нокаут.

Have you seen our new neighbor? She's a knockout. Вы видели нашу соседку? Она женщина такой красоты — просто **нокаут**.

461. KNOCK OUT (KO), TO: to render unconscious or exhaust. Нокаутировать; довести до полного истощения (сил, нервов); привести в бессознательное состояние.

Five days of work really knock me out and I sleep all weekend. Пять дней работы **доводят меня до полного истощения**, и я сплю все выходные.

462. KNOCKOUT DROPS: chemicals put into someone's drink to render them unconscious. Нокаутирующие капли/пилюли; химическое вещество, которое при добавке к какому-нибудь напитку может привести человека в бессознательное состояние.

The complainant claimed the suspect put knockout drops in her drink. Истица утверждала, что обвиняемый подмешал **нокаутирующие капли** в её напиток.

463. LEAD WITH ONE'S CHIN, TO: to behave in a risky way; to be asking for trouble. Постоянно рисковать (нужно или не нужно); лезть на рожон; нарываться на неприятности; (грубо) искать на свою задницу приключений.

If he doesn't stop leading with his chin whenever he encounters someone with an attitude, he's going to get hurt. Если он **не перестанет лезть на рожон**, всякий раз, когда столкнется с враждебно настроенным человеком, ему когда-нибудь достанется.

464. LIGHTWEIGHT (*See* **448. FEATHERWEIGHT**)

465. LOW BLOW, TO DELIVER A (*See* **454. HIT BELOW THE BELT**)

466. MAIN EVENT: most important of several events. Основная, наиболее важная/интересная часть мероприятия/соревнования/ серии событий и т.п.

I can afford to be a little late. The main event of the meeting, the election, won't take place until at least an hour after the session has started. Я могу позволить себе немного опоздать. **Наиболее важная** *часть собрания — выборы, а они начнутся не раньше, чем через час после начала обсуждения.*

467. MANLY ART OF SELF-DEFENSE: an ironic way of referring to the sport of boxing (From a 19th century cliché.) (Ироническая ссылка на бокс) **Искусство силовой самозащиты** (в глазах многих людей подобающее только мужчинам или которым должны обладать «настоящие мужчины»).

"You see," she said, as she easily tossed him to the ground, "I have studied the manly art of self-defense". «Видишь ли», — сказала она, с лёгкостью отбросив его так, что он упал, — «я училась ***искусству самозащиты****».*

468. NEUTRAL CORNER: a place where no fighting takes place. **Нейтральная полоса/*территория*.**

When my kids fought, I used to send them to neutral corners until they decided to be friends again. Когда мои дети дрались, я обычно расставляла их по углам — ***на нейтральную территорию****, пока они не решали помириться.*

469. ON ONE'S TOES: alert and ready to act. **Быть начеку и в полной готовности; быть наготове/настороже/ (жаргон) на стрёме.**

You have to be on your toes if you want to succeed in business these days. Тебе надо быть ***всё время на чеку****, если в наши дни ты хочешь преуспеть в бизнесе.*

470. ON THE BUTTON: at the exact time or place, or absolutely correct. (Button = point of chin, the easiest spot to hit in order to knock someone out.) **В самую точку; абсолютно правильно/точно; в точно такое время или место, как договорено / как ожидалось.**

The way you described your brother was right on the button, I would have known him anywhere. Ты ***настолько точно*** *описал своего брата, что я узнал бы его всегда и везде.*

471. ON THE ROPES: close to collapse or failure. **На грани банкротства/поражения/провала/развала; (оказаться) на канатах.**

There are rumors that that restaurant chain has been doing poorly and is on the ropes. Идут слухи, что эта цепь ресторанов ***прогорает*** *и находится* ***на грани банкротства****.*

COMBAT SPORTS — СПОРТИВНЫЕ ЕДИНОБОРСТВА

472. **ONE-TWO PUNCH:** an effective two-phase attack on someone or something. (May also be known as "the old one-two".) **Двойной удар; мощная, эффективная комбинация/последовательность двух действий** (*напр.*, серия двух ударов).
    (From the Internet) *Vaccine delivers one-two punch to herpes with antibodies and T-cells.* (*Из Интернета*) *Эта вакцина наносит герпесу* ***двойной удар*** *с помощью антител и Т-клеток.*

473. **OUT FOR THE COUNT** (*See* **444. DOWN FOR THE COUNT**)

474. **PACK A PUNCH/WALLOP, TO:** of an alcoholic drink or other intoxicant, to be very strong. **Валить/сбивать с ног** (об очень крепких алкогольных напитках).
    Be careful of that pretty red drink they are serving. I don't know what is in it, but it really packs a punch. *Поосторожнее с этим заманчивым красным напитком, который они разносят. Я не знаю, что в нём, но он буквально* ***валит с ног.***

475. **PULL NO PUNCHES, TO:** to make no attempt to soften one's (typically verbal) attacks. **Безжалостно нападать/атаковать (в разговоре/споре); резко критиковать; разнести в пух и прах.**
    Whew, my girlfriend really told me off, and she pulled no punches. *Ну и ну, моя подружка и правда послала меня подальше,* ***разнесла меня в пух и прах.***

476. **PULL ONE'S PUNCHES, TO:** to spare someone in an argument, etc.; to soften one's approach. **Смягчить тон критики/спора/разговора; не нападать слишком сильно, резко в разговоре/споре.**
    Since the stakes were so high in the negotiation, both sides tried to pull their punches. *Так как ставки в этих переговорах были очень высоки, обе стороны пытались* ***смягчить тон разговора.***

477. **PUNCH ABOVE ONE'S WEIGHT, TO:** to do or compete in something perceived as being above one's abilities. (Primarily British.) **Браться за что-то, что выше уровня своей компетентности.**
    I am afraid she is punching above her weight by trying out for the National Ballet School; and I hate to see her hurt. *Я боюсь, она* ***хочет прыгнуть выше головы,*** *пытаясь попасть в Национальную Балетную школу, и мне будет крайне неприятно, если это у неё не получится и причинит ей боль.*

478. PUNCH DRUNK/PUNCHY: confused and dazed, as if after too many blows to the head. Дезориентированный; в полубессознательном, сумеречном состоянии, как после нескольких ударов по голове; в состоянии шока; ошеломлённый; потрясённый.

I had been awake for nearly 3 days and was feeling punch drunk. Я не спал почти три дня и **был в полубессознательном состоянии**.

479. PUNCH LINE: the last part of a joke containing the funny point. Кульминационный пункт анекдота/шутки; «соль» анекдота/рассказа/шутки.

I was so embarrassed. I started telling a joke and suddenly realized I had forgotten the punch line. Мне было страшно неловко: я начал рассказывать анекдот и внезапно понял, что позабыл, в чём его «**соль**».

480. PUNCHING BAG, TO BE SOMEONE'S: to receive (and usually tolerate) regular (physical or, less often, mental) abuse from someone. Мешок для битья; мальчик для битья; (реже встречаются как вариации) девочка/кукла для битья.

I am so glad she left her husband. She was his punching bag for years. Я так рада, что она ушла от мужа. Годами она **была у него куклой для битья**.

481. PUSHOVER: someone who offers little or no resistance to an attack or analog; also a very easy task or a girl who can easily be persuaded to have sex with virtually any man. Бесхарактерный, слабовольный человек; (разг.) тряпка; легко преодолимое препятствие; легкодоступная женщина; лёгкая добыча; несложная задача; плёвое/пустяковое дело.

The word got around that Mrs. Smith was a pushover for a hard luck story. О госпоже Смит поговаривали, что **она может легко «купиться»** на любую историю о тяжёлой, несчастной жизни и тут же предложит вам помощь.

482. PUT ON THE GLOVES, TO: to prepare to fight. Приготовиться к борьбе/ схватке и т.д.

I am afraid that the Union and management are planning to put on the gloves again. Я боюсь, что профсоюз и руководство компании **приготовились к борьбе**.

483. QUEENSBERRY RULES, TO FIGHT ACCORDING TO: to behave in a conflict according to civilized rules of behavior. Вести себя в каком-либо конфликте в соответствии с правилами поведения в цивилизованном мире.

Unfortunately, terrorists do not fight according to Queensbury Rules. К сожалению, террористы **воюют, не придерживаясь правил Женевской конвенции**.

484. RINGSIDE SEAT: a close vantage point for viewing something, particularly a conflict. Лучшее, выгодное место/положение для наблюдения чего-либо, особенно конфликта, с близкого расстояния; место, с которого всё видно, как на ладони.

Unfortunately for us, we had a ringside seat for all our neighbors' family squabbles. К сожалению, наш дом был расположен так, что **мы видели** семейные ссоры наших соседей **как на ладони**.

485. ROLL WITH THE PUNCHES, TO: to deal well and resiliently with adversity. Легко и не унывая, часто проявляя гибкость, принимать трудности/проблемы/неприятности, противостоять ударам судьбы.

My cousin is taking his serious illness very well. He has always been one to roll with the punches. Мой двоюродный брат очень достойно переносит свою серьёзную болезнь. Он всегда **легко и без уныния переносит трудности**.

486. ROPE-A-DOPE: to purposely put oneself in a losing position initially, as a strategy for winning. (From the boxing strategy of initially allowing an opponent to exhaust himself by punching you while you rest against the ropes.) Истощить противника, приняв на время строго защитную позицию на грани проигрыша, чтобы после этого перейти в атаку и выиграть. (От боксёрской стратегии и термина, придуманного Мухаммедом Али.)

The Senator is pursuing a rope-a-dope strategy, hoping that the opposing party will punch itself out and leave the field relatively clear for his agenda. Этот Сенатор **вначале использует стратегию защиты, в расчёте на то, что оппозиционная партия истощит себя в этой борьбе**, и тем самым освободится место для его программы.

487. SAVED BY THE BELL: rescued from something by a signal of the elapse of some time period. Спасённый от чего-то (от неприятности, от поражения и т.п.) тем, что время действия истекло.

The teacher was just about to call on him when the class period ended. Saved by the bell! Учитель как раз собирался вызвать его, но урок закончился. **Раздался спасительный звонок!**

488. **SHADOW BOXING:** going through the motions of fighting against an imaginary opponent. **Бой с тенью** (борьба с воображаемым противником как метод тренировки/практики); *(перен.)* **мнимая/фиктивная борьба, т.е. борьба с несуществующим противником.**

Politicians appear to be engaged in an intense game of shadow boxing for the rewards of victory. Кажется, что политики **большую часть времени интенсивно борются с воображаемым противником**, только-бы добиться победы.

489. **SLAP HAPPY:** dizzy and euphoric. **В состоянии эйфории; от счастья / от удовольствия кружится голова.**

The wind and the waves were perfect for surfing. After riding the waves, we were relaxed and slap happy. Ветер и волны были замечательно хороши для серфинга. Покатавшись на волнах, мы расслабились и вообще впали в эйфорию.

490. **SPAR:** to argue or dispute (particularly in a game-like fashion). **Препираться; спорить; пререкаться; пикироваться (особенно, в шутку /игриво).**

Some movies have taken the idea of intense sparring between the eventual romantic couple from Shakespeare. Некоторые фильмы заимствовали у Шекспира идею **игривых споров** молодой пары, у которой, в конце концов, устанавливаются романтические отношения.

491. **STRAIGHT FROM THE SHOULDER:** absolutely direct. **Напрямик; прямо; начистоту; без обиняков; в открытую;** *(погов.)* **рубить/рубануть с плеча.**

He asked the doctors not to lie to him and they gave him the prognosis straight from the shoulder. Он попросил докторов не обманывать его, и они **без обиняков** дали ему прогноз на будущее.

492. **SUNDAY PUNCH:** a particularly powerful blow. **Самый сильный, сокрушительный удар.**

Rising gas prices have delivered a Sunday punch to the traditional family weekend drive into the country. Растущие цены на бензин нанесли **сокрушительный удар** по традиции семейных поездок за город на выходные.

493. **TAKE A DIVE, TO:** to deliberately lose a competition, usually for money.

    Поддаться; умышленно проиграть (за деньги или какие-то другие услуги).

    How much do you think he was paid to take a dive in that competition? Сколько, ты думаешь, ему заплатили, чтобы он **проиграл в этом соревновании**?

494. **TAKE A FALL FOR, TO:** to take the blame for someone willingly or unwillingly. Принять вину на себя за кого-то другого по желанию или без.

    He took the fall for a more important guy and now they are taking good care of his family until he gets out of prison. Он **принял вину** более важного человека **на себя**, и теперь они очень заботятся о его семье, пока он не выйдет из тюрьмы.

495. **TAKE IT ON THE CHIN, TO:** to suffer a severe blow without admitting defeat. Не унывать / не падать духом / не признавать поражения, несмотря на жестокие удары судьбы; мужественно встречать / стойко выдерживать несчастья/неудачи/ критику и т.п.

    He is really taking it on the chin in his attempt to get Susan to date him, but he is still pursuing her. Он **стойко переносит свои неудачи**, пытаясь добиться, чтобы Сюзен встречалась с ним, не сдается и все еще «бегает за ней».

496. **TAKE ON ALL COMERS, TO:** to offer to compete with anybody and everybody. Предлагать соревноваться/состязаться/ играть с кем угодно / с любым желающим.

    There is a guy on the handball court offering to take on all comers for money. На площадку для игры в гандбол (ручной мяч) ходит парень, который **предлагает всем желающим** играть с ним на деньги.

497. **TAKE THE FIGHT OUT OF SOMEONE, TO:** to exhaust or otherwise neutralize someone's fighting spirit. Отбить у кого-то охоту/

желание драться/вступать в драку/спор и т.п.; истощить/нейтрализовать чей-то бойцовский дух.

We hoped getting our cat neutered would take some of the fight out of him. Мы надеялись, что, кастрируя нашего кота, мы **отобьём у него охоту драться**.

498. **TAKE THE LONG COUNT, TO:** to die. Умереть.

The word has reached us that the former heavyweight champion has succumbed to heart disease and taken the long count. До нас дошло известие, что бывший чемпион в тяжелом весе **скончался** от сердечной болезни.

499. **TANK, TO** (*See* **493. TAKE A DIVE**)

500. **TELEGRAPH A PUNCH, TO:** to unintentionally signal what your intentions are. Неумышленно/нечаянно/невольно раскрыть/выдать свои намерения/планы; проговориться; проболтаться.

"If you telegraph a punch, your opponent knows how to dodge the attack," the security adviser said. «Если вы **нечаянно раскроете свои планы**, противник будет знать, как избежать атаки», — сказал советник по вопросам безопасности.

501. **THE BIGGER THEY COME, THE HARDER THEY FALL:** the more powerful and successful people are, the more they suffer when they experience defeat and disaster. (Although this proverb may not have originated in boxing, it is a standard phrase used by fighters about each other.) **Чем выше подъём, тем страшнее падение; чем выше заберёшься, тем больнее падать.**

Did you see the look of agony on his face when, after years of being the champion, he did not even make the finals? The bigger they come, the harder they fall. Ты видел агонию на его лице, когда после стольких лет чемпионства он даже не вышел в финал? **Чем выше заберёшься, тем больнее падать.**

502. **THE GLOVES ARE OFF:** things are about to get rough in some conflict situation. **Перчатки сброшены; обстановка накаляется, ещё чуть-чуть и начнётся настоящая драка** (в прямом и переносном смысле) / **настоящий разговор** / (жаргон) **разборка**.

After the polite preliminaries were over, the gloves would be off and the realtors would start to bargain. После обмена вежливыми приветствиями, **перчатки будут сброшены** — оба риэлтера начнут серьезную торговлю.

503. THROW/TOSS IN THE TOWEL/SPONGE, TO: to give up, acknowledge defeat. (From a signal of surrender by boxers.) **Сдаться; признать поражение.**

*I have been trying to fix the sink all day. I am going to throw in the towel and call a plumber. Целый день я пытаюсь починить раковину. Я готов **сдаться** и звонить водопроводчику.*

504. TOE-TO-TOE: shouting in each other's faces; in direct confrontation without either party backing off. **(Сойтись/столкнуться) лицом к лицу / один на один с оппонентом в какой-либо конфронтации/ссоре/ ожесточённом споре / словесной перепалке, когда ни один из оппонентов не уступает другому.**

*The cabdrivers involved in the accident were going at it toe-to-toe. Шофёры двух столкнувшихся такси стали **яростно бросать оскорбления друг другу в лицо**.*

505. TRADE PUNCHES, TO: to argue, dispute, or fight with both parties acting aggressively (rarely physically). **Обмениваться ударами в агрессивном диспуте / жарком споре / ожесточённой ссоре / (редко) в драке.**

*In the recent debate the two candidates traded punches on virtually every aspect of their respective platforms. В недавних дебатах оба кандидата **ожесточённо спорили** практически по каждому вопросу своих партийных платформ.*

506. WE WUZ ROBBED!: cry (now usually ironic) of a person or team that feels they deserved to win but were cheated by fate or someone else of victory. From a remark made by the fight manager Joe Jacobs after a 1932 fight.) **Так нечестно! Украли у нас победу!** (дословно: Ограбили нас! — в наши дни в американском варианте часто звучит иронически) — **крик/жалоба того, кто считает, что заслужил победу, но каким-то обманным путём или случайным стечением обстоятельств был её лишён.**

*"We wuz robbed!" some of the losing party were heard to cry, after the recount. «**Ограбили нас!**» — кричал кое-кто из проигравшей партии после пересчёта голосов.*

507. WEIGH IN: to join in a discussion with one's own opinion. Вступить/вмешаться со своим мнением в чью-то беседу/дискуссию.

We were surprised when the cabdriver weighed in on our discussion about politics. Мы были удивлены, когда шофёр такси **вмешался** в наш разговор о политике.

508. WHITE HOPE, (GREAT): someone or something of whom (which) great achievements are expected. (Originally, the phrase had racist overtones, now seemingly it does not.) Человек, на которого возлагаются большие надежды или от которого ожидают большого успеха в какой-либо сфере деятельности; то же о каком-либо предмете/изобретении и т.п.

She, like most New York City art insiders, seems obsessed with finding the next great white hope artist somewhere out there. Кажется, что она, как большинство нью-йоркских арт-дилеров, одержима идеей найти такого художника, **от которого можно ожидать больших успехов**.

509. WIN ON POINTS, TO: to win but barely; to score a technical victory. Выиграть по очкам; выиграть с небольшим / едва заметным преимуществом.

There is no obvious candidate for employee of the year. Whoever we pick will have won on points. У нас нет очевидного кандидата на звание работника года. Кого бы мы ни выбрали, всё равно **выиграет только с небольшим преимуществом**.

Bull Fighting — Бой быков

510. MOMENT OF TRUTH: the crucial point when one is put to the ultimate test. Критический момент / критическая точка, когда всё поставлено на карту; решающий момент.
*Tomorrow my moment of truth comes — I am defending my dissertation. Завтра для меня наступает **решающий момент** — я защищаю диссертацию.*

511. RED FLAG/RAG TO A BULL: an inflammatory action or statement that is likely to provoke retaliation or anger. (Как) красная тряпка для быка; попытка раздразнить кого-то / вывести кого-либо из равновесия.
*Any mention of his estranged brother was like a red flag to a bull, and his face would grow as red as the flag. Всякое упоминание о брате, ставшем ему чужим, было для него, как **красная тряпка для быка**, и лицо его становилось таким же красным.*

Fencing — Фехтование

512. CATCH SOMEONE OFF GUARD, TO: to approach someone when he is vulnerable; to take someone by surprise. Застать/захватить кого-либо врасплох.
*Her request caught me off guard and before I could think about it, I found myself agreeing. Её просьба **застала меня врасплох**, и прежде, чем я успел даже подумать, я согласился.*

513. CROSS SWORDS, TO: to have a dispute or clash with someone. *(перен.)* Скрестить мечи/шпаги; вступить в бой/состязание/спор; померяться силами.
*I am afraid my brother and I cross swords on politics every time we see each other. Похоже, что мой брат и я **спорим** о политике всякий раз, когда видим друг друга.*

514. DRAW FIRST BLOOD, TO: in a confrontational situation, to score the first important point. Наносить первый важный удар.

In the debate, the incumbent senator drew first blood on the topic of immigration. В дебатах со своим оппонентом сенатор **нанёс первый удар**, начав говорить о проблемах иммиграции.

515. MAKE A PASS AT, TO: to make an attempt verbally or through physical action to initiate sexual activity with someone (though not to compel it by force), usually used in a contex when the two people have not previously been sexually involved; to make an attempt to flirt with someone. Делать откровенные намёки кому-либо в устной форме или физически (без применения силы) в попытке начать сексуальные отношения; флиртовать с кем-либо.

They say he has made a pass at every female student he has had in any of his classes. Говорят, что он **делает попытки соблазнить** каждую студентку в каждом из своих классов — ни одной не пропустит.

516. ON GUARD: wary, prepared for attack. Быть наготове/настороже/начеку.

On the streets of the big cities, tourists should be on guard against pickpockets. На улицах больших городов туристы должны **быть начеку**, чтоб защититься от карманных воров.

517. PARRY, TO: to turn aside an accusation or attack. Парировать.

In his speech, he brilliantly parried all the accusations that had been made against him. В своей речи он блистательно **парировал** все выдвинутые против него обвинения.

518. TOUCHÉ: you have scored (metaphorically) a point on me (especially to commend somebody on a clever response or a counterpoint to an argument). Туше! (эффектная реплика — то же, что «один-ноль в чью-то пользу»); **Твоя правда! Твоя взяла!**

"Don't you think you are behaving exactly the way you are accusing him of acting?" "Touché." «Не кажется ли тебе, что ты делаешь то же самое, в чём его обвиняешь?» «**Туше! Один-ноль в твою пользу!**»

Martial Arts — Боевые искусства

519. BLACK BELT: highest level of mastery at something. **Чёрный пояс**; самый высокий уровень мастерства в каком-либо деле.

From the Internet: *"Are all executive training black belt certification processes the same?* Если говорить о сертификации менеджеров, тренируемых для достижения уровня «**чёрного пояса**», то есть уровня самого высокого профессионализма, всегда ли процессы такой сертификации одинаковы?

520. KARATE CHOP: a strong argument or figurative blow against something. **Очень сильный довод; сильный удар** (*напр.*, по чьей-то политической позиции в диспуте).

The one truly new idea and effective political karate chop against the front-running candidate came from a relatively unknown representative. Единственная поистине новая идея была выдвинута, и политически **эффективный удар** по лидирующему кандидату был нанесён сравнительно неизвестным конгрессменом.

Rodeo — Родео (состязание ковбоев)

521. BITE THE DUST, TO: to be thrown from a horse; to die or fail. **Быть побеждённым/ поверженным во прах / сброшенным с лошади / убитым; пасть на поле боя/брани; провалиться/ проиграть; свалиться замертво; умереть;** (сленг) **накрыться медным тазом.**

None of the places I sent it to were at all interested in my invention. Another brilliant idea bites the dust! Куда бы я ни посылал своё изобретение, никто не заинтересовался им. Ещё одна блистательная идея *умерла / (сленг)* **накрылась медным тазом.**

522. HIT THE GROUND RUNNING, TO: to start tackling a problem immediately. **Взяться за дело без промедления; начать дело без раскачки; с ходу взяться за дело / приступить к работе.**

The newly elected party will have to hit the ground running if they are going to maintain their majority position. Представители партии, только что одержавшей победу на выборах, должны **взяться за дело без промедления**, если они хотят удержать большинство в конгрессе.

523. RIDE 'EM, COWBOY: a cry of encouragement to someone, especially one engaged in a vigorous physical activity. «**Давай, держись, ковбой!**» (крик воодушевления, ободрения, поддержки, особенно для тех, кто вовлечён в энергичную физическую деятельность).

I'll never forget my first bike ride without training wheels, with my oldest brother running along behind me, shouting, "Ride 'em, cowboy. Я никогда не забуду свой первый раз на двухколёсном велосипеде, когда мой старший брат бежал рядом, крича: «Давай, держись, ковбой!»

524. RIGHT OUT OF THE CHUTE: from the very start. **Прямо со старта.**

The new software worked perfectly right out of the chute. Новая компьютерная программа работала идеально прямо со старта.

525. ROPE SOMEONE IN, TO: to entice or pressure someone into doing something. **Втягивать/завлекать кого-либо во что-то; давить на кого-либо / побуждать кого-либо заняться тем или иным делом.**

Our persuasive neighbor roped me in to collecting money for her favorite charity. Наш навязчивая соседка втянула меня в сбор денег для её любимой благотворительной организации.

526. TAKE THE BULL BY THE HORNS, TO: to confront some problem or difficulty head on. **Взять быка за рога.**

It's time to take the bull by the horns, and confront our neighbor about his noisy parties. Пора взять быка за рога и сказать нашему соседу всё, что мы думаем по поводу его шумных вечеринок.

Wrestling — Борьба

527. DEADLOCK: at a standstill because of the equality of two opposing sides. **Мёртвая точка; тупик** (из-за противоборства равных по силе, ни за что не уступающих друг другу людей или групп людей); (глагол) **зайти в тупик; завести кого-либо в тупик.**
The labor negotiation was at a deadlock the first day. Переговоры с профсоюзами в первый же день зашли в **тупик.**

528. GET UP OFF THE MAT, TO: to recover, at least partially, from a severe blow or setback. **Придти в себя после какой-то катастрофы/ неудачи/ поражения/ спада и т.п.**
After the terrible hurricane, local industry is still struggling to get up off the mat. После ужасного урагана местная промышленность **всё ещё не оправилась и испытывает трудности.**

529. GO TO THE MAT FOR, TO: to do absolutely anything to try to help someone. **Сделать абсолютно всё, что возможно и невозможно, чтобы помочь кому-либо / выручить кого-либо.**
Your boss really went to the mat for you, but his supervisors did not agree. Твой босс **сделал всё, что возможно и невозможно, чтобы выручить тебя**, но его начальники не согласились с ним.

530. HARD TO PIN DOWN: hard to get straight, specific, or correct information from someone. **Трудно получить от кого-то / выжать из кого-то прямой ответ / правильную или специфическую информацию.**
I tried to get the carpenter to tell us when he would be finished but he was hard to pin down. Я пытался узнать у плотника, когда он закончит свою работу, **но выжать из него что-то определённое было очень трудно.**

531. IN A CLINCH: in a lover's embrace. **В любовных объятиях.**
Except for us there was no one on the beach but a couple in a clinch on a blanket. За исключением нас на пляже не было никого, кроме **обнимающейся** на подстилке **пары.**

532. LAST MAN STANDING: a competitive situation in which the winner is determined through the elimination, by one means or another, of every other contestant. (From the name of a particularly violent type of wrestling match.) **Победитель в ситуации/ соревновании/состязании, в котором участники выбывают по одному, пока не останется только один — победитель.**

With so many of the mayoral candidates being forced to drop out because of scandals or accusations, the person who becomes our mayor will simply be the last man standing. Из-за того, что столько кандидатов в мэры отсеялись вследствие скандалов и разного рода обвинений, нашим мэром станет просто тот, ***кто останется, когда все остальные выйдут из игры.***

533. **NO-HOLDS-BARRED:** a conflict in which no techniques are forbidden; hence, a very unrestrained conflict. **Конфликт, борьба, в которых нет запрещённых приёмов, и все средства хороши.**

It was a no-holds-barred debate on a highly inflammatory topic. Дебаты были на такую острую тему, что ***для выигрыша все средства были хороши.***

534. **STRANGLEHOLD:** something that restricts or paralyzes another's freedom of movement or action. **Мёртвая хватка; то, что душит/ держит за глотку (в переносном смысле) / связывает по рукам и по ногам.**

The columnist claimed that lobbyists have a stranglehold over Congress on some issues. Журналист утверждал, что в некоторых важных вопросах Конгресс ***связан*** *лоббистами* ***по рукам и ногам.***

535. **TAG TEAM:** a group or pair whose members help each other in some activity. **Группа или пара людей, помогающих друг другу в каком-либо виде деятельности/активности.**

No date has been set for the tag-team testimony of the President and Vice President. Ещё не назначен день для показаний в суде Президента и Вице-президента, которые будут свидетельствовать ***вместе как одна команда.***

Track and Field — Лёгкая атлетика

536. AGAINST THE CLOCK: having to accomplish something by a deadline, usually a short deadline. (**Необходимость сделать что-либо**) **к определённому сроку/времени.**
He is working against the clock to finish his paper for tomorrow. Ему **абсолютно необходимо закончить** письменную работу **к завтрашнему дню.**

537. ARMS RACE: the competitive build up of the arsenals of two or more nations in anticipation of a conflict or as a putative means of preventing one. **Гонка вооружений.**
Nothing has used more resources than various arms races. Ничто не требовало ресурсов больше, чем **гонка вооружений.**

538. FALSE START: premature action especially at the beginning of some activity. **Фальстарт; неудачное начало; преждевременное начало.**
Our remodeling project got off to a false start when we hired that awful contractor, but now we have fired him and we are progressing well. Наш проект перестройки дома **начался неудачно,** когда мы наняли ужасного подрядчика, но теперь мы отказались от его услуг, и дела идут хорошо.

539. a) **FAST TRACK:** a rapid, although possibly stressful way, to achieve an objective. **Быстрейший способ достижения поставленной цели.**
He felt that at the less well-known university he would be on the fast track to tenure. Он чувствовал, что в менее престижном университете он бы **быстрее добился** постоянной профессорской позиции.
b) **LIFE ON THE FAST TRACK:** living or working in a very high stress and competitive environment. **Жить или работать под постоянным стрессом/давлением, в атмосфере жёсткой/сильной конкуренции.**

He thought success was what he wanted but life on the fast track was beginning to drive him crazy. Он думал, что успех — это то главное, чего он хотел, но **жизнь под постоянным стрессом** начала сводить его с ума.

540. FINISH LINE: ultimate goal. Конечная цель.
Our house remodeling is going well but we are nowhere near the finish line yet. Ремонт нашего дома идёт хорошо, но мы даже ещё и не приближаемся **к концу проекта**.

541. FROM THE WORD GO: from the very start. Со старта; с самого начала.
She was a wonderful partner from the word go. Она была замечательной партнёршей **с самого начала**.

542. FRONT-RUNNER: leader in some race or competition. Лидер; основной/главный претендент на победу; наиболее вероятный кандидат (на какой-либо пост).
There does not seem to be any front-runner in the competition for best dancer. Не похоже, что в соревновании на лучшего танцовщика есть какой-то **очевидный лидер**.

543. GET OFF ON THE RIGHT (WRONG) FOOT (WITH), TO: to start well (badly); to make a good (bad) first impression. Хорошо начать; произвести хорошее первое впечатление; (неудачно начать; произвести плохое первое впечатление). Примечание: не путать с русским выражением: «Встать не с той / с левой ноги» — быть в мрачном, дурном настроении, в раздражённом состоянии.
I'm afraid I got off on the wrong foot with your mother by mistaking her for the cleaning lady. Боюсь, что **мои отношения с твоей матерью начались неудачно**, когда я по ошибке принял её за уборщицу.

544. GET OFF TO A GOOD (BAD), TO: to start well (badly). Similar to immediately preceding entry, but does not have as clear a reference to first impressions. Начать хорошо/удачно; (начать плохо/неудачно).
Well, you already know the Cyrillic alphabet, so you are off to a good start in learning Russian. Ну что ж, ты уже знаешь русский алфавит, это **хорошее начало** для изучения русского языка.

545. GO OVER LIKE A PREGNANT POLE-VAULTER, TO: to be very poorly received or accepted. Быть очень плохо принятым.

Well, that advertising campaign went over like a pregnant pole-vaulter. Да уж, эта рекламная кампания **была принята очень плохо**.

546. HARD ON THE HEELS OF: right behind. Сразу/непосредственно позади; наступая на пятки (в значении — быть непосредственно позади; догонять/настигать кого-либо).

The second hurricane came hard on the heels of the first. Второй ураган ударил **сразу после** первого.

547. HEAD START: an early start or other advantage that is provided to someone, particularly one seen as being at a disadvantage. Старт/начало раньше других; ранний старт; рывок на старте; фора; начальное преимущество.

Many parents attempt to give their children head starts by teaching them to read and write before they start school. Многие родители, обучая своих детей писать и читать до того, как они пойдут в школу, пытаются **обеспечить им некоторое преимущество в начале учёбы**..

548. HIT THE WALL, TO: to encounter a severe obstacle. (Term refers to the feeling of fatigue and pain many runners develop in the second half of a race.) Встретить серьёзное препятствие; натолкнуться на какие-то исключительные трудности/проблемы; *(перен.)* натолкнуться на стену; дойти до предела своих возможностей.

I did well in my calculus class until we came to infinite series and then I hit the wall. Математический анализ мне давался легко, пока мы не дошли до бесконечных рядов, и тут я **натолкнулся на серьёзные трудности**.

549. HUNDRED YARD DASH: a short period of intense activity. Как будто бежать на стометровку; короткий период бешеной активности.

From a book review: Paced like a hundred yard dash and yet still somehow a leisurely read. Хотя события в книге развиваются **с бешеной скоростью**, читается она как спокойный развлекательный роман.

550. a) **HURDLES:** impediments on one's path. Препятствия/помехи на пути.

There are a number of hurdles to overcome if you want to be a nurse. Чтобы стать медсестрой, надо преодолеть достаточное количество **трудностей**.

b) **CLEAR A HURDLE, TO:** to overcome some impediment or problem. Преодолевать/устранять помеху/препятствие.

When you get your green card, you will have cleared the major hurdle to finding an appropriate job. Получив «Зелёную карту» (право на проживание в США), ты **преодолеешь главное препятствие** при поиске подходящей работы.

551. IN THE LONG RUN: ultimately. В конечном итоге; в конце концов.

In the long run, they decided to separate. **В конце концов**, они решили разойтись.

552. INSIDE TRACK: a position of special advantage. Особые преимущества/привилегии; выгодное положение; связи; блат.

Both her parents went to that school years ago, so she has the inside track on admission. У неё было **большое преимущество** для поступления в этот институт/университет/колледж — годы тому назад там учились её родители.

553. JUMP THE GUN, TO: to do or start doing something before it is officially permitted or invited. Начать делать что-то без разрешения; опережать события; (*посл.*) «Не лезь вперед батьки в пекло».

Don't jump the gun. Wait untill they ask you why you haven't had a job for a year before you explain. **Не опережай события**. Пока тебя не спросили, почему ты год не работал, не спеши им объяснять это.

554. LOWER (RAISE) THE BAR, TO: to decrease or increase level of difficulty or admission requirements. Понизить (повысить) требования/уровень трудности (например, при приёме в университеты); опустить (поднять) планку.

New requirements for this course definitely raised the bar. Новые требования к этому курсу определенно **подняли планку, повысив его уровень трудности**.

555. **MAKE GREAT STRIDES, TO:** to progress very well. Делать большие успехи.

Johnny has made great strides in his reading this year. В этом году Джонни **сделал большие успехи** в чтении.

556. **MAKE SOMEONE EAT YOUR DUST, TO:** to pull far ahead of someone in a competition, campaign, etc. (Reference is to the dust kicked up by front runners into the face of those directly behind them.) Выиграть с подавляющим преимуществом; выиграть с разгромным счётом; добиться подавляющего преимущества (в каком-либо соревновании и т.п.); нанести противнику/оппоненту унизительное поражение.

I am confident that our new advertising campaign will make our competitors eat our dust. Я уверен, что наша новая рекламная кампания **даст нам подавляющее преимущество над нашими конкурентами**.

557. **MARATHON (SESSION):** an extremely prolonged session of work or other demanding activity. Марафон; чрезвычайно длительный период работы или какой-то активности.

We had a marathon study session last night and are all exhausted. Прошлой ночью мы устроили настоящий учебный **марафон**, и теперь все абсолютно без сил.

558. **OBSTACLE COURSE:** a situation in which one has to overcome one obstacle (problem) after another. Ситуация, в которой приходится преодолевать одно препятствие за другим.

Becoming a citizen appears to be a long obstacle course for many immigrants. Как оказывается, для многих иммигрантов получение гражданства — это долгая **дорога с преодолением одного препятствия за другим**..

559. **OFF THE PACE:** falling behind one's competitors or some target rate. Отстать от (конкурентов/от других участников); опуститься ниже какого-то уровня/стандарта.

The oil report said that explorations are still well off the pace. В докладе о положении с нефтью утверждается, что поиски новых месторождений всё ещё **сильно отстают** от потребностей.

560. **OFF TO A RUNNING/FLYING START, TO BE:** to start some activity well and enthusiastically. Хорошо/бурно стартовать; наброситься на работу.

Posing the question in that way really got the discussion off to a running start. Такая постановка вопроса дала **хороший толчок дискуссии**.

561. ON YOUR MARK!: a signal to begin. **На старт!** — сигнал к началу.

Children's races often start with the call, "On your mark, ready, set, go!" Детские соревнования по бегу часто начинаются сигналом: «**На старт**, внимание, марш!»

562. OUTDISTANCE, TO: to surpass someone. Превзойти/перегнать кого-то.

Sophie easily outdistanced the other girls in her sale of cookies. София легко **обогнала** всех других девочек в продаже печенья.

563. PASS THE BATON, TO: to relinquish power or responsibility to one's successor or the next generation. **Передать эстафету/власть/ответственность**, уступить место кому-либо/последователю/преемнику/продолжателю/ следующему поколению.

The Senator's staff is advising him that it is time to pass the baton. Сотрудники рабочей группы сенатора, считая, что для него пришло время **передать эстафету**, рекомендуют ему это сделать.

564. PERSONAL BEST: one's best performance (score) in some endeavor. Чей-либо лучший результат в каком-то деле/состязании.

I know a B- on the math test is nothing to you, but it is a personal best for me and I am thrilled. Я знаю, что четвёрка на экзамене по математике — для тебя, как нечего делать, а для меня — это **самый лучший результат**, и я ужасно доволен.

565. a) **RACE AGAINST TIME, TO:** to proceed driven not by a need or desire to outdo others, but rather in order to get something done within a certain time; to be pressed for time; to try to meet a deadline. Делать что-либо в таком темпе, чтобы завершить это дело в определённое время / к какому-то времени/сроку; работать, когда тебя поджимает время.

b) **RACE AGAINST TIME** (may also be used as a noun). Гонка на время; темп (работы), вызванный необходимостью или

желанием сделать что-либо в определённое время / к какому-то времени/сроку.
Every transplant operation is a race against time. Каждая операция по пересадке какого-либо органа — это **гонка на время**. (*See* also **536. AGAINST THE CLOCK**).

566. **RAT RACE:** a mad scramble or intense competitive struggle, such as in the business world. The implication is that the rewards are not really worth the struggle. **Бешеная/ожесточённая конкуренция, например, в мире бизнеса; бешеная борьба (за выживание/существование); бешеная погоня за богатством/успехом; крысиная возня.** Сравните с русским выражением «мышиная возня» — суета по пустякам, бесплодная деятельность; бессмысленные ссоры по мелочам, отстаивание мелких интересов.
My brother, the CEO, keeps claiming he is about to quit the rat race and move to Tahiti. Мой брат, Генеральный Директор Компании, твердит снова и снова, что он готов бросить эту **бешеную крысиную возню** и переехать на Таити.

567. **RUNNER UP:** the second place finisher in any competition. Тот, кто занимает второе место в каком-либо соревновании.
Our son was runner-up in the voting for Class Clown. Наш сын **занял второе место** на выборах классного Клоуна.

568. **RUN-OFF:** an extra stage of an election (or similar contest) to resolve an earlier election that didn't produce a clear winner; an extra competition held to break a tie. **Дополнительный круг выборов или дополнительный тур соревнования лидирующих кандидатов/участников (получивших наибольшее количество голосов в первом круге или показавших в первом туре какого-либо соревнования лучшие или одинаковые результаты); финальная стадия выборов, когда первая стадия выборов не выявила очевидного победителя; дополнительная игра/соревнование после ничейного результата.**
There was a near tie in the vote for school board, so they are holding a run-off election. На выборах в школьный совет кандидаты получили почти одинаковое количество голосов, поэтому сейчас проводится **второй круг выборов**.

569. **SECOND WIND:** renewal of energy for no specific reason following a period of fatigue as exertion continues. **Второе дыхание.**

I thought having another child after all these years would be exhausting but it wasn't. I guess I got my second wind. Я думала, что иметь еще одного ребенка после всех этих лет будет безумно трудно, но, похоже, у меня открылось **второе дыхание**.

570. **SLOW AND STEADY WINS THE RACE:** generally used as advice about how to proceed in order to succeed, i.e., steadily, rather than with an initial burst of speed. (Refers to Aesop's fable of the Tortoise and the Hare.) (*посл.*) «**Тише едешь, дальше будешь**»; медленно, но верно, победа будет за тобой.

You don't have to read all the books for the course in the first week. Slow and steady wins the race. Тебе вовсе не нужно прочесть за первую неделю все книги по этому курсу. **Тише едешь, дальше будешь**.

571. **SLOW OFF THE MARK:** slow to react to a situation or observation. Медленно реагировать на что-либо.

The state was criticized for being slow off the mark to help earthquake victims. Правительство штата критиковали за то, что оно **слишком медленно** оказывает помощь жертвам землетрясения.

572. **SPRINT:** a short spell of vigorous activity, especially, but not exclusively, running. Спринт; короткий промежуток/период усиленной активности.

We had to sprint the last block to catch the bus. Последний квартал нам пришлось **бежать изо всех сил**, чтобы успеть на автобус.

573. **STARTING GUN:** the signal to begin something, especially something that will involve significant time, competition, or effort. (Note starting gun is more common in British English; in the US "opening gun" is also common.) **Сигнал к началу действия / к старту**.

(From the Internet) *The World Health Organization has fired the starting gun for small pox research.* Всемирная Организация Здравоохранения дала **сигнал к началу** исследования ветряной оспы.

574. **STAY THE COURSE, TO:** to last or hold out until the natural end of something. Продолжать какое-то дело и держаться выбранного курса/ плана действий до конца.

They had some problems with their marriage, but they both were determined to stay the course. Их семейная жизнь была не без проблем, но они оба были полны решимости **держаться** вместе **до конца**.

575. **TAKE SOMETHING IN STRIDE, TO:** to accept and deal with something (e.g., bad news) calmly. Легко переносить что-либо; относиться спокойно к чему-либо (например, к плохим новостям); **преодолевать неожиданные трудности/затруднения без усилий / сходу**.
We thought she would be upset by having to change her diet, but she took it in stride. Мы думали, что она будет огорчена тем, что ей придётся изменить диету, но она **отнеслась к этому спокойно**.

576. **THE RACE IS NOT TO THE SWIFT:** quotation from the Bible; when used correctly implies that the circumstances of life make thinking of it as a kind of competition foolish. The more complete quote from the Bible is *"The race is not to the swift, nor the game to the strong, but time and chance happen to them all"*. May frequently be used incorrectly to mean something like: the best runner did not win. Полная цитата из Библии: «*Не проворным достается успешный бег, не храбрым — победа, не мудрым — хлеб, и не у разумных — богатство, и не искусным — благорасположение, но время и случай для всех их. Ибо человек не знает своего времени. Как рыбы попадаются в пагубную сеть, и как птицы запутываются в силках, так сыны человеческие уловляются в бедственное время, когда оно неожиданно находит на них*» (Экклезиаст, 9–11). На повседневном языке эту фразу можно трактовать так, что **соревноваться, биться за место под солнцем — это всё тщета** (ибо всё в руках Божьих). Циники могут трактовать это так, что самое главное — оказаться в правильном месте в правильное время (и использовать эту ситуацию).

577. **THE ZONE:** a mental "place" of enhanced performance, concentration, and/or euphoria. **Состояние высочайшей умственной концентрации, полного поглощения тем, что человек делает; состояние эйфории, в котором спортсмен, учёный и т.п. может действовать, кажется, за пределами человеческих возможностей**.

I got in the Zone and could do no wrong on my computer game. Я **сконцентрировался до такой степени**, что просто не мог допустить ошибку в компьютерной игре.

578. TOE THE MARK/LINE, TO: to abide strictly by the rules. Действовать строго по правилам; ходить по струнке.

After that suspension last year, Daniel decided to toe the line. После временного отстранения от работы в прошлом году, Даниил решил **ходить по струнке.**

579. TRACK RECORD: previous performance. Предыдущий опыт; предыдущие результаты.

She is a nice woman but she has had a track record of disastrous relationships. Она очень приятная женщина, но **в прошлом у неё был опыт** кошмарных связей.

580. TRAIL THE FIELD, TO: to be the last one in a race or competition. Быть на последнем месте в каком-либо соревновании; отставать от остальных участников.

The third party candidate, despite all the publicity he got, trailed the field in the presidential election. Кандидат от третьей партии, несмотря на всю рекламу и полученную известность, на президентских выборах **отставал от остальных кандидатов.**

581. VAULTING AMBITION: excessive ambition. (The phrase was coined by Shakespeare.) Безудержное честолюбие.

Macbeth is a good man whose vaulting ambition brings him down. Макбет — порядочный человек, которого губят его **безудержные амбиции.**

582. WIN GOING AWAY, TO: to win by a large margin. Выиграть с большим запасом/перевесом/преимуществом.

We were hoping to win the election going away, but had to be satisfied with a narrow margin. Мы надеялись **выиграть выборы с большим запасом,** но должны были удовлетвориться небольшим перевесом.

Water Sports — Водные виды спорта

Diving / Swimming — Прыжки в воду / плавание

583. DIVE IN HEAD FIRST, TO: to begin some activity without a plan. Броситься делать что-либо, очертя голову; (*посл.*) **броситься в омут с головой**.
There was no time to plan the rescue; we just dived in headfirst. У нас не было времени планировать спасательную операцию, мы просто **бросились работать, очертя голову**.

584. DIVE RIGHT IN: either the same as dive in headfirst or simply to start a task immediately with enthusiasm. Броситься делать что-либо, очертя голову; наброситься на работу / на какое-то дело с энтузиазмом; окунуться с головой в работу.
As soon as the new secretary saw the state of our files, she dived right in and soon had them organized. Как только новая секретарша увидела состояние наших файлов, она **сразу же набросилаь на работу** и вскоре привела всё в порядок.

585. DUMPSTER DIVING: the practice (or hobby) of searching for and retrieving still usable things that others have discarded in front of homes on trash day, in dumpsters, etc. (May be used in particular contexts with an analogous but more specific meaning, such as, looking through waste paper for credit card numbers or buying up stocks that have dropped sharply in value.) «Прочёсывать» содержимое мусорных контейнеров / свалок и т.п. мест в поисках вполне используемых, нужных вещей / в поисках какой-либо конфиденциальной информации; покупка акций, резко упавших в цене.
The college students obtained all their furniture by dumpster diving. Студенты колледжа **собрали** всю свою мебель **на свалках**.

586. FREESTYLE: without any constraints as to method or style. **Вольный стиль.**

We tried to impose rules when the children were competing to break the piñata, but finally decided that it needed to be a freestyle event. Мы пытались установить какие-то правила для детей соревнующихся, кто первый разобьёт «пиньята». («Пиньята» — это цветная бумажная коробочка, полная конфет и подвешенная на верёвке; дети с завязанными глазами пытаются её сбить.) В конце концов, мы решили, пусть это будет соревнование ***без правил***, так сказать, ***вольным стилем***.

587. SPRINGBOARD TO, A: something that helps to launch a career or other activity. **Трамплин для начала карьеры или какой-то деятельности.**

Some public figures have considered a legal career merely as a springboard to going into politics. Некоторые общественные деятели рассматривают карьеру юриста как ***трамплин для ухода в политику***.

Rowing (sport)/Crew — Гребной спорт

588. CREW CUT: a very short man's haircut. (Apparently first worn by rowers.) **«Ёжик» или «бобрик» — мужская короткая стрижка.**

In the summers when I was a child my hair was always in my face or tickled my neck and I envied the boys with crew cuts. Когда я был ребёнком, летом мои длинные волосы вечно лезли мне в глаза или щекотали шею, и я завидовал мальчишкам, ***постриженным «бобриком»***..

589. CREWNECK: a round closely fitting neckline. **Круглая, сравнительно плотно облегающая шею, линия выреза в свитерах/ блузках/ спортивных рубашках /«теннисках».**

Crewneck sweaters were what people wore to cultivate a "preppy" look. ***Свитера с круглым вырезом под горло*** носили, чтобы выглядеть намеренно консервативно.

590. PADDLE YOUR OWN CANOE, TO: to be self-sufficient or independent. **Действовать независимо; идти своим путём; ни от кого не зависеть; полагаться на себя.**

WATER SPORTS — ВОДНЫЕ ВИДЫ СПОРТА

My son is very social and cooperative but my daughter always wants to paddle her own canoe. Мой сын — очень общительный и сговорчивый, но дочь всегда **идёт своим путём**.

591. PULL ONE'S OWN WEIGHT, TO: to do one's fair share. Выполнять свою долю работы.

There was tension in the household because one of the roommates did not pull her own weight with regard to chores. У нас дома возникли натянутые отношения из-за того, что **одна из соседок по комнате не хотела делать свою долю уборки**.

592. PUT/STICK ONE'S OAR IN, TO: to give one's opinion unasked or butt into someone else's business. Лезть со своим мнением / со своими советами; лезть не в своё дело.

Remember, it is their wedding and there is no need to put your oar in because they are not doing it the way you would choose. Послушай, это их свадьба, и **не лезь ты со своими советами**, если они делают что-то не так, как тебе бы хотелось.

593. ROCK THE BOAT, TO: to start trouble or disturb stability. (*перен.*) Раскачивать лодку; вносить разлад; возмущать спокойствие; нарушать равновесие/покой; мешать слаженной работе (группы).

Things have been going so smoothly in our office that, even to make improvements, I hate to rock the boat. У нас на работе дела идут так гладко, что я боюсь **внести разлад** даже ради каких-нибудь улучшений.

594. UP THE CREEK WITHOUT A PADDLE: to be in trouble with no means of escape. Быть загнанным в угол / в лузу; быть прижатым к стенке; быть в тяжелом положении, близко к поражению/краху без каких-либо путей избежать их.

When his father found out the police had been called about the party, he was up the creek without a paddle. Когда его отец узнал, что кто-то вызывал полицию из-за нашей вечеринки, он почувствовал себя **загнанным в угол**.

Sailing — Парусный спорт

595. ANY PORT IN A STORM: in an emergency or crisis, any available source of help or respite should be taken advantage of. **В беде любой выход хорош;** (*посл.*) **в бурю, любая гавань хороша;** (*посл.*) **утопающий хватается за соломинку.**

Although I don't ordinarily go to bars, it started pouring just as I was walking by one, so I went in and had a couple of beers. Any port in a storm! Хотя обычно я не хожу по барам, но дождь хлынул как раз, когда я проходил мимо какого-то бара; я зашёл и выпил пару бутылок пива. **В бурю любая гавань хороша.**

596. AT SEA: bewildered, confused, at a loss. **В замешательстве; в недоумении; в растерянности; озадаченный; поставленный в тупик; потерянный; сбитый с толку;** (*посл.*) **ум за разум заходит.**

The renowned statesman appeared to be completely at sea when it came to handling his grandson's tantrum. Известный государственный деятель, казалось, был **в абсолютной растерянности**, не зная, что делать со своим собственным внуком, когда тот стал буянить.

597. AT THE HELM: in a position of control or command. **Быть у руля/штурвала; руководить; управлять.**

Elizabeth agreed to take charge of the trip, and we all relaxed, content to have her at the helm. Лиза согласилась взять на себя организацию путешествия, и все мы расслабились, довольные тем, что она **будет всем руководить.**

598. BAIL OUT, TO: to rescue someone in a crisis, particularly a financial one. **Вызволить кого-то из беды, особенно финансовой; дать за кого-то выкуп.**

Whenever any of their children got into financial trouble, their father rushed to bail them out. No wonder they are so irresponsible. Всегда, когда у кого-то из их детей возникали финансовые проблемы, отец бросался им на помощь, чтоб **вызволить из беды.** Не удивительно, что они такие безответственные.

599. BEARING DOWN ON: approaching in a threatening way. **Обрушиться на кого-то** (о беде; о чём-то угрожающем).

I cannot help but have the feeling that some major unpleasant surprise is bearing down on us. Я не могу отделаться от предчув-

ствия, что на нас вот-вот **обрушится** *какой-то чрезвычайно неприятный сюрприз.*

600. BLOW OFF COURSE, TO: to divert or distract from plans, correct procedures, etc. **Сбить с принятого курса/направления; смешать планы.**

I was blown off course for a while by my health problems but now I am back in school and making progress toward becoming a teacher. Мои проблемы со здоровьем на время **смешали мои планы,** *но сейчас я вернулся в институт и успешно учусь, чтобы стать преподавателем.*

601. CHART A COURSE, TO: to make a plan of action. **Составить план действий.**

While he was still in high school, he decided he wanted to go into politics and charted his course accordingly. Уже в старших классах школы он решил стать политиком, и, в соответствии с этим, ***составил план действий.***

602. COME THROUGH / PASS WITH FLYING COLORS, TO: to achieve a great success (especially, after some sort of test or ordeal). **С блеском справиться с какой-либо задачей** (особенно, после какого-либо серьезного/сурового испытания).

She came through the interview process with flying colors and was hired. Она **блестяще прошла интервью** *и была принята на работу.*

603. CRUISING: driving around aimlessly, but ostentatiously, either to show off one's vehicle or to look for action of any kind (for examples, a taxi looking for fares); looking for a sexual partner in a public place. **Ездить/курсировать по какому-то району чаще всего для показухи/развлечения; болтаться; фланировать; ходить из бара в бар; искать партнера для секса.**

The boys were cruising the neighborhood looking for trouble. Мальчишки **болтались** *по своему району, ища приключений на свою голову.*

604. FROM STEM TO STERN: from beginning to end, thoroughly. **От и до; полностью.**

We cleaned the house from stem to stern. Мы вычистили дом ***от и до.***

605. GET ONE'S BEARINGS, TO: to orient oneself in a new situation. Осмотреться; определить своё положение; сориентироваться на новом месте.

In a new city, I usually discard my map just as soon as I get my bearings. В новом для меня городе я обычно выбрасываю карту, **стоит мне только сориентироваться**.

606. GIVE A WIDE BERTH, TO: to avoid. Избегать/обходить кого-либо или что-либо стороной / за версту; уклоняться от чего-либо.

Jennifer is a real gossip. I suggest you give her a wide berth. Дженнифер — жуткая сплетница. Я вам советую **обходить её за версту**.

607. GIVE SOME LEEWAY, TO: allow some freedom of movement or action. Дать кому-либо некоторую свободу передвижения или действий.

We gave our children considerable leeway with regard to going to bed. Мы **дали** нашим детям **относительную свободу**, что касается времени, когда они идут спать.

608. GO BY THE BOARD, TO: to cease to be in use, to be discarded. Быть выброшенным/ вышедшим из употребления / ненужным; (дословно) быть выброшенным за борт.

The custom of businesses providing stamped return envelopes seems to have gone by the board. Похоже, что практика снабжения клиентов конвертами с марками для ответного письма, **вышла из употребления**.

609. GO OVERBOARD, TO: to go to excesses or show excessive enthusiasm. Впадать в раж; лезть из кожи вон; не знать меры; перебарщивать; перестараться; проявлять слишком много энтузиазма; это уже чересчур.

Yes, we want to show our nephews a good time. But don't you think renting them motorcycles is going overboard? Конечно, мы хотим, чтобы наши племянники хорошо провели время. Но не думаешь ли ты, что брать для них напрокат мотоциклы будет **уж чересчур**?

610. HAND OVER FIST, TO MAKE MONEY: to make money very rapidly. (From sailors' method of dealing with ropes.) Быстро и легко делать большие деньги; (сленг) **грести деньги лопатой**; (жаргон) **зашибать деньги**.

For a while the dot-com he worked for was making money hand over fist. Какое-то время интернет-компания, в которой он работал, **быстро делала большие деньги.**

611. HARD UP, TO BE: in need, poor. Сильно нуждаться; быть бедным.
If I had known the family was so hard up, I never would have asked them to contribute to the high school graduation party. Если бы я знал, что эта семья так **сильно нуждается,** я никогда не попросил бы их внести деньги на выпускной вечер в школе.

612. HAVE/KEEP A FIRM, STEADY HAND ON THE TILLER, TO: to be in firm control over a situation. *(перен.)* Держать руки на штурвале; твёрдо/ уверенно контролировать ситуацию.
No one, whatever his political persuasion, wants a president who does not have a firm hand on the tiller. Каких бы люди ни придерживались политических убеждений, никто не хочет иметь президента, который не **может уверенно контролировать ситуацию.**

613. IN THE SAME BOAT: in the same situation or position. Быть в одинаковом положении / в одинаковых условиях; *(перен.)* быть в одной лодке.
I think all four of us are in the same boat with regard to transportation. Perhaps we could share a cab. Я думаю, что все мы, четверо, находимся **в одинаковом положении** — нам всем надо ехать в одну сторону. Почему бы нам не взять такси на четверых?

614. IN THE WAKE OF: following directly after; as (in) the aftermath of. Сразу после.
It is difficult to restore optimism to a city in the wake of a major disaster. Трудно восстановить оптимизм в городе **сразу после** такой катастрофы.

615. KEEL OVER, TO: to faint; collapse. Потерять сознание; неожиданно упасть; рухнуть.
I was talking to him and then all of a sudden he just keeled over. Я разговаривал с ним, когда он **внезапно потерял сознание.**

616. KNOW/LEARN THE ROPES, TO: to know (or learn) all the details and procedures needed to operate efficiently in a particular situation or work environment. Знать свое дело во всех деталях;

быть докой/ мастером на все руки; знать все ходы и выходы; знать, что к чему; собаку съесть в каком-либо деле.
Since you are new on the job, you will be assigned to a work coach to help you learn the ropes. Так как ты новичок на этой работе, к тебе приставят инструктора, чтобы помочь тебе **разобраться, что к чему**.

617. **LIKE (DISLIKE, NOT LIKE) THE CUT OF SOMEONE'S JIB, TO:** to be attracted or repelled by someone's appearance or general demeanor. Нравится (не нравится) чей-то внешний вид / манера вести себя.
When I brought a new boyfriend home to meet my dad, an inveterate sailor, the words I most feared to hear were, "I just don't like the cut of his jib." Когда я привела своего нового ухажёра познакомиться с моим отцом, заядлым моряком, больше всего я боялась услышать: «Мне просто **не нравится его манера держаться**».

618. **LOSE ONE'S BEARINGS, TO:** to become disoriented in any sense. Заблудиться; потерять ориентировку; растеряться; сбиться с пути.
After the divorce, I felt for a while as if I had lost my bearings in life. После развода, какое-то время, **я чувствовал себя растерянным**.

619. **MAINSTAY:** the primary support of a group or activity. Основная опора; оплот; тот, на ком всё держится.
Sharon had always been the mainstay of the garden club. Шэрон всегда была **главной опорой** нашего клуба любителей садоводства.

620. **MAKE HEADWAY, TO:** to make progress, especially against obstacles. Делать успехи, несмотря на помехи и/или трудности; преуспевать; прогрессировать; продвигаться вперёд; пробивать/прокладывать путь (через чащу, сквозь снега и т.п.)
Are you making any headway with your math homework? Как у тебя с домашней работой по математике, **есть какой-то прогресс**?

621. **MAKE WAVES, TO:** to cause trouble or problems for others; to cause disturbance or controversy. (сленг) Гнать волну; волновать (общество); создавать неприятности/трудности для других людей.

His work was fine, but we had to fire him. He did not follow the first principle of working in an office group — don't make waves. Работал он вполне прилично, но мы всё-таки вынуждены были его уволить. Он не следовал первому принципу работы в коллективе: «**Не гони волну!**»

622. **ON AN EVEN KEEL:** stable and balanced, especially mentally and/or emotionally. **В равновесии; в стабильном состоянии; ровно; спокойно; хладнокровно.**
Through all the ups and downs of my life, I have worked hard to keep my family and myself on an even keel. Я всегда делал все, что возможно, чтобы поддерживать мою семью, да и себя самого **в стабильном эмоциональном состоянии**, независимо от удачных и неудачных периодов в моей жизни.

623. **RISING TIDE WILL LIFT ALL BOATS, A:** statement of a political belief that an improvement in the prosperity of one segment of society is likely to improve the condition of other segments. **На волне (роста промышленности/производительности и т.п.) произойдёт подъём/улучшение и всех других компонентов в жизни (общества, страны...); улучшение благосостояния одного сегмента общества приведет к улучшению благосостояния и других сегментов общества.**
Though the stock market generally rose during this period, automobile stocks dropped sharply. This was one rising tide that didn't lift all boats. Хотя в целом цены на акции на фондовой бирже поднялись, акции автомобильных компаний резко упали. Это был как раз тот случай, когда **общий подъём** на бирже не **привёл к подъёму акций всех компаний**.

624. **RUDDERLESS:** without direction or control, aimlessly. **Бесконтрольно; бесцельно; «без руля и без ветрил» (из Лермонтова).**
After graduating he just drifted, rudderless, from one dead-end job to another. Окончив университет, он **бесцельно** переходил с одной бесперспективной работы на другую.

625. **RUN A TIGHT SHIP, TO:** to be the leader of a well- and closely-managed organization. **Детально и требовательно руководить той или иной организацией; держать всё под строгим контролем.**
Though the boss is fair, he runs a tight ship, with little tolerance of slacking off or rule breaking. Хотя наш босс и справедлив, он

держит всё под строжайшим контролем, и категорически не терпит расслабленности и нарушения правил.

626. **SAFE HARBOR:** a place of calm and refuge. (*перен.*) **Тихая гавань.**
After his life as a war reporter, he sought the safe harbor of a small town newspaper. После жизни военного репортёра он искал **тихую гавань** в газете какого-нибудь маленького города.

627. **SAIL CLOSE TO THE WIND, TO:** to purposely place yourself on the verge of trouble. **Ходить по краю пропасти; ходить по лезвию бритвы/ножа; быть на грани преступления/фола.**
He seems to me to be sailing awfully close to the wind financially, using one credit card to pay off the debts on another. Мне кажется, что в финансовом отношении он **ходит по лезвию ножа**, используя одну кредитную карточку, чтобы платить долги по другой.

628. **SAIL THROUGH, TO:** to perform easily, virtually without effort. **Легко и быстро добиваться успеха; идти, как по маслу; проходить, как нож сквозь масло.**
She sailed right through high school and was surprised to find that college actually required her to work. В школе у неё всё **шло, как по маслу**, и она была удивлена, обнаружив, что учёба в колледже требует от неё много работы.

629. **SEE WHICH WAY THE WIND IS BLOWING, TO:** to find out how matters stand, what the prevailing tendency is. **Держать нос по ветру; выжидать, куда ветер подует / как развернутся события.**
First he has to see which way the wind is blowing and then he will decide whether to run for governor. Сначала он должен выяснить, **куда ветер подует**, и только тогда сможет решить, баллотироваться ли ему в губернаторы.

630. **SHAKEDOWN CRUISE:** a trial use of a newly acquired vehicle or other mechanism to make sure it is working properly. **Первый пробный, испытательный пробег машины/ только что купленной машины; первое пробное, испытательное плавание (корабля и т.п.); первое включение какого-либо механизма, чтобы убедиться, что всё работает так, как надо.**
I wanted to take the computer program I wrote on a rigorous shakedown cruise before I submitted it to the client. Я хотел

сделать интенсивные **пробные испытания** компьютерной программы, которую я разработал, прежде, чем передать её заказчику.

631. SHOOT THE BREEZE, TO: to fill time with idle or unfocussed conversation. Болтать; болтать всякую ерунду; болтать/врать без всякой цели; вести непринуждённую беседу; говорить ни о чём; (сленг) загибать; нести вздор; трепаться (попусту).

Bob is so busy these days we never get a chance to just sit around shooting the breeze, the way we used to. Боб так занят последнее время, что нам никогда не удаётся просто посидеть и **потрепаться**, как бывало.

632. SKIPPER: the boss, especially used semi-jocularly in direct address. Хозяин/босс (особенно в полушутливом обращении).

"Honey, I need you to go to the store for me while I get dinner ready." "Aye, Aye, Skipper." «Дорогой, мне нужно, чтобы ты сходил в магазин, пока я готовлю обед». «Есть, **босс!**»

633. SMOOTH/PLAIN/CLEAR SAILING: free of problems. Идти, как по маслу / без проблем /гладко; работать, как часы.

After our business began to make a profit, we wrongly supposed it would be smooth sailing from then on. После того, как наш бизнес стал приносить доход, мы ошибочно решили, что с этого момента всё пойдёт, **как по маслу**.

634. SOS: a call for help. Сигнал бедствия; просьба/крик о помощи.

We just got an SOS call from our son in Europe. The travel agency he bought his ticket from was not legitimate, and he has no money to get home. Мы только что получили «**сигнал бедствия**» из Европы от нашего сына; агентство по путешествиям, где он купил билет, оказалось фиктивным, и у него не хватает денег добраться до дому.

635. STAY THE COURSE, TO: to continue using the same strategy. Придерживаться/ твёрдо держаться того же курса /плана/ той же стратегии; выдерживать/держаться до конца; продолжать идти тем же путём.

My diet seems to be working slowly; I guess I will stay the course for another couple of months. Похоже, что моя диета работает, но медленно; пожалуй, я буду **придерживаться того же курса** ещё пару месяцев.

636. STEER CLEAR OF, TO: to avoid. Избегать кого-либо/чего-либо.

She told me that she had tried to steer clear of the kids who used drugs, but that they were the only ones who would talk to her. Она сказала мне, что пыталась **избегать** всякого общения с ребятами, употребляющими наркотики, но только они с ней и разговаривали.

637. TAKE ABACK, TO: to surprise or shock. Захватить врасплох; ошеломить; поразить.

His sudden change in mood took me aback. Внезапное изменение его настроения **поразило** меня.

638. TAKE ANOTHER TACK, TO: to try something different. Изменить курс/ метод/приём/тактику и т.п; пойти по другому пути.

Trying to insist our little boy eat whatever we put in front of him was obviously not working, so we decided to take another tack. Попытка настаивать, чтобы наш мальчик ел всё, что мы даём ему, очевидно, не работала, поэтому мы **решили пойти по другому пути**.

639. TAKE THE WIND OUT OF SOMEONE'S SAILS, TO: to block someone's plans or ambitions; deflate someone's ego. Выбить у кого-либо почву из-под ног; озадачить кого-либо; поставить кого-либо в тупик/в безнадёжное положение; предупредить чьи-либо действия или слова; совершенно расстроить чьи-либо планы.

The loss of our research grant really took the wind out of our sails. Потеря финансовой поддержки нашего исследования **выбила у нас почву из-под ног**.

640. TIE UP SOME LOOSE ENDS, TO: to resolve various minor problems or details. Подчистить хвосты; утрясти всякие мелочи.

I have to go back to my old office for a few hours and tie up some loose ends. Я должен вернуться в мой прежний офис на несколько часов, чтоб **утрясти всякие мелочи**.

641. TRIM ONE'S SAILS, TO: to modify one's behavior so as to decrease the scope or cost of one's activities, usually because of some problem. Изменить поведение, планы, чтобы уменьшить/урезать запросы, требования и т.п., обычно в связи с какими-то проблемами.

When I lost my job, we simply trimmed our sails a bit, but did not really suffer. Когда я потерял работу, мы **слегка урезали наши запросы**, но катастрофы не произошло.

642. **WEATHER/RIDE OUT THE STORM, TO:** to get through (survive) a very difficult period or situation. (*перен.*) **Выдержать бурю/шторм; преодолеть трудности/испытания.**
    With both of us and all six children sick with the flu, it was very difficult, but after two weeks I believe we have weathered the storm. Когда мы оба и все шестеро наших детей заболели гриппом, ситуация была очень непростая, но через две недели, по-моему, **самое трудное осталось позади**.

643. **WELCOME ABOARD:** welcome to your new job, school, etc. **Добро пожаловать (на новую работу, в новую школу и т.*п*.).**
    We want to wish all our new employees a great first day with us. Welcome, aboard. Мы хотим пожелать всем нашим новым сотрудникам хорошего первого дня в нашей компании. **Добро пожаловать!**

Surfing — Сёрфинг

644. **ASPHALT/SIDEWALK SURFING:** skate boarding. **Скейтбординг; катание на доске с роликами.**
    Be very careful driving in this neighborhood; the hills make it a favorite for asphalt surfing. Веди машину очень осторожно в этом районе; холмистый ландшафт сделал его весьма привлекательным местом для **скейтбординга**.

645. **CATCH THE WAVE, TO:** to take advantage of or join with some popular trend or movement. **Поймать/ухватить волну; не упустить возможность идти в ногу со временем / с последней модой.**
    Our marketing objective is to catch the wave of the latest youth trends. Задача нашего маркетинга — **поймать волну** последней молодёжной моды.

646. **CHANNEL SURFING:** switching rapidly from one television channel to another, typically with a remote control device. **Быстро**

переключаться с одного телевизионного канала на другой, обычно с помощью устройства дистанционного управления.

We never watch television together any more. I cannot stand my husband's constant channel surfing. Мы никогда больше не смотрим телевизор вместе. Я терпеть не могу, что мой муж всё время **переключается с одного канала на другой**.

647. **HANG TEN, TO:** to go all out in a high-risk activity. **Вести рискованный образ жизни; заниматься чем-то, требующим постоянного риска; постоянно рисковать.**

I will never choose a safe and boring life; I want to spend my life hanging ten. Я никогда не выберу безопасный, но скучный образ жизни. Я хочу провести мою жизнь, **постоянно рискуя**.

648. **SURF THE NET/WEB, TO:** to browse through material on the Internet. **Искать что-либо на Интернете; проводить время на Интернете без серьёзной цели; «сидеть» в Интернете**

When my husband retired, I thought he would be bored, but he is happy all day surfing the net. Когда мой муж ушёл на пенсию, я думала, что ему будет скучно, но он абсолютно счастлив, **часами «сидя» в Интернете**.

649. **TUBULAR:** slang for great, wonderful. (Made famous from its use by "Valley Girls"— young women in California. Derived from the form of the ideal wave for surfing.) **Великолепный; потрясающий; прекрасный.**

The new store that opened at the mall is tubular to the max. Новый магазин, который открылся в торговом центре, **совершенно потрясающий**.

650. **WIPE OUT** (noun or verb): (to suffer) a decisive defeat or bad accident. Also a noun. **Несчастный случай с серьёзными последствиями; (потерпеть) сокрушительное поражение; серьёзная авария.**

Did you see the Canadian skier wipe out? I couldn't believe it when I saw him stand and walk off the course. Ты видел **несчастный случай** с канадским лыжником? Я не мог поверить, когда увидел, что он встал и даже сам ушёл с трассы.

Individual Sport — Индивидуальный спорт

Sports of individual performance (not included in other categories) & active pastimes (that are frequently considered sports) — одиночные виды спорта (не вошедшие в другие категории) и виды активного времяпрепровождения (часто рассматриваемые как виды спорта)

Archery/Target Shooting — Стрельба из лука/в цель

651. HIT OR MISS: at random, without planning or objective. Беспорядочно; бессистемно; как придётся; наобум; наугад; наудачу; на авось; (*посл.*) как Бог на душу положит.
*As far as we could tell, they took a hit-or-miss approach to child rearing. Насколько мы могли видеть, они растили своих детей **без всякой системы, как Бог на душу положит**.*

652. HIT THE BULL'S EYE/MARK, TO: to get something absolutely correct. Попасть в самую точку; попасть в яблочко; понять/сказать что-то абсолютно правильно; (*погов.*) не в бровь, а в глаз.
*He hit the bull's eye when he said that our business would either change or go under. Он **попал в самую точку**, сказав, что наш бизнес либо претерпит изменения, либо разорится.*

653. LONG SHOT: something that has a very slight chance of succeeding. Что-либо, имеющее мало шансов на успех.
*I really didn't expect to win the contest; I knew it was a long shot. На самом деле я и не ждал, что выиграю в этом конкурсе; я знал, что у меня было **очень мало шансов на успех**.*

654. MISS IS AS GOOD AS A MILE, A: failure is failure no matter how close one was to success. «Чуть-чуть» не считается; если кто-либо ошибся/промахнулся, то всё равно насколько; промах есть промах; провал есть провал.

In the spelling bee, I only missed one letter in a 15-letter word. But a miss is as good as a mile! В соревновании на знание орфографии я пропустил только одну букву в слове из 15 букв. Но **раз уж ошибся, то всё равно насколько**.

655. **MISS THE MARK, TO:** to fail to achieve one's goal. Не добиться / не достичь своей цели; не добиться своего; потерпеть неудачу; промахнуться.

Unfortunately, the advertising campaign featuring singing toilet brushes missed the mark. К сожалению, эта реклама с поющими щётками для мытья туалета **явно провалилась**.

656. **UPSHOT:** the significance, result, or bottom line. (The upshot was the last event in a shooting match.) Важный/конечный вывод/результат; итог.

The upshot of the three-hour meeting was that we were all supposed to try to spend less time at meetings. **Важным выводом** этого трёхчасового собрания было то, что мы должны попытаться тратить меньше времени на собрания.

657. **WHOLE SHOOTING MATCH:** the entire thing, the "works." Всё, что есть; всё и вся; по полной программе.

What do you want on your pizza? The whole shooting match. «Что ты хочешь на твоей пицце?» «**Всё, что есть**».

658. **WIDE OF THE MARK:** totally wrong. Абсолютно неправильно/неверно; «даже близко не лежало»; мимо цели; не по существу; пальцем в небо.

Evidently, the answer I gave at the job interview was wide of the mark. Очевидно, что ответ, который я дал на интервью при приёме на работу, был **абсолютно неверен**.

Bowling — Кегли

659. BODY ENGLISH: body movement in a, usually unconscious, attempt to influence the movement of a propelled object, such as a ball. Движение тела, которое бессознательно передаёт чувства или намерения человека (*напр.*, движения тела в инстинктивной мысленной попытке повлиять на движение брошенного этим человеком мяча); жестикуляция зрителей и игроков во время игры.

I thought my golfing partner was having a seizure, but it was just body English. Я подумал, что у моего партнёра по гольфу случилась судорога, а оказалось, что просто его **тело бессознательно пыталось повлиять на движение мяча**, чтобы он упал в лунку.

660. HAVE ALL ONE'S DUCKS IN A ROW, TO: (from duckpins, a form of bowling) to have all one's affairs organized. Привести все дела в порядок; расставить всё по местам.

Now that I have finished my summer job, I have time to get all my ducks in a row for school. Сейчас по окончании летней работы, у меня есть время **привести все дела в порядок,** чтобы подготовиться к началу учебного года.

661. KINGPIN: the most powerful or important member of a group or element in something. Большая/важная шишка; большой начальник; босс (в преступном мире); главная/ключевая фигура; главарь; ключевой элемент; наиболее важный / обладающий наибольшей властью член какой-либо группы/ предприятия; (жаргон) пахан.

An alleged drug kingpin was arrested at National Airport yesterday. Вчера в Национальном аэропорту был арестован предполагаемый **главарь** банды, распространявшей наркотики.

662. NOT ALL BEER AND SKITTLES: not unmitigated pleasure. (Mainly British; skittles is an old form of bowling.) Не всё в жизни — забавы и развлечения; (*посл.*) не всё коту масленица.

Some young people these days do not find out that life is not all beer and skittles until they graduate from college. В наши дни многие молодые люди до самого окончания колледжа даже не догадываются, что жизнь — это **не только сплошные развлечения.**

Golf — Гольф

663. ABOVE/BELOW PAR: better or worse than usual or average. Лучше или хуже, чем обычно; выше или ниже среднего/номинала.

I thought her singing voice was above par at this concert. Мне показалось, что в этом концерте она выступила **лучше, чем обычно**.

664. DUFFER: an incompetent, unskilled, or clumsy person. Неквалифицированный/некомпетентный/неопытный человек; неловкий/нескладный/неуклюжий/никчёмный человек; недотёпа; пустое место; тупица.

Even when he is just mowing the lawn you can see that he is a duffer. Даже когда он просто косит свой газон, видно какой он **неуклюжий**.

665. GOLF WIDOW: a woman whose husband spends all his available free time playing golf. «Вдова» при живом муже, игроке в гольф; женщина, муж которой тратит всё свободное время на игру в гольф.

The country club organized Saturday afternoon fashion shows for all the golf widows. Загородный гольф-клуб организовал в субботу после полудня показ мод для «**вдов» при живых мужьях**, заядлых игроках в гольф.

666. HACKER: this term, 1) first idiomatic meaning: a skilled and obsessed computer expert, 2) second idiomatic meaning" one who takes pleasure in gaining unauthorized entry to and/or tampering with computer systems. (Original meaning: an unskilled golf player.) (Изначально, слабый игрок в гольф); (в компьютерном мире) **хакер** — (в положительном значении) искусный программист, специалист очень высокой квалификации по компьютерной технике и системам компьютерного обеспечения, (в негативном смысле) — искусный манипулятор компьютерными системами, использующий своё мастерство, чтобы нелегально «взламывать» / проникать в чужие компьютерные системы, воруя информацию, искажая или разрушая компьютерные связи; компьютерный «пират».

My nephew seems to have no other ambition than to play computer games and be a hacker. Похоже, что мой племянник не имеет никакой цели в жизни, кроме как играть в компьютерные игры и быть **хакером**.

667. HOLE IN ONE: very rare success; success on a first or one random try. Редчайший успех; редчайшая удача — с первой или даже со случайной попытки.

"*Cosmic hole in one*" — headline for a story in which a random camera shot happened to capture evidence of an asteroid death. «**Редчайшая удача** *в космосе*» — *заголовок статьи о том, как случайный фотоснимок запечатлел свидетельство гибели астероида.*

668. NEVER UP, NEVER IN: reminder that if you never take a risk and always pass up opportunities not guaranteed to give results, you will not succeed. **Тот, кто не рискует, не выигрывает;** (*посл.*) **волков бояться — в лес не ходить;** (Марк Цукерберг, основатель компании Фейсбук: «Сегодня самое рискованное решение — это решение ничего не предпринимать»); (*посл.*) кто не рискует, тот не пьёт шампанское / не ездит в Сочи (Сочи — это известный курорт на юге России).

"*Do you think I should buy a lottery ticket with my last dollar?*" "*You can't win if you don't — never up, never in.*" «*Как ты думаешь, стоит ли мне купить лотерейный билет на последний доллар?*» «*Если не купишь, то уж точно не выиграешь.* **Кто не рискует — не выигрывает**».

669. NINETEENTH HOLE: a bar or cocktail lounge where golfers go after completing an eighteen-hole golf game. **Бар после игры в гольф.** (дословно) Девятнадцатая лунка (намёк на бар, куда отправляются игроки в гольф после завершения игры, т.е. после восемнадцатой лунки). Примечание: в английском варианте — непереводимая игра слов: hole — лунка в земле для шарика (в гольфе), watering hole — бар.

Let's have a quick one at the nineteenth hole. Зайдём в **бар после гольфа**, выпьем чуть-чуть!

670. NOT UP TO PAR: somewhat worse than normal or ideal; not to meet the standard/expectations; to be unacceptable/unsatisfactory. **Не вполне в порядке; неприемлемый; не соответствующий норме/ожиданиям/требованиям.**

I am not sick, but somehow I don't quite feel up to par. Я не болен, но чувствую себя **не вполне в порядке**.

671. ONE UP ON, TO BE: to have a small advantage over someone. Иметь небольшое/некоторое преимущество над кем-то.

They have a three-car garage and ours only holds two, so I guess they are one up on us. У них гараж на три машины, а у нас — только на две. Так что, по моим понятиям, у них **есть небольшое преимущество**.

672. PAR FOR THE COURSE: just about what you would expect under certain conditions or in a certain situation. Нормально; обычное дело; примерно то, что вы и ожидаете при определённых условиях или в определенной ситуации.

"My students didn't arrive until 15 minutes after the official start of class." "That's par for the course here." «Мои студенты опоздали на занятие на 15 минут». «Здесь это **обычное дело**».

673. PLAY IT WHERE IT LIES: deal with a situation as it exists without wasting time and energy pretending or asserting it is otherwise. Трезво/здраво оценивайте ситуацию и принимайте её, как она есть, вместо того чтобы тратить время впустую, обманывая себя, претендуя на что-либо, практически невозможное. *Well, yes. My disability was a hard blow, but I decided to play it where it lies rather than feeling sorry for myself.* Конечно, моя инвалидность была для меня сильным ударом, но вместо того, чтобы жалеть себя и плакаться, я решил **делать всё, что могу в этой ситуации**.

674. RUB OF THE GREEN: effect of an outside agency on results, or simply good or bad luck. (Mainly British. In golf if a ball is accidentally deflected or stopped by an outside agency, it is called rub of the green, and the ball is played where it has come to rest.) Случайная помеха со стороны в той или иной игре или в каком-либо деле, помеха, которая может повлиять на результат (как признак везенья или невезенья).

The modest winner of the prize attributed his unexpected victory to the rub of the green. Скромный призёр объяснил свою неожиданную победу просто **везеньем**.

675. SAND TRAP: an obstacle to performance. Камень преткновения; «подводный камень»; помеха; препятствие.

Assembly of the device was full of sand traps. При сборке этого устройства мы столкнулись с большим количеством **«подводных камней»**.

676. STYMIE, TO: to obstruct, thwart, or frustrate. Загонять в тупик / в угол; мешать; преграждать; препятствовать; расстраивать (планы, надежды); стоять на пути (чего-либо); ставить в безвыходное положение.

The investigation was stymied by lack of funding. Недостаточное финансирование **препятствовало** расследованию.

677. SWEET SPOT: location, as on a golf club, that provides the best performance when struck, moved to, etc. Место — лучше не придумаешь / не найдёшь! Самое лучшее место / самая лучшая позиция для последующего действия.

If you want to get the full effect of my new speakers, you have to sit in the sweet spot — that chair over there. Если ты хочешь почувствовать полный эффект моих новых динамиков, сядь на тот стул — **лучше места не найдёшь**.

678. TAKE A MULLIGAN, TO: to take a (quasi sanctioned) second try at something when the first one was a disaster. Взять назад неудачный ход / какое-то неудачное действие с разрешения другого участника или участников этого события / этой игры и сделать ещё одну попытку.

You sneezed right when you were trying to hit the ball; take a Mulligan. Надо же было тебе чихнуть как раз тогда, когда ты собирался ударить по мячу, **ударь ещё раз.**

679. TEE OFF, TO; TO BE TEED OFF: to make someone very angry; to become very angry (The term may well be a euphemism for the vulgar "pissed off" and not a genuine use of a golf term.) Вывести из себя / разозлить / рассердить кого-либо..

I am thoroughly teed off at my brother. Я страшно **сердит** на моего брата.

680. TWOSOME: two people doing something together; couple. (The ending "*some*" may be used with other numbers; especially common in golf is the term "foursome") Два человека, делающие что-то вместе; пара; парочка; тет-а-тет.

We started having lunch together, and immediately people at the office considered us a twosome. Во время обеденного перерыва мы стали ходить вместе в кафе, и наши сотрудники стали немедленно смотреть на нас, как на **парочку.**

681. UP TO PAR: in good normal condition. (Used much more rarely than "not up to par.") **В порядке; в норме; соответствовать некоему уровню.**

  When my father, a golfer, got sick, all his get well cards wished that he would get back up to par soon. Когда мой отец, заядлый игрок в гольф, заболел, он получил массу писем, в которых все желали ему как можно скорее **прийти в норму.**

Fishing — Рыбная ловля

682. ALL IS FISH THAT COMES TO THE NET: exhortation to take advantage of whatever comes your way. (May also be a comment on someone's lack of discrimination.) (*посл.*) **Всякая рыба хороша, коль на удочку пошла;** (*посл.*) **доброму вору всё в пору;** (*посл.*) **на безрыбьи и рак — рыба; ничем не брезговать.**

  My father was always bringing home stuff that he found along the road, and he would always do something useful with it, saying, "All is fish that comes to the net." Мой отец всегда приносил домой хлам, который подбирал у дороги, и всегда находил ему полезное применение, приговаривая: «**Всякая рыба хороша, коль на удочку пошла**».

683. AS EASY AS SHOOTING FISH IN A BARREL: very (unfairly) easy. **Без всяких усилий; невероятно легко; плёвое дело; проще простого; раз плюнуть.**

  He said making money was a natural talent requiring no effort or thought on his part — as easy as shooting fish in a barrel. Он говорил, что у него прирождённый талант делать деньги, не требующий от него ни усилий, ни обдумывания — **раз плюнуть!**

684. BAIT AND SWITCH: a commercial practice in which buyers are lured into a store because of a supposed sale and then pressured to buy a higher price item. **Заманить покупателя в магазин предполагаемой распродажей, а затем уговорить его купить дорогую вещь; поймать покупателя на удочку.**

  Bait and switch sales tactics have been outlawed in many states. Практика магазинов «**ловить покупателя на удочку**» с целью всучить ему дорогие вещи — теперь вне закона во многих штатах.

685. CAST THE NET WIDE, TO: to consider a very broad range of people, plans, etc. before choosing one. Искать везде и всюду/повсюду; рассматривать широкую сеть возможностей прежде, чем остановиться на ком-либо или чём-либо.

They are really casting a wide net in their search for a new college president, writing to all the alumni for suggestions. Они действительно **ищут везде и всюду** человека на пост президента колледжа, обращаясь за советом к выпускникам.

686. DRAGNET: a systematic, wide scale police effort to apprehend a suspect or criminal. Систематические, скоординированные действия полиции для поимки преступника; облава; полицейский рейд для поимки преступника.

Police instigated a statewide dragnet for the escaped criminal. Полиция устроила **по всему штату скоординированный поиск** сбежавшего преступника.

687. FEED SOMEONE A LINE, TO: to tell an untruth or give insincere praise and compliments for one's own purpose; e.g., to avoid consequences or gain sexual favors in the hope that the other person will "swallow" what you say. Говорить неправду / делать неискренние комплименты / (жаргон) вешать лапшу на уши / (жаргон) пудрить мозги / пускать пыль в глаза, чтобы добиться какой-то своей цели (*напр.*, чтобы убедить женщину отдаться).

He says he loves me but I am sure he is just feeding me a line. Он утверждает, что любит меня, но я уверена, что он просто **«вешает мне лапшу на уши»**, чтобы меня добиться.

688. FISH FOR COMPLIMENTS, TO: through hints and other artifice, to attempt to get someone to praise or compliment you. Напрашиваться на комплименты.

I really admire many things about her and I would tell her so, if she weren't always fishing for compliments. Я действительно многим в ней восхищаюсь, и я бы сказал ей об этом, если бы она вечно не **напрашивалась на комплименты**.

689. FISH IN TROUBLED WATERS, TO: to try to take advantage of a confused or difficult situation. (*перен.*) Ловить рыбу/рыбку в мутной воде; воспользоваться чужой бедой.

There is always a profit to be made out of a natural disaster for those willing to fish in troubled waters. **Для тех, кто готов ло-**

вить рыбку в мутной воде,** *всегда найдётся возможность заработать даже на стихийном бедствии.*

690. FISH OR CUT BAIT: an exhortation to either proceed with (or complete) an activity or give it up entirely; stop delaying. **Или доделай дело или перестань делать его совсем; не тяни резину; сделай выбор, не откладывая в долгий ящик.**

They have been "engaged to be engaged" for years now. I think it is high time they either fished or cut bait. Они уже помолвлены несколько лет, кажется, только ради того, чтобы быть помолвленными.

Я считаю, что сейчас им уже пора или пожениться, или разорвать помолвку — одно из двух, а **«не тянуть резину».**

691. FISH OUT OF WATER: a person made awkward or uncomfortable in a new or uncongenial situation. **Быть не в своей тарелке / не в своей стихии; чувствовать себя, как рыба, вытащенная из воды / как рыба без воды.**

A model of grace on the basketball court, he was a clumsy fish out of water on the dance floor. Образец спортивной грациозности и ловкости на баскетбольной площадке, в танцзале он был **неуклюж и чувствовал себя не в своей тарелке.**

692. FISH STORY: a boastful, improbable story. (В русском языке часто используется во множественном числе) **Рыбацкие байки/истории; (синоним) охотничьи рассказы; небылицы; неправдоподобная хвастливая история.**

I think those grandiose tales of his are nothing but fish stories. Я думаю, что все его небывалые истории — не что иное, **как типичные охотничьи рассказы.**

693. FISHER OF MEN: proselytizer, especially Christian proselytizer. (From Mathew 4–19 "And he saith unto them, Follow me, and I will make you fishers of men".) **«Ловец человеков»** (От Матфея 4–19. И говорит им: «Идите за мной, и Я сделаю вас ловцами человеков»); **апостол; ловец душ; проповедник; человек, обращающий других в свою веру /** (современное значение также) **заманивающий в культ.**

My father taught me to fish and always mentioned how proud he would be if I grew up to be a fisher of men. Мой отец учил меня рыбачить и всегда упоминал, как бы он гордился, если бы я, когда вырасту, стал **«ловцом человеков»-проповедником.**

694. FISHING EXPEDITION: an attempt (especially in a law court) to obtain useful information by asking questions at random.
(*перен.*) Закидывание/забрасывание удочки; зондирование/прощупывание почвы; подбор компрометирующих материалов (для политической дискредитации); попытка хитрыми случайными вопросами выжать/выудить какую-то полезную информацию.

The attorney's questions appeared to be getting at something, but we found out later he was just engaged in a fishing expedition. Казалось, что вопросы адвоката были направлены на что-то определённое, но позже мы узнали, что он просто **зондировал почву, пытаясь выудить какую-либо информацию.**

695. GET A BITE/NIBBLE, TO: to receive expressions of interest in response to an advertisement or other notice. (*перен.*) Клюнуть на удочку; отреагировать/ проявить интерес в ответ на объявление и т.п.

We put up ads for renting our house all over town, but only got two nibbles. Мы развесили по всему городу объявления о сдаче нашего дома, но только двое **проявили какой-то интерес.**

696. GET A RISE OUT OF SOMEONE, TO: to intentionally elicit an irritated or angry reaction in someone. Вывести кого-либо из себя; раздразнить; разозлить; разъярить.

Don't pay any attention to his teasing; he is just trying to get a rise out of you. Не обращай внимания на то, что он поддразнивает тебя; он пытается **тебя разозлить.**

697. GET ONE'S HOOKS INTO SOMEONE, TO: to get someone under one's control. (*перен.*) Вцепиться в кого-либо (и не отпускать); контролировать кого-либо или что-либо; захватить что-либо; овладеть чем-либо.

I am not going to ever let some controlling woman get her hooks into me. Я никогда не позволю какой-нибудь властной женщине **вцепиться в меня и безраздельно завладеть мной.**

698. GIVE A PERSON A FISH AND HE WILL EAT TODAY, TEACH HIM TO FISH AND HE WILL EAT HIS WHOLE LIFE: an assertion that it is of more benefit to teach a person in need the skills required to provide for himself than to simply provide for him. Дашь человеку одну рыбку — ему хватит еды на сегодня, научи его удить, и у него будет еда всю жизнь. (Идея, что лучше дать

человеку профессию, которая обеспечит его на всю жизнь, чем просто помочь ему сейчас.)
Don't fill out the application forms for our students; show them how to do it themselves. You know what they say about teaching someone to fish. Не заполняй за студентов их анкеты для поступления в колледж; покажи им, как это делать. Ты же знаешь поговорку о том, что надо учить людей удить рыбу: **«Дай человеку рыбу, и он поест сегодня, научи его удить рыбу, и всю жизнь у него будет еда».**

699. **GONE FISHIN' (G):** a catchphrase indicating that someone has temporarily given up his responsibilities and is taking some time off for peace and relaxation. **Пошёл отдохнуть; уехал на рыбалку; ушёл в отпуск.**
As soon as the Christmas rush is over, I am going to close the store and put a "Gone Fishing" sign on the door. Как только закончится Рождественская суета с подарками, я закрою магазин и повешу на дверях объявление **«Уехал на рыбалку».**

700. **GOOD CATCH:** a potential desirable mate or one considered to be so; may also be used when someone "catches" a mistake just in time or one that others have missed. **Завидный жених; завидная невеста; во время замеченная ошибка.**
I met the guy my aunt told me was such a good catch and found him boring and annoying. Я познакомилась с парнем, про которого моя тётушка сказала, что он необыкновенно **завидный жених**, но я нашла его раздражающе скучным.

701. **HOOK UP WITH, TO:** to form a tie or association with. Very recent young people's slang: to come together for some degree of sexual interaction, either planned or spontaneous, without involvement of any emotional commitment. **Встретиться/познакомиться и начать работать / наладить деловые или личные контакты с кем-либо или с какой-либо организацией; начать романтические или сексуальные отношения с кем-либо; общаться/ (сленг)тусоваться с кем-либо; (сленг) закадрить/заклеить/ подцепить кого-либо; достать что-то для кого-то (может быть нелегально).**
(Сравнительно недавно это выражение стало использоваться в молодёжном сленге для описания встреч с целью любой степени сексуальной активности, т.е. оно может иметь любую степень неопределенности/двусмысленности.) **Быть**

вовлеченным в какую-либо сексуальную активность (*напр.* страстно обниматься/обжиматься, целоваться в засос и т.п. вплоть до секса); заниматься запланированным или спонтанным сексом (*напр.* в пьяном виде); переспать с кем-либо (без всяких обязательств).

*At the party last night, I hooked up with my roommate's brother. На вчерашней вечеринке я **тусовалась** с братом моей соседки по комнате.*

702. HOOK, LINE, AND SINKER, TO SWALLOW OR TO FALL FOR SOMETHING: to accept a (possibly) preposterous lie or story completely. **Целиком и полностью поверить во что-то или чему-то** (*напр.* какой-нибудь нелепой лжи); целиком и полностью «купиться» на что-либо.

*The teacher swallowed my excuse for not doing my homework hook, line, and sinker. Учитель **целиком и полностью проглотил** моё объяснение, почему я не сделал домашнюю работу.*

703. HOOKED ON: addicted to something, but not necessarily an actual physical addiction. **Пристраститься к чему-либо** (*напр.*, к наркотикам).

*All my daughter's friends seemed to be hooked on the same television shows. Кажется, все подруги моей дочери **пристрастились** смотреть одни и те же телевизионные шоу.*

704. JAILBAIT: a (usually very attractive) girl below the age of legal sexual consent. **Девочка** (обычно — очень миленькая) **в возрасте моложе, чем возраст, легальный для сексуальных связей.**

*I think my neighbor has a crush on me. She is really hot, but I know better than to hook up with jailbait. Я думаю, что моя соседка влюбилась в меня по уши. Она страшно соблазнительная, просто вся горит, но я не собираюсь связываться с **несовершеннолетней**.*

705. KEEPER: something or someone who/what is worth keeping for a long period. **Человек, которого стоит удержать; человек слова; что-то (сувенир, продукт), что стоит долго хранить** (*напр.* как память) **или что может долго храниться.**

*I knew almost as soon as I met him that my future husband was a keeper. Почти сразу, как я встретила его, я знала, что мой будущий муж — **стоящий человек — человек слова.***

706. LAND, TO: to acquire, especially when the process has involved some difficulty, effort, or maneuvering. Приобрести что-либо, особенно с большими трудностями, усилиями.
  I am pleased to announce that our company has finally landed the Merrill account. Мне приятно объявить, что наша компания, наконец, хотя и не без больших усилий, **приобрела** такого крупного заказчика, как Меррил.

707. MUDDY THE WATER(S), TO: to confuse the issue. Мутить воду; запутывать дело.
  We're talking about profit here; don't muddy the water by talking about what is right. Мы говорим сейчас о доходе; **не запутывай дело** разговорами о том, что справедливо, а что — нет.

708. OFF THE HOOK, TO BE: to be relieved of a (usually onerous) responsibility or problem; no longer in trouble (ranging from trivial to serious trouble). (*погов.*) Выйти сухим из воды; избавиться от неприятностей.
  освободиться от обременительных обязанностей.
  My son's teacher just called to tell me I am off the hook for having to provide 35 cupcakes for the party tomorrow. Учитель моего сына только что позвонил мне, чтобы сказать, что мне **не надо приносить завтра** 35 кексиков на детский праздник.

709. ON ONE'S OWN HOOK: at one's own responsibility or initiative. На свою ответственность; на свой страх и риск; по собственной инициативе; по собственному почину.
  No one told me to reorganize the filing system; I did it on my own hook. Никто не говорил мне, что нужно реорганизовать систему регистрации и хранения документов; я сделал это **по своей собственной инициативе**.

710. OPEN A CAN OF WORMS, TO: to be forced to confront a messy or difficult problem or situation. Открыть ящик Пандоры.
  Don't even ask how their families get along with each other. You don't want to open that can of worms. Даже не спрашивай меня, как их семьи ладили друг с другом. На твоём месте, я бы не **стал открывать** этот **ящик Пандоры**.

711. RISE TO THE BAIT, TO: to react to an enticement. (*погов.перен.*) Клюнуть на что-либо, попасться на удочку; проглотить приманку; соблазниться на заманчивое предложение.

I put what I thought was a very enticing ad in the classifieds but no one rose to the bait. Мне казалось, я поместил в газете очень заманчивое объявление, но никто на него **не клюнул**.

712. SET/ THROW AWAY /USE A SPRAT TO CATCH A MACKEREL: to incur a small expense (loss) for a large gain. **Рискнуть/пожертвовать малым ради большого.**

Yes, I have been working late for a couple of weeks, but because of it I will be able to take a week off with all my work done. I have simply been using a sprat to catch a mackerel. Да, я работал допоздна пару недель, но за это я смогу взять неделю отпуска, когда вся работа будет сделана. Как говорится, я **пожертвовал малым ради большого**.

713. SMALL FRY: children or people who are insignificant. (Fry means young fish too small to catch.) **Дети; мелюзга; мелкота;** (пренебрежительно о людях) **мелкая сошка, ребятишки.**

Yes, we have caught some gang members, but all of them were just small fry. Да, мы поймали несколько гангстеров, но все они были **мелкими сошками**.

714. TAKE THE BAIT (*See* **711. RISE TO THE BAIT**)

715. THE ONE THAT GOT AWAY: a lost love or opportunity, frequently with the implication that it was better than other subsequent loves or opportunities. **Та, которая ушла...; то, что потеряно/уплыло** (о потерянной возможности/любви и т.п.).

I have found plenty of girls who wanted to have relationships with me, but they do not compare to the one that got away. У меня было много девушек, которые хотели встречаться со мной, но они не идут ни в какое сравнение **с той, которая меня бросила**.

716. THERE ARE (PLENTY OF) OTHER FISH IN THE SEA: response to someone mourning for the one who/that got away, referring to the vast numbers of those (lovers, opportunities, etc.) still left. **Есть еще много рыбы в море; есть еще много потенциальных возможностей в мире; всего на свете хоть пруд пруди.** (Иначе говоря: «Не жалей о потерянном, много другого найдётся».)

I just broke up with my boyfriend, but am not too upset. There are plenty of other fish in the sea. Я только что разорвала отношения с бойфрендом, но не слишком-то огорчена. Других парней — **хоть пруд пруди**.

717. **THROW AWAY A HERRING TO CATCH A WHALE, TO** (*See* 712. SET A SPRAT TO CATCH A MACKEREL)

718. **YOU MUST LOSE A FLY TO CATCH A TROUT** (*See* 712. SET A SPRAT TO CATCH A MACKEREL)

Horseshoes — Бросание подков

719. **CLOSE ONLY COUNTS IN HORSESHOES:** a reminder that in many areas of life coming close to succeeding is still failure. **Чуть-чуть не попасть — это значит промахнуться; чуть-чуть — не считается.**

    I was second on the list to be offered the job, but close only counts in horseshoes. После интервью я оказался вторым в списке кандидатов на эту работу, но, как известно, **чуть-чуть — не считается.**

720. **FALL SHORT, TO:** not good enough. **Быть недостаточно хорошим; быть недостаточным для достижения цели; не достигнуть цели; не дотянуть до какого-либо критерия.**

    Your paper fell short of the quality needed to pass a college level course. Твоя письменная работа по качеству **не дотянула до уровня** университетского курса.

Hunting — Охота

721. **AFTER BIGGER GAME:** not satisfied with relatively minor successes or achievements, but attempting to obtain something more, particularly in some situation analogous to hunting. **Нацелиться на более крупную добычу или на более крупный успех, чем тот, что был достигнут.**

    Although the police caught several local drug dealers, they were disappointed since they had been after bigger game. Хотя полицейские поймали нескольких местных торговцев наркотиками, они были разочарованы, так как **нацелились на более крупную добычу.**

INDIVIDUAL SPORT — ИНДИВИДУАЛЬНЫЙ СПОРТ

722. **BAG, TO:** to succeed in obtaining something after considerable effort or through strategy or stealth. Добыть/захватить/получить что-либо; взять в плен / (сленг) арестовать (после долгих поисков или после затраты значительных усилий, включая возможные хитрые уловки); взять без спроса; присвоить; прикарманить.
After 6 months of searching for a job, he finally bagged a great job at a law firm. После шести месяцев поисков работы, он наконец-то **получил** замечательную работу в адвокатской конторе.

723. **BARK UP THE WRONG TREE, TO:** to make a request or ask a question of an inappropriate person; to look for something in the wrong place. Обращаться с вопросом / выдвигать обвинения и т.п. не по адресу; спрашивать/обвинять/ругать и т.п. не того, кого следует; напасть на ложный след; идти по ложному следу; искать не там, где надо.
If you are trying to borrow money from me, you are barking up the wrong tree; I am broke. Если ты пытаешься взять у меня деньги взаймы, ты **обращаешься не по адресу, у меня нет денег.**

724. **BAY FOR BLOOD, TO:** to call for someone to be punished or to suffer. *(перен.)* Жаждать чьей-то крови; преследовать/ травить/требовать сурового наказания.
Whenever a political scandal erupts, members of the other party bay for blood. (Note: the reference is to hunting dogs, not hunters.) Стоит только возникнуть политическому скандалу, члены оппозиционной партии **жаждут крови.**

725. **BEAT AROUND THE BUSH, TO:** to approach something you want to say indirectly. Говорить обиняками; *(перен.)* вилять; ходить/кружить/крутиться вокруг да около (о стиле разговора).
Stop beating around the bush and tell me what you want me to do for you. Хватит **кружить вокруг да около**, говори прямо, что ты хочешь, чтобы я сделал.

726. **BEAT THE BUSHES, TO:** to make a very active and possibly prolonged search for something. Усиленно искать что-либо.
We have been beating the bushes trying to find a publisher for our books. Мы очень **активно и долго пытались найти** издателя для наших книг.

727. BIRD IN THE HAND IS WORTH TWO IN THE BUSH, A: that which you already possess is not worth risking (or simply is worth more) than something more attractive that you are not at all sure of obtaining. (*посл.*) **Не сули журавля в небе, а дай синицу в руки**; (*посл.*) **лучше синица в руках, чем журавль в небе**; (*посл.*) **синица в руках — лучше соловья в лесу**.

In spite of the high returns on real estate investments, these days we decided to put our money in mutual funds. A bird in the hand is worth two in the bush. Несмотря на очень хорошие доходы от инвестиций в недвижимость, в настоящее время мы решили вложить деньги в паевые инвестиционные фонды. **Лучше синица в руках, чем журавль в небе**.

728. BIRDDOG, TO: to follow or observe closely; to monitor. **Внимательно следить за кем-либо или чем-либо; держать под надзором; идти/следовать по пятам**.

The trucker claimed that the car had been birddogging him for an hour. Водитель грузовика утверждал, что эта машина целый час **следовала за ним по пятам**.

729. BREAK COVER, TO: to emerge suddenly from a hiding place or place of safety. **Внезапно появиться /выбраться/выйти/ выскочить из убежища/укрытия**.

Finally, after two days of being deprived of food and water, the fugitive broke cover. Наконец-то, после двух дней без еды и питья, беглый преступник **вышел из укрытия**.

730. BRING TO BAY, TO: to chase or force into a place (physical or metaphorical) where escape is not possible. **Загнать в ловушку; затравить; поставить в безвыходное положение; припереть к стене**.

The gangster was finally brought to bay over a series of unpaid parking tickets. Гангстер был, в конце концов, **припёрт к стенке** из-за серии неоплаченных штрафов за неправильную парковку машины.

731. BUCK FEVER: nervous excitement felt by a novice to some activity on his first attempt at something desired, so intense as to interfere with performance. **Нервное возбуждение у новичка при начале какого-либо сильно желаемого дела/действия, мешающее это дело делать / это действие предпринимать**.

I wanted to photograph the rare species so much that I feared I would mess up when I finally got the opportunity. A case of buck fever, I guess. Мне так сильно хотелось сфотографировать какое-нибудь редкое животное, что я боялся всё испортить, когда, в конце концов, такая возможность представится. Похоже, это случай **нервного возбуждения у новичка**.

732. **CALL OFF YOUR DOGS, TO:** to cancel an attack on someone, especially if the attack has come from multiple sources implied to be under central control. Отменить атаку/нападение/расследование; отозвать людей, посланных арестовать кого-то; прекратить организованную травлю кого-то.
The embattled congressman agreed to resign if his opponents would call off the dogs and stop attacking him daily in the media. Оказавшийся в сложной ситуации конгрессмен согласился уйти в отставку, если его противники **прекратят организованную травлю**, ежедневно атакуя его в средствах массовой информации.

733. **CLAY PIGEON:** an easy target or dupe. Лёгкая добыча (для обманщика, вора и т.д.); лёгкая жертва; лёгкая цель (обмана, нападения и т.д.); простак/простофиля.
Don't just sit there like a clay pigeon; when your opponent calls you names, fight back. Не будь **лёгкой добычей для противника**; когда он поносит тебя, давай отпор.

734. **COLD TRAIL/SCENT:** information about the location of something one is searching for that is old and therefore unlikely to be reliable. Едва заметные, ненадёжные, старые, холодные следы, старая, ненадёжная информация (в попытке отыскать кого-то или что-то).
She searched for her birthmother, but the trail was very cold. Она искала свою биологическую мать, но /вся **информация была очень ненадёжна**.

735. **COME AWAY EMPTY-HANDED, TO:** to have nothing to show for you efforts. Уйти с пустыми руками / (*погов.*) не солоно хлебавши / ни с чем.
We spent an hour hoping to see hummingbirds but came away empty-handed. Мы потратили целый час в надежде увидеть колибри, но так и **ушли не солоно хлебавши**.

736. **COVER ONE'S TRACKS, TO:** to conceal one's whereabouts, activities, intentions, or evidence of these. **Заметать свои следы.**
We have no idea how they ended up in Denver; they did a good job of covering their tracks. Мы не понимаем, как они оказались в Денвере; они очень хорошо **замели следы**.

737. **DEAD SET ON (AGAINST):** strongly in favor (opposed) to some course of action. Быть очень сильно за (против) какого-либо действия; быть полным решимости; гореть желанием; хотеть что-либо или достижения чего-либо любой ценой / во что бы то ни стало; (быть категорически против).
Since she was a young child, she had been dead set on becoming a scientist. ("Dead set" refers to the "pointing" position of hunting dogs.) С самых юных лет, она **горела желанием** заниматься наукой.

738. **DECOY:** a replica of something, used as a lure. **Подсадная утка; приманка.**
The police officer was working as a decoy, dressing as an old woman in order to attract the man who had been mugging them. Полицейская, замаскированная под старуху, служила **подсадной уткой** для преступника, который грабил пожилых женщин.

739. **FAIR GAME:** legitimate target(s) of attack or ridicule. Жертва/объект травли, нападок, «узаконенных» и принятых в обществе; желанная добыча.
The talk show host seems to feel that anyone who agrees to appear on his program is fair game. Похоже, что ведущий этой передачи считал, что тот, кто соглашается принять участие в его программе, — это его **законная добыча**.

740. **FERRET OUT, TO:** uncover and by laborious effort bring to light. Раскрывать/выведывать/выискивать/вынюхивать/выслеживать/ разведывать/разузнавать что-либо; докапываться до чего-либо.
After months of trying, the persistent reporter ferreted out what had happened on that tragic night. После нескольких месяцев кропотливого расследования настойчивому репортёру удалось **выведать**, что случилось в ту трагическую ночь.

741. **FIRST CATCH YOUR RABBIT, THEN MAKE YOUR STEW:** be sure you have the prerequisites for achieving something before you

make elaborate or public plans for the achievement. (пословицы) **Не говори «гоп», пока не перепрыгнешь; не дели шкуру неубитого медведя; цыплят по осени считают.**

He hasn't even asked her to go steady, and she is already deciding what to name their children. Doesn't she know that first you have to catch your rabbit and only then make your stew? Он ещё не спросил её согласия постоянно встречаться с ним, а она уже решает как называть детей. Неужели она не знает пословицу: **Не говори «гоп», пока не перепрыгнешь!?**

742. **FLUSH OUT, TO:** to drive someone or something out of hiding. (Not to be confused with similar English flesh out = to add details.) *(перен.)* **Выгнать/выкурить кого-либо из норы / из укрытия;** *(воен.)* **выбивать противника откуда-либо.**

The campaign to flush out tax evaders was not a success. Кампания по **выявлению** *неплательщиков налогов не имела успеха.*

743. **GUN-SHY:** easily frightened or overly cautious as a result of past experience. **Быть чрезмерно осторожным из-за прошлого опыта;** (пословицы) **пуганая ворона куста боится; обжёгшись на молоке, дуют на воду.**

He had been married once before and was gun-shy about another attempt. Он был уже один раз женат, и был **сверхосторожен**, *когда речь заходила о второй попытке.*

744. **HIGHTAIL IT, TO:** to go as fast as possible, especially to get away from something. (Reference is to the raised tail of a fleeing rabbit or deer.) **«Взять ноги в руки»;** (сленг) **дунуть; помчаться; удирать.**

Things were getting pretty unpleasant, so we hightailed it out of there. Атмосфера становилась крайне неприятной, так что мы **«взяли ноги в руки»** *и* **дунули** *оттуда.*

745. **HOLD AT BAY, TO:** to keep something (or somebody) in check. **Держать в узде / под контролем; держать кого-либо в страхе; не давать кому-либо или чему-либо ходу;** *(воен.)* **не давать передышки, постоянно беспокоить противника; препятствовать чьем-либо активным действиям; сдерживать.** *She held her fears about the upcoming surgery at bay by keeping very busy. Она* **сдерживала свой страх** *перед предстоящей операцией, стараясь быть как можно больше занятой.*

746. HOT ON THE TRAIL/SCENT OF: close to finding something or someone you have been avidly searching for. Быть близко к успешному завершению поиска; напасть на след.
I think we are hot on the trail of a suitable restaurant for our banquet. Похоже, мы **близки к завершению поиска** подходящего ресторана для нашего банкета.

747. HOUND, TO: to pursue or harass relentlessly. Подвергать гонениям; преследовать; травить.
Stop hounding me, I said I will return your money and I will do it. Перестань **преследовать** меня. Я сказал, что верну деньги, и я это сделаю.

748. IN AT THE DEATH/KILL: present when something ends. Присутствовать при окончании чего-то.
I think they decided to divorce after the argument they had at our party. You could say we were in at the kill. Я думаю, они решили развестись после спора, который они затеяли на нашей вечеринке. Можно сказать, что мы присутствовали **при окончании** их брака.

749. IN FULL CRY: in enthusiastic pursuit. (Also, evidently through confusion with "in full swing;" in full operation.) С необычайным рвением; что есть силы; что есть мочи; в разгаре преследования/ бешеной погони.
The reporters went after the disgraced mayor in full cry. Репортёры преследовали опозоренного мэра **с необычайным рвением**.

750. IT'S IN THE BAG: assured of success, as good as accomplished. Дело верное; «дело в шляпе»; победа/выигрыш в кармане; успех обеспечен.
The word from my contact in the office is that my new job is in the bag. От моего знакомого в офисе поступило известие, что **новая работа — у меня в кармане**.

751. IN THE HUNT: in the running; actual contenders (British). Участники состязания/соревнования и т.п. с шансами на выигрыш.
In the United States, third party candidates are almost never in the hunt. В Соединённых Штатах Америки, кандидаты от третьей партии практически не имеют **шансов на выигрыш**.

752. KEEP YOUR EAR TO THE GROUND, TO: to be alert for hints of new information. Держать ухо востро.
   I think we can expect some big changes in this company. Keep your ear to the ground. Я думаю, мы можем ожидать больших изменений в этой компании. **Держи ухо востро**.

753. KILL TWO BIRDS WITH ONE STONE, TO: to accomplish two things with one act. *(посл.)* Убить двух зайцев одним ударом.
   I killed two birds with one stone by giving away those clothes. I contributed to charity and gained some closet space at last. Я **убила двух зайцев одним ударом**, когда отдала ту одежду. Я сделала пожертвование в благотворительную организацию и, наконец-то, освободила место в шкафу.

754. LEAD THE FIELD, TO: to be ahead of everyone else in some endeavor. Быть впереди (всех, остальных и т.п.) в каком-то деле.
   Right now he is clearly leading the field for the election. Сейчас он явно **впереди всех** в предвыборной кампании.

755. LIE LOW, TO: to keep oneself or one's plans hidden; keep a low profile. Быть/держаться «тише воды, ниже травы»; занять выжидательную позицию; притаиться (до времени, до удобного момента).
   He was advised to lie low for a while until the public forgot about his ill-advised remarks. Ему посоветовали **быть** какое-то время **тише воды, ниже травы**, пока общественность не забудет его опрометчивые замечания.

756. LION HUNTER: a person who seeks the company or patronage of celebrities. Человек, гоняющийся за знаменитостями.
   She would never ask us to one of her parties; she's a real lion-hunter. Да она в жизни не пригласит нас на свои приемы, **она ж гоняется за знаменитостями** / мы ж не знаменитости.

757. LOADED FOR BEAR: prepared (or over-prepared) for anything. Перестараться в приготовлении к чему-либо; набрать столько вещей, как будто собираться в поход / на охоту / куда-то на всю жизнь и т.д.
   You should have seen the amount of stuff he brought on our camping trip. He was really loaded for bear. Надо было видеть, сколько вещей он привёз с собой в кемпинг. Он **набрал столько, будто собрался куда-то на всю жизнь**.

758. LOSE TRACK OF, TO: to lose contact with or no longer know where someone or something is. (Opposite is to keep track of something.) **Потерять следы кого-либо или чего-либо; не уследить за кем-либо/чем-либо; потерять связи с кем-либо.** (Противоположно выражению: следить за кем-либо или чем-либо; быть в курсе дел кого-либо или чего-либо).

No matter how you try not to lose track of old friends, it somehow happens frequently. Как бы ты ни старался **не потерять связь со старыми друзьями**, каким-то образом всё равно это часто случается.

759. MAKE TRACKS, TO: to set out in a hurry. **Дать тягу; дать дёру; навострить лыжи; покидать; спешить; убежать; улизнуть.**

I am late; I had better make tracks. Я опаздываю, мне бы лучше **поспешить**.

760. MIXED BAG: extremely inhomogeneous set of things, people, ideas, etc. **Мешанина; смесь; разнородная группа людей.**

My English students this year are a real mixed bag. В этом году мои студенты в группе английского языка — очень **разнородная группа людей**.

761. NEITHER HIDE NOR HAIR: no trace or evidence of something lost, missing, or absent. **Ни слуху, ни духу; ни следа.**

We've seen neither hide nor hair of our son for three months. Уже три месяца от нашего сына — **ни слуху, ни духу**.

762. ON THE RIGHT TRACK: progressing in the correct direction toward a solution, using the right logic. (Opposite: on the wrong track.) **На правильном пути.** (Противоположно выражению: по неправильному пути.)

Don't give up on that math problem now; you are clearly on the right track. Не бросай эту математическую задачу сейчас, ты явно **на правильном пути**.

763. OPEN SEASON ON: a period of unrestrained attack or criticism of something. **Время, когда любая «атака» на что-либо или кого-либо / любая критика чего-либо или кого-либо допустима.**

It seems to be open season on working mothers lately. Похоже, что последнее время **допустима любая «атака» на** работающих матерей.

764. PAPER TRAIL: the documentary evidence of someone's activities. Документальное свидетельство чьей-то деятельности.

Once we started following the paper trail, it wasn't difficult to find out what he was trying to do. Как только мы стали отслеживать **документальные свидетельства его деятельности**, оказалось нетрудно узнать, что он пытается сделать.

765. RUN TO GROUND, TO: to track something down or get to the bottom of something. Докопаться до сути дела / до источника информации и т.п.

We have finally run the source of that rumor to ground. Наконец-то мы **докопались до источника** этих слухов.

766. RUN WITH THE HARE AND HUNT WITH THE HOUNDS, TO: to support two opposing sides or have two incompatible aims. Служить и нашим, и вашим; вести двойную игру.

*He wants to pursue his own interests, but still be seen as a selfless benefactor. No one ever told him that you cannot run with the hare and hunt with the hound*s. Он хочет преследовать свои собственные интересы, но при этом, чтобы на него смотрели как на бескорыстного мецената. Как будто он не знает, что нельзя **вести двойную игру**.

767. SITTING DUCK: an easy and obvious target. Лёгкая добыча; удобная мишень (для обманщика, вора и т.д.).

With those boats strapped on top of our car we are sitting ducks for thieves. С этими лодками, привязанными к крыше нашей машины, мы становимся **удобной мишенью** для воров. / Эти лодки, привязанные к крыше нашей машины, — **лёгкая добыча** для воров.

768. SNIPE HUNT: in general speech, the same as a fool's errand or wild goose chase; specifically, a joke experienced hunters play on newcomers, convincing them to perform foolish or tedious actions as a way of catching a "snipe." Although in the joke the snipe is treated as a mythical bird, it is a perfectly real one, but notoriously hard to hunt. Бесплодная/несбыточная/пустая затея; бессмысленное дело/ поручение; мартышкин труд; погоня за химерами.

We sent the freshmen off on a snipe hunt to get course slips for Pig Latin 101. В шутку мы дали новичку-первокурснику **бессмысленное поручение** — принести регистрационные карточки для курса «Поросячья латынь для начинающих».

769. **STALKING:** a legal term for repeated harassment or other forms of invasion of a person's privacy in a manner that causes fear to its target (from stealthy pursuit of hunting prey). **Легальный термин для упорного/упрямого/постоянного преследования кого-либо, для насильственного вторжения в частую жизнь / в личные дела кого-либо**, короче, для нарушения неприкосновенности сферы личной жизни.
   You had better stop bothering my sister, or we are going to tell the cops you are stalking her. Лучше бы тебе перестать беспокоить мою сестру, или мы сообщим в полицию, что ты **постоянно её преследуешь**.

770. **STALKING HORSE:** A decoy or cover for some action; specifically a political candidate put forth to divide the opposition. **Подставное лицо; предлог; кандидатура, выдвигаемая с целью раскола голосов оппозиции; фиктивная кандидатура; «ширма».**
   Some said that the third party candidate was just a stalking horse. Говорят, что **кандидат от третьей партии был выдвинут с одной целью — расколоть голоса оппозиции**.

771. **THAT DOG WON'T/DON'T HUNT:** statement that some plan, scheme, rumor, etc. is not going to have its intended effect. **Это пустая затея; это не сработает.**
   "That dog won't hunt," he said when he heard about the new negative advertising campaign. «Это **пустая затея**», — сказал он, когда услышал о новой негативной рекламной кампании.

772. **THE THRILL OF THE CHASE:** the pleasure and excitement from seeking or trying to get something desired (usually as opposed to the pleasure from actually having it). **Возбуждение погони/ поиска/ от попытки добиться чего-либо.**
   I like shopping for bargains more than I actually like acquiring them. I think it is the thrill of the chase that appeals to me. Я люблю искать в магазинах дешевые вещи даже больше, чем покупать их. Я думаю, меня как раз и привлекает **возбуждение поиска**.

773. **THROW OFF THE SCENT/TRACK:** to divert someone who is getting close to the truth. **Сбить со следа.**
   "That letter, which had nothing to do with the case, threw me off the scent for a while," said the detective. «То письмо, которое не имело к делу никакого отношения, **сбило меня со следа** на какое-то время», — сказал следователь.

774. **WILD GOOSE CHASE:** a futile search, especially one that is meant to divert someone; a senseless pursuit; a hopeless enterprise. **Погоня за несбыточным / за химерами; сумасбродная/бессмысленная/напрасная затея.**
We sent my husband off on a wild goose chase while we prepared his surprise party. Мы отослали моего мужа **с бессмысленными поручениями**, пока готовили для него вечеринку-сюрприз.

Marbles — Игра в шарики

775. **GO FOR ALL THE MARBLES, TO:** to attempt to gain everything there is to be gained or win the top prize. **Постарайся получить всё, что можно / самый большой приз.**
I'm not just applying for any scholarship, but the top one the school offers. I believe in going for all the marbles. Я не просто обратился за стипендией, но за самой большой стипендией, какую эта школа предлагает. Я верю в то, что всегда надо **пытаться выжать всё, что можно.**

776. **KNUCKLE DOWN, TO:** to get down to work; to get serious about something. **Серьёзно взяться за дело/работу.**
The semester is half gone and he still has not knuckled down and started studying. Семестр уже наполовину прошёл, а он так и не **взялся за серьёзную учёбы.**

777. **LOSE YOUR MARBLES:** go crazy, become senile. **Сойти с ума; впасть в старческий маразм; «крыша поехала».**
Just because I have gray hair, doesn't mean I have lost my marbles. То, что у меня седые волосы, ещё не значит, что у меня **«поехала крыша».**

778. **PLAY FOR KEEPS, TO:** to compete aggressively and ruthlessly, to stop at nothing to win. (From a form of marbles, where the winner gets to keep all his/her opponent's marbles.) **Беспощадно сражаться за выигрыш/ победу; быть готовым «перегрызть» кому-угодно горло за выигрыш.**
My daughter took high school debate team casually, but some of her teammates and opponents were playing for keeps. Моя дочь,

участвуя в школьных дебатах, вела их кое-как, но некоторые из её товарищей по команде **готовы были перегрызть горло своим противникам**.

779. TAKE ONE'S MARBLES AND GO HOME, TO: to withdraw from some activity in anger, especially if removing your property ends the activity. (the implication is that the behavior is childish.) **Забрать свои «игрушки» и уйти**, рассердившись на что-либо и прекратив таким образом то дело, в котором этот человек принимал участие (намёк на ребяческое поведение).
Whenever I didn't agree with him, my partner threatened to take his marbles and go home. Каждый раз, когда я не соглашаюсь с ним, мой партнёр грозит **забрать все свои «игрушки» и уйти**.

Weight Lifting / Fitness — Тяжёлая атлетика / Физическая культура

780. 90-POUND WEAKLING: a very thin man or adolescent male, who, the context implies, is harassed by other males and disdained by females. (Phrase was used in an old advertisement for a body-building course.) **Слабый, хилый мужчина; хиляк/хилятик**.
I was a 90-pound weakling throughout high school, but in college, even though I was still skinny I found that other things were more important when it came to getting girlfriends. В школе я был **тощим хилятиком**, но в колледже, хотя я так и остался худым, я понял, что есть другие, более важные, вещи, когда имеешь дело с девушками.

781. BUFF: fit and athletic with obviously exemplary muscle tone. **Мускулистый, атлетический тип; здоровый, как бык; накачанный;** (сленг) **амбал;** (сленг) **качок; страстный любитель чего-либо**.
Boy, he's buff. He must spend hours a day at the gym. Ну и **накачан** же он! Должно быть, он проводит несколько часов в день в спортивном зале.

782. BULK UP, TO: to gain weight and size through increasing muscle mass; unlike other weight gain, seen as a positive accomplishment. **Накачать мускулатуру.**

*My nephew has really gotten huge; not fat but bulked up from his summer job loading trucks. Мой племянник стал по-настоящему огромным, но не толстым; он **накачал мощную мускулатуру** летом, работая грузчиком.*

783. DUMBBELL: a stupid person (childish and derogatory). **Балбес; дубина; идиот; тупица.**

*I went all the way to the store to return something and when I got there, I found I had forgotten to bring it. What a dumbbell! Я пошёл в магазин, чтобы возвратить одну вещь, и когда я уже пришёл туда, обнаружил, что забыл её взять с собой. Вот **балбес**!*

784. FEEL THE BURN, TO: to exercise intensely and long enough to feel a burning sensation in the muscles; considered a sign that aerobic benefits are starting. Used metaphorically for analogous activities. Also used as an imperative. **Хорошо разогреться (активными упражнениями); вработаться во что-то** (будь это физический или умственный вид деятельности).

*I am going to write that program tonight, just sit at my computer until I feel the burn. Я собираюсь написать эту компьютерную программу сегодня вечером, и буду сидеть за компьютером, **пока не вработаюсь в неё по-настоящему**.*

785. MUSCLE MAN; MUSCLEMAN: someone who has well- or over-developed muscles; such a person hired as a thug or bodyguard. (жарг.) **Боевик; бык; физически очень сильный человек, нанятый работать вышибалой или телохранителем; налётчик.**

*The alleged Mafia boss entered court surrounded by musclemen. Подозреваемый глава мафии явился в суд, окружённый **боевиками-телохранителями**.*

786. MUSCLE-BOUND: having muscles so developed (usually through training) that they limit movement; often with the implication that thinking is also inhibited. **Имеющий мускулы, развитые до такой величины, что они ограничивают движение** (часто с намёком, что умственные способности такого человека тоже ограничены).

I thought the muscle-bound athletes, my roommate like, were ludicrous. Я считала, что атлеты **с переразвитыми мускулами**, которые нравились моей соседке по комнате, выглядят смехотворно.

787. PUMPED: excited and enthusiastic about something. (Originally the feeling of muscles made large by exercise.) Изначально **о мускулах, сильно развитых силовыми упражнениями**; затем это понятие было расширено да значения **быть возбуждённым или полным энтузиазма по какому-то поводу**.

We are all pumped about our trip to the beach. Мы все — **в сильном возбуждении**, так хочется поехать на пляж.

788. SIX-PACK/WASHBOARD ABS: the hard stomach (abdominal) muscles on a very fit athlete, which look as if they have six distinct sections, resembling cans of beer or soda yoked together in a pack. This is considered highly desirable and attractive. **Твёрдые мускулы брюшного пресса физически очень развитого атлета**, которые выглядят, как будто они состоят из шести отдельных секций, напоминающих банки пива или соды, соединённых вместе в одну связку, или выглядят, как стиральная доска. Считается, что иметь такие мускулы крайне желательно, престижно и привлекательно.

Well, he doesn't have six-pack abs, but still I think he has a nice build. Конечно, **пресс у него не накачан**, как у нстоящего атлета, но, на мой взгляд, он неплохо сложён.

Winter Sports — Зимние виды спорта

789. CUT QUITE A FIGURE, TO: (skating) to look good, make a good impression on others because of the way you look. Произвести своим видом хорошее впечатление; хорошо выглядеть.
  Even though he had no lines, we thought our son cut quite a figure in his acting debut. Хотя роль у нашего сына была без слов, нам показалось, что его актёрский дебют **произвёл хорошее впечатление.**

790. GET YOUR SKATES ON: Hurry up! Get ready! (Primarily British) Давай, давай! Будь готов! Поторопись! Скорее!
  We have to leave for the wedding in ten minutes and you are not dressed. Get your skates on! Мы должны уехать на свадьбу через десять минут, а ты ещё не одета. **Поторопись!**

791. HANG A LEFT / LOUIE OR RIGHT, TO: (skiing) to turn left or right. Повернуть налево или направо.
  When you get off I-95, hang a left at the first stoplight. Когда ты съедешь с 95ой дороги, **поверни налево** на первом светофоре.

792. SKATE CIRCLES AROUND, TO: to have greatly superior abilities to someone else in some particular area. Быть на голову выше / заметно превосходить кого-либо в той или иной области деятельности.
  When it comes to logical argument my husband can skate circles around me. Когда доходит до логических доводов, мой муж **заметно превосходит** меня.

793. SKATE ON THIN ICE, TO: to live dangerously; to ask for trouble. Быть на грани опасности/неприятности; играть с огнём; испытывать судьбу; касаться опасной темы (в разговоре); нарываться на неприятности; находиться в щекотливом/затруднительном положении; рисковать; ходить по краю пропасти / по лезвию ножа; (сленг) искать приключений на свою задницу.

Knowing my father's temper, my brother seemed to enjoy skating on thin ice around him. Зная вспыльчивый характер моего отца, казалось, что мой брат получает удовольствие, постоянно **играя с огнём**.

794. **SLIPPERY SLOPE:** (sledding, skiing) a course that could easily end in disaster. (перен.) **Скользкая дорожка; опасный путь.**

Opponents of same-sex marriage argue that its acceptance is the start of a slide down a slippery slope leading to the erosion of traditional marriage. Противники однополых браков утверждают, что разрешение таких союзов — это **скользкая дорожка**, ведущая к подрыву традиционного института брака.

795. **SNOWBALL, TO:** to increase quickly in size or importance. **Расти, как снежный ком; быстро расти/увеличиваться.**

Expenses on the house kept snowballing until it cost twice as much as we expected. Расходы на дом **росли, как снежный ком**, пока не стали в два раза больше, чем мы ожидали.

796. **TOUGH SLEDDING:** prediction of difficult progress. **Тяжёлые времена.**

It looks like this program will face some tough sledding as a result of curtailed funding. Похоже, из-за урезанного финансирования, эту программу ждут **тяжёлые времена**.

Indoor Games — Игры в помещении

Cards — Карты

797. ACCORDING TO HOYLE (OR NOT ACCORDING TO HOYLE): in accordance with rules and regulations. (From the name of the XVII century card game authority Edmund Hoyle.) **В соответствии с правилами/инструкциями; (не по правилам / не по инструкции).**
*They'll find nothing to dispute in my tax return this year; it's all according to Hoyle. В этом году они ничего не найдут в моих налоговых документах, что можно было бы оспаривать; всё **сделано точно по инструкциям**.*

798. ABOVE BOARD: open and honest. **Честно; открыто.**
*All the dealings we have had with him seemed completely above board. Во всех делах с ним мы **играли в открытую**.*

799. ACE IN THE HOLE: an advantage held in reserve until needed. **Скрытое преимущество; скрытый козырь; козырь про запас.**
*To get the house, if necessary, our ace in the hole will be that we will pay cash. Чтобы заполучить этот дом, нашим **скрытым козырем** будет возможность, если надо, заплатить за него наличными.*

800. ANTE UP, TO: to pay one's share; contribute. **Внести свою долю.**
*All the guys anted up whatever they had for a beer run. Все парни **внесли свою долю**, каждый, сколько мог, чтоб потом сгонять в магазин за пивом.*

801. BARGAINING CHIP: an inducement or concession used as leverage in negotiations. **Возможная уступка; козырная карта; концессия; приманка; средство давления на переговорах.**

At the summit meeting, the country used its oil reserves as a bargaining chip. На совещании в верхах страна использовала свои запасы нефти **как козырную карту**.

802. **BEATS ME:** I don't know; I am baffled or at a loss; often used in the variant: beats the hell out of me. (From poker.) **Без понятия! Не знаю! Не имею (ни малейшего) преставления! Понятия не имею! Ума не приложу!**

    Where are the keys to the car? Beats me! Где мои ключи от машины? **Ума не приложу!**

803. **BLACK AS THE ACE OF SPADES:** very black. (This phrase is the source of the pejorative use of "spade" for dark skinned people.) **Чёрный, как ночь / как уголь; абсолютно/иссиня/угольно чёрный.** (Дословно) Черный, как туз пик.

    The kitten was as black as the ace of spades. Котёнок был **чёрный, как ночь.**

804. **BLUE CHIP:** reputable and highly valued, as stock. (Blue poker chips are worth the most.) **Что-то очень ценное, как акции самых солидных компаний.**

    All my grandmother's investments were in blue chip stock, but she still lost her fortune in the stock market crash. Все денежные вложения моей бабушки были в **акциях самых больших и надёжных компаний**, но она всё равно потеряла своё состояние, когда фондовая биржа рухнула.

805. **CALL SOMEONE'S BLUFF, TO:** to challenge someone to make good on a threat or to pledge or prove a claim. **Вывести на чистую воду; уличить во лжи / в блефе; не поддаваться на чей-либо трюк/обман.**

    I think he's lying when he brags about his illustrious war record and I am going to call his bluff. Я думаю, что он лжёт, когда похваляется своим блистательным военным опытом, и **я выведу его на чистую воду.**

806. **CARD TABLE:** an inexpensive folding table that can be stored and brought out to be used for cards and other games. **Складной (карточный) столик.**

    For the first years of our marriage, we ate dinner on a second hand card table. В первые годы нашей женитьбы мы обедали на старом **карточном столике.**

807. **CARTE BLANCHE, TO HAVE:** to have permission to do anything; to have free rein or a blank check –from the wild card in the French game of piquet. Иметь карт-бланш на что-либо; иметь полную свободу действий.

*We gave the decorator carte blanche to do whatever he wanted with our summerhouse. Мы предоставили декоратору **полную свободу действий в оформлении** нашей дачи.*

808. **COME /TURN UP TRUMPS, TO:** to work out successfully, especially unexpectedly and/or at the last minute. (Primarily British.) Неожиданно окончиться благополучно/счастливо; что-либо успешно разрешить, успешно справиться с задачей, особенно, если это происходит неожиданно/ в последний момент, (жаргон) внезапно карта попёрла/пошла.

*After I started working there, everything began to come up trumps for me. После того, как я начал работать там, у меня **всё неожиданно стало получаться, как говорят, карта пошла**.*

809. **CUT A DEAL, TO:** to come to a business agreement or arrangement. Заключить сделку; договориться.

*He is trying to cut a deal with his creditors. Он пытается **договориться** со своими кредиторами.*

810. **DEAL FROM THE BOTTOM OF THE DECK, TO:** to cheat. Жульничать; обманывать.

*They caught him dealing from the bottom of the deck and ran him out of town. Его поймали на **жульничестве**, и заставили уехать из города.*

811. **DEAL ME IN (OUT):** I do (do not) want to participate. Включите (не включайте) меня в число участников.

*If you are going to go to that great seafood place again this weekend, deal me in. Если в эти выходные вы опять собираетесь пойти в этот замечательный рыбный ресторан, **позовите меня тоже**.*

812. **DEALT A BAD HAND:** had bad luck. Карта не пошла; не повезло; (сленг) невезуха; плохой расклад.

*I think of this disease I have as a bad hand I was dealt that I have to play the best way I can. Я отношусь к этой своей болезни, как **к плохому раскладу**, но сыграть я должен самым лучшим образом.*

813. DECK STACKED AGAINST ONE, TO HAVE THE: to start at a disadvantage. Все карты — против кого-либо/чего-либо; быть в неблагоприятных условиях / в неблагоприятном положении.

Children from poor homes already have the deck stacked against them by the time they enter school. Дети из бедных семей **находятся в неблагоприятных условиях** ещё до того, как они поступают в школу; *все карты — против них*.

814. DOUBLE DEALING: promising one thing but delivering another; acting so as to conceal one's real intentions. Двойная игра; двуличность; двуличный; двурушничествоц лицемерие; обман; лицемерный; мошенничество.

The mail order company was accused of double-dealing. Компанию, продающую товары по почте, обвинили в **мошенничестве**.

815. DRAW TO AN INSIDE STRAIGHT, TO: to try something that has a very low chance of success. Пытаться делать что-либо практически без шансов на успех.

Asking Dad for a loan is drawing to an inside straight, but it is all I can think of to do. Просить взаймы у моего отца — **практически безнадёжно**, но больше мне ничего не приходит в голову.

816. EUCHRE, TO: (archaic) to cheat. (From name of a card game.) Обмануть/(сленг) обжулить/обставить/перехитрить кого-либо.

When he got home and opened the package that he had paid so much for, all he could say was "Euchred!" Когда он пришёл домой и открыл пакет с покупкой, за которую так много заплатил, всё, что он мог сказать: «*Обманули!*»

817. FEED THE KITTY, TO: to contribute to a joint fund. Вложить/внести свою долю в общий котёл; внести свою лепту.

The coffee fund is almost out; everyone needs to feed the kitty. Деньги на покупку кофе в складчину для сотрудников почти кончились, каждый опять должен **внести свою долю**.

818. FINESSE, TO: to handle with evasion. Дипломатично/искусно/ловко/хитро действовать; лавировать (в делах).

The White House Press Secretary finessed nearly all the questions he was asked. Пресс-секретарь Белого Дома почти всё время **хитро лавировал**, отвечая на вопросы, которые ему задавали.

819. **FOLD, TO:** to drop out or, of a business, to fail. Выйти (из бизнеса); «провалиться»; прогореть; разориться; уйти (из университета, школы).
   The store folded only months after it opened for business. Магазин **вышел из бизнеса** всего через несколько месяцев после открытия.

820. **FOLLOW SUIT, TO:** to do what someone else has just done. Следовать кому-либо/чему-либо.
   His friends stood up to give him a standing ovation and the rest of the audience followed suit. Его друзья встали, чтобы устроить ему овацию, и остальная публика **последовала их примеру**.

821. **FORCE SOMEONE'S HAND, TO:** to compel someone to act or speak before he wants to. Заставить кого-либо раскрыть свои карты/планы/ истинные намерения; принудить кого-либо к действию.
   I didn't want to make my plans public until spring, but this new issue has forced my hand. Я не хотел обнародовать мои планы до весны, но эти новые обстоятельства **вынудили меня действовать**.

822. **FOUR-FLUSHER:** cheater. Обманщик; любитель пустить пыль в глаза.
   I wouldn't take my four-flusher husband back, if he begged me on bended knees. Я бы не пустила моего **обманщика** — мужа обратно, даже если бы он умолял меня на коленях.

823. **GO SOMEONE ONE BETTER, TO:** to exceed someone's effort in some particular thing. Превзойти кого-либо в чём-либо; перещеголять; обскакать.
   You skipped breakfast this morning? I can go you one better, I skipped both breakfast and lunch. Ты пропустил завтрак сегодня утром? Я тебя **обскакал**, пропустив и завтрак, и ланч.

824. **GOOD ENOUGH FOR OPENERS:** sufficient for a beginning. Неплохо для начала.
   "On our first date we walked around the lake." "Well, I guess that's good enough for openers, but next time get him to take you out to dinner." «На нашем первом свидании мы гуляли вокруг озера». «Что ж, я думаю, это **неплохо для начала**, но в следующий раз сделай так, чтобы он пригласил тебя на обед».

825. **GRAND SLAM:** a total victory or series of victories. **Полная победа или целая серия выигрышей.**
   Sue Ellen became the grand slam champion of baking by winning all three of the major baking contests this year. Сю Эллен стала **абсолютным чемпионом, выиграв все три престижные состязания** по выпечке в этом году.

826. **HAVE AN ACE /SOMETHING UP ONE'S SLEEVE, TO:** to have a secret advantage. **Иметь козырь про запас.**
   He didn't seem upset that negotiations were not going his way. We began to wonder if he didn't have an ace or two up his sleeve. Кажется, он не был огорчён тем, что переговоры шли не так, как ему хотелось. Мы начали подозревать, что у него есть парочка **козырей про запас**.

827. **HEDGE A BET, TO:** to protect oneself from loss by diversifying one's bets, hopes, etc., so that whatever happens one will not lose everything. **Пытаться защитить себя от возможных потерь, действуя в нескольких направлениях сразу / диверсифицируя, т.е. вводя разнообразие в свои действия** (*напр.* делая ставки на разных лошадей, покупая акции разных по стилю компаний и т.п.).
   The lobbyist hedged his bets by contributing money to both political opponents. Лоббист **пытался защитить себя от возможных потерь**, делая денежные пожертвования в пользу обоих политических противников.

828. **HOLD ALL THE CARDS/ACES/TRUMPS, TO:** to be in complete control; have all the advantages in some negotiation or transaction. **Держать все карты/козыри/нити в руках; иметь все карты на руках; держать всё под своим контролем.**
   Don't even try to bargain with me; I hold all the cards. Даже не пытайся торговаться со мной, у меня **все карты в руках**.

829. **HOUSE OF CARDS:** something (e.g., a system or plan) weak and in danger of collapsing. **Карточный домик.**
   It turned out that the whole elaborate plan to get government funding was nothing but a house of cards. Наш тщательно разработанный план получить государственное фондирование рассыпался, как **карточный домик**.

830. **I PASS:** I am choosing not to act on an opportunity; refusing an invitation, etc. **Пропускаю; не играю.**
   I am afraid I will have to pass on your kind invitation to go skydiving. Боюсь, что я **не могу принять** ваше любезное приглашение участвовать в затяжных прыжках с парашютом.

831. **IF YOU PLAY YOUR CARDS RIGHT:** if you are clever and make good use of your advantages and/or someone else's weaknesses. **Если ты используешь все свои возможности — свои сильные стороны и чьи-либо слабости...**
   If you play your cards right, I bet you can rent the cabin for a third week at half price. **Если ты будешь вести переговоры толково,** как ты это умеешь, бьюсь об заклад, ты сможешь снять коттедж на третью неделю за полцены.

832. **IN SPADES:** to a great or maximum extent; in large amounts. **В высшей степени; (сленг) «в лучшем виде»; вызывающе; не стесняясь в выражениях; решительно; с избытком; с лихвой; сполна.**
   I criticized her, and she criticized me back in spades. Я покритиковал её, и она ответила мне **резко, не стесняясь в выражениях.**

833. **IN THE CARDS (NOT IN THE CARDS):** decreed (or not) by fate. **Нечто неминуемое/ожидаемое; суждено; предопределено; (посл.) чему бывать, того не миновать (не судьба; не суждено).**
   If her brother hadn't walked in then, I would have asked her to marry me. I left the next morning. I guess it wasn't in the cards for us to be together. Если бы её брат не вошёл тогда, я бы попросил её руки. На следующее утро я уехал. Похоже, нам было **не суждено** быть вместе.

834. **IN THE CHIPS:** temporarily affluent. **(Временно) при деньгах.**
   Order the best thing on the menu; I'm in the chips tonight. Заказывай всё самое лучшее в меню, сегодня я **при деньгах.**

835. **JOKER (IN THE DECK):** a "wild" card; an unforeseen problem. **Неожиданная трудность; двусмысленная фраза в документах.**
   It turned out there was a joker in the deck; he was not the person he claimed to be. Так получилось, что перед нами встала

неожиданная проблема; он оказался не тем человеком, за которого он себя выдавал.

836. **KIBITZER:** an annoying non-participant who, figuratively or literally, looks over participants' shoulders offering unwanted advice and comments. The verb form is to kibbitz. (From Yiddish.) Вмешиваться в чужие дела; давать непрошенные советы; лезть не в своё дело.

Either help me organize the kitchen or go away, but stop kibitzing. Или помоги мне благоустраивать кухню, или уйди, но **перестань давать советы**.

837. **KNOW WHEN TO HOLD 'EM, KNOW WHEN TO FOLD 'EM, TO:** to know when to give up and cut your losses and when to persist in your efforts; in general to have mastered the strategies of living. Знай, когда остановиться, если проигрываешь, или дело не пошло, а когда продолжать начатое дело; умей приспособиться, адаптировать свою жизненную стратегию к действительности.

I sold that lumber company years ago. You gotta know when to hold 'em, and know when to fold 'em. Я продал эту лесозаготовительную компанию много лет тому назад; **надо знать, когда продолжать дело, а когда остановиться**.

838. **LONG SUIT:** forte; specialty. Сильная сторона (человека); преимущество в чем-либо.

You know that patience isn't exactly my long suit. Ты знаешь, что выдержка — не самая **сильная моя сторона**.

839. **LOST IN THE SHUFFLE:** neglected because of being surrounded by many others or a great deal of activity. Теряться в неразберихе/суматохе.

You know how shy Sophie is. I am afraid that in a large public kindergarten, she'll be lost in the shuffle. Ты знаешь, какая София робкая девочка. Я боюсь, что она совсем **потеряется в суматохе** большого детского сада.

840. **LOW-BALL, TO:** to deliberately underestimate the cost of something (from card game called low ball). Сознательно давать низкую оценку / занижать цену.

The renovation estimate was so low; it was hard to believe the contractor was not low-balling us. Оценка ремонта была слишком низкой; было трудно поверить, что контактор не **занижал цену специально**.

841. **LUCK OF THE DRAW:** random chance. **Как повезёт; так уж случилось.**
   I got stuck working on New Year's Day. It was just the luck of the draw. Мне пришлось работать первого января. **Так уж получилось!**

842. **LUCKY AT CARDS, UNLUCKY IN LOVE:** popular jocular saying. **Кому везет в картах, не везет в любви.** (Срав. с *посл.*) Не везёт в картах — повезет в любви.
   I suppose my wife will be unhappy that I stayed out all night playing cards. Oh, well, lucky at cards, unlucky in love. Я думаю, моей жене не понравится, что я всю ночь играл где-то в карты. Ну, что ж, **везёт в картах — не везёт в любви**.

843. **MARKED/STACKED DECK, TO PLAY WITH A:** to cheat at some game or analogue. **Вести нечестную игру; жульничать; играть мечеными картами.**
   He says he's just super lucky, but we began to suspect he was playing with a marked deck. Он говорит, что ему просто везёт, но мы начали подозревать, что он **ведёт нечестную игру**.

844. **NEW DEAL:** complete reorganization of some major system. (The name of Franklin Roosevelt's economic recovery program of the 1930's, associated with populist activist measures to help the common man.) **Новый курс** (от «Нового курса» — системы экономических мероприятий президента Ф. Д. Рузвельта); **новые веяния; перестройка** (по Горбачёву).
   He was what used to be described as a "New Deal Democrat." Он был тем, кого называли когда-то «Демократ **Нового Курса**».

845. **NOT MISS A TRICK, TO:** be aware of everything that is going on. **Быть в курсе всего происходящего; не упустить ни одной мелочи.**
   Little Ethan didn't talk yet, but the way he watched everything, you could tell he didn't miss a trick. Маленький Итан ещё не говорил, но по тому, как он наблюдал за всем происходящим, можно было сказать, что он **не упускал ни одной мелочи**.

846. **NOT PLAYING WITH A FULL DECK:** mentally deficient or confused. **Умственно неполноценный; тот, у кого «поехала крыша».**

Don't take everything he says too seriously; ever since his accident he hasn't been playing with a full deck. Не принимайте всерьёз всё, что он говорит; с тех пор, как он попал в аварию, у него **поехала крыша**.

847. **OVERPLAY YOUR HAND, TO:** to overestimate the strength of one's position and thus be defeated. **Переоценить свои силы и проиграть.**

At first she liked him, but he overplayed his hand and she began to feel he was taking her for granted. Поначалу он ей нравился, но он несколько **переоценил свои силы**. Она почувствовала, что он её недооценивает.

848. **PASS THE BUCK, TO:** to attempt to deflect blame or responsibility to someone else. **Свалить вину/ответственность на кого-то другого;** (*посл.*) **свалить с больной головы на здоровую;** (*посл.*) **Иван кивает на Петра.**

It was impossible to tell what had happened to cause the mix up with the office mailing. Everyone involved just passed the buck to someone else. Невозможно сказать, что вызвало такую путаницу с почтовыми отправлениями их офиса. Каждый, кто принимал участие в этой работе, старался **свалить вину с больной головы на здоровую**.

849. **PENNY ANTE:** trivial; involving only small amounts of money. **Мелкое дело; незначительное/ничтожное денежное вложение; бросовый (товар); дешёвый; ничтожный; тривиальный.**

It was just a penny ante law suite; we settled out of court. Это было **тривиальное дело**; мы обо всём договорились без суда.

850. **PLAY A LONE HAND, TO:** to act alone; not take anyone into one's confidence. **Действовать в одиночку; никому не доверять.**

Although he was a sociable fellow, when it came to business, he played a lone hand. Хотя он был общительным человеком, но когда дело касалось бизнеса, он **действовал в одиночку**.

851. **PLAY BOTH ENDS AGAINST THE MIDDLE, TO:** to gain an advantage by inducing other parties to work against each other.

Натравить кого-либо (противников) друг на друга, чтобы добиться преимущества.

He succeeded by encouraging distrust among the other employees, playing both ends against the middle. Он преуспел, поощряя недоверие среди сотрудников, фактически **натравливая их друг на друга**.

852. **PLAY ONE'S LAST CARD, TO:** to offer or put into play one's last remaining inducement in some transaction or negotiation. Выложить последнюю карту, последний козырь / предложить последний побуждающий мотив, чтобы добиться успеха в какой-либо сделке, в переговорах и т.п.

I played my last card, told Mom and Dad I'd clean the whole house, but they still won't let me stay home alone. **Я выложил мою последнюю карту**, сказав отцу и матери, что я приведу весь дом в порядок, но они всё равно не разрешили мне остаться дома одному.

853. **PLAY THE RACE CARD, TO:** to use the political tactic of appealing to racist motives or anti-racist sentiment in the electorate. (Expression became common during the O. J. Simpson trial.) (О политиках/адвокатах и т.п.) Играть на расистских или антирасистских настроениях людей; разыгрывать расовую карту.

In the desperation of elections, calculating politicians will often play the race card. В отчаянной предвыборной борьбе расчётливые политики часто **разыгрывают расовую карту**.

854. **PLAY YOUR CARDS CLOSE TO THE VEST, TO:** to proceed carefully and discretely. Вести себя/действовать благоразумно/осмотрительно/осторожно/сдержанно.

She certainly plays her cards close to the vest; you never know what she is thinking. Обычно она **ведёт себя** очень сдержанно; никогда не знаешь, что она думает.

855. **POKER FACE:** a face that does not reveal any of its possessor's emotions. «Каменное» лицо; лицо, не выражающее никаких эмоций.

The defendant maintained a poker face during the trial, until his mother was called to testify. Во время слушаний подсудимый сидел **с каменным лицом** до тех пор, пока его мать не вызвали давать показания.

856. **PONY UP, TO:** to pay money owed or due, associated with anteing up in card games. **Платить; (выложить) деньги на бочку.**
   You said you would pay half our phone bill. Well now it has come and it is time for you to pony up. Ты сказал, что оплатишь половину телефонного счёта, ну, вот, счёт пришел, пора **выкладывать деньги на бочку.**

857. **PUT/LAY (ALL) ONE'S CARDS ON THE TABLE, TO:** to hold no relevant information back especially in a negotiation, transaction, etc. **Выложить все карты на стол; ничего не скрывать.**
   I am going to put all my cards on the table. This is what we need in a house and this is what we can afford. **Я выложу все карты на стол.** Вот то, что нам нужно для дома, и вот то, что мы можем себе позволить.

858. **PUT UP OR SHUT UP:** either do what you have been talking about or stop talking about it. **Или делай, что обещаешь, или замолчи/заткнись/ перестань чесать попусту языком / перестань болтать зря.**
   You keep telling me you are going to find a better job. Either put up or shut up. Ты говоришь и говоришь, что собираешься найти работу получше. **Или делай, что обещаешь, или перестань болтать зря.**

859. **RAISE (UP) THE ANTE, TO:** to increase the price or cost of something. **Поднять ставку; поднять цену/стоимость чего-либо; удорожить что-либо.**
   If I were to give you the raise, it would raise the ante for all the other employees. I could not afford that. Если бы я повысил тебе зарплату, тогда надо было бы **поднять ставки** всех сотрудников. Я не мог себе этого позволить.

860. **READ 'EM (THEM) AND WEEP:** originally a cry of triumph when showing a clearly winning hand of cards to one's opponents; now mainly used to introduce or discuss bad news or material presented in writing. **Прочтёшь, и плакать хочется; прочтёшь, и остаётся одно — плакать!**
   Here are the latest results of your poll, Senator. Read 'em and weep. Вот результаты последнего опроса Вашей популярности, Сенатор. **Прочтёшь, и плакать хочется.**

861. RENEGE, TO: to go back on one's word or promise. Изменить своему слову; отрекаться.

She promised to give me a ride to the doctor's office, but then reneged at the last minute. Она обещала отвезти меня к врачу, но в последнюю минуту **отказалась**.

862. ROYAL FLUSH, TO DRAW A: to experience the best possible outcome or success. Добиться наилучшего возможного результата; получить/вытащить козырного туза (как знак полной победы / небывалого успеха); вытащить золотую рыбку.

Dan entered the room grinning like a man who had just drawn a royal flush. Дэн вошёл в комнату, весь сияя, как будто он только что **поймал золотую рыбку**.

863. SEVERAL (OR SOME SYNONYM) CARDS SHORT OF A DECK: one of the many "short of" terms in U. S. English suggesting that a person is not as mentally capable as required or normal. (Он/она) немного того; винтиков (в голове) не хватает; шарики за ролики закатились; не все дома.

I wouldn't ask her to baby-sit; she seems to be several cards short of a deck. Я бы не стала просить её посидеть с моим ребёнком; похоже, что у неё **не все дома**.

864. SHOOT THE MOON, TO: to risk everything on a single chance to win or succeed. Всё поставить на карту.

Well, half the amount for a down payment will not get me a car. I am going to shoot the moon and bet it all at the races. Всё равно на половину суммы первого взноса машину не купить. **Поставлю-ка я всё на карту** — рискну всеми моими деньгами на скачках.

865. SHOW ONE'S HAND, TO: to reveal one's plans or intentions, especially if one meant to keep them secret. Раскрывать свои карты; раскрывать свои планы/намерения случайно, особенно, если пытаешься их скрыть.

I tried to keep him talking in the hopes that he would show his hand. Я пытался разговорить его в надежде, что он **раскроет свои планы**.

866. SHOWDOWN: final confrontation. Выяснение отношений (в споре, в суде и т.п.); демонстрация силы; конфронтация;

открытая борьба (взглядов, мнений и т.д.); решающее сражение; (жарг.) **разборка**.

I am inviting my feuding neighbors over for a showdown — this silent feud has gone on long enough. Я приглашаю моих враждующих соседей для **выяснения отношений**; их молчаливая вражда продолжается уже достаточно долго.

867. **SHUFFLE/RESHUFFLE THE DECK, TO:** to change initial conditions, especially in a random way. **Перетасовывать кого-либо или что-либо** (*напр.*, всех сотрудников по разным отделам), **как карточную колоду; менять условия случайным образом.**

If a company cannot think of any better way to improve performance, they will often just shuffle the deck, reorganize structurally, or even simply change offices around. Если компания не может придумать ничего толкового для улучшения работы, руководство часто **меняет условия работы случайным образом**: делает структурную реорганизацию или просто меняет офисы местами.

868. **SQUARE DEAL:** just, equitable treatment or a transaction of the same type. **Беспристрастное/ объективное/справедливое отношение; честная сделка.**

We buy all our cars at Sam's; he always gives us a square deal. Мы покупаем все наши машины в дилерском центре Сэма; он всегда предлагает **честную сделку**.

869. **STACK THE DECK, TO:** to cheat or make some manipulation so that things are more likely to come out in your favor or in some particular way. **Делать хитрые манипуляции в свою пользу; «надуть»/обмануть кого-то; подтасовывать карты** (в прямом и переносном смысле).

When they advertise for jobs, they stack the deck by writing the qualification statement to describe the experience of the person they have already decided to hire. Когда они объявляют о вакансии на работу, фактически они **подтасовывают карты**, описывая квалификацию человека, которого они уже решили нанять, как требуемую.

870. **STAND PAT, TO:** to refuse to change or to resist change. **Отказаться менять своё мнение/ позицию/стратегию/ свои убеждения; твёрдо стоять на своём.**

The attorneys decided to stand pat and not change their arguments despite the new revelations. Адвокаты решили **твёрдо стоять на своём** и не менять свои аргументы, несмотря на новые свидетельства.

871. **STRENGTHEN ONE'S HAND, TO:** to improve one's position. Улучшить/укрепить своё положение / свою позицию.

Fred bought an expensive new suit to attempt to strengthen his hand at job interviews. Фред купил себе новый дорогой костюм, чтобы **выглядеть презентабельней** на интервью при приёме на работу.

872. **SWEETEN THE POT, TO:** to increase the rewards for something. Увеличить награду/ денежную компенсацию за что-либо; сделать что-либо более привлекательным с финансовой точки зрения.

Resorts are sweetening the pot with additional benefits to attract employees in a tight market. В условиях ограниченного рынка труда курорты, чтобы привлечь работников, предлагают им дополнительные льготы к зарплате.

873. **THE BUCK STOPS HERE:** it is my responsibility; I do not intend to try to pass it on (This expression was popularized by a sign on the desk of President Harry Truman.) *(See* **847. PASS THE BUCK***)*. **Я и только я полностью отвечаю за всё!**

Although it is possible that actions by others may have contributed to the disorder at the school today, as the principal, I take full responsibility. The buck stops here! Хотя возможно, что и другие своими действиями способствовали царящему в школе в настоящее время беспорядку, я, как директор, несу полную ответственность. **Я и только я полностью отвечаю за всё!**

874. **THE CARDS BEAT ALL THE PLAYERS:** eventually no one wins out over chance and fate. *(посл.)* От судьбы не уйдёшь; судьбу не обманешь / не перехитришь; *(посл.)* чему бывать, того не миновать.

Sure, he has everything going for him, but that does not mean he will achieve his goals. Sooner or later, the cards beat all the players. Действительно, пока у него всё складывается отлично, но это ещё не значит, что он наверняка достигнет своей цели. **От судьбы не уйдёшь!**

875. **THROW IN ONE'S HAND, TO:** to concede defeat and leave a situation or stop trying to achieve something. **Отказаться от дальнейших усилий; прекратить борьбу; сдаться; спасовать.**
   We have been trying to find a commercial publisher for our book for 5 years now. I think it is time to throw in our hand. Уже пять лет мы пытаемся найти коммерческое издательство для нашей книги. Я думаю, **пора отказаться от этой мысли.**

876. **TIP ONE'S HAND, TO:** to inadvertently let people know in advance what you are planning. **Случайно, неосторожно раскрыть свои планы.**
   The network may have tipped its hand about the future of its leading television series. Возможно, информационная сеть **случайно раскрыла свои планы** касательно будущего основных серийных передач на телевидении. Возможно, телевизионный канал случайно раскрыл планы, касательно будущего своих наиболее успешных сериалов.

877. **TRUMP CARD:** a key resource frequently saved for use at an opportune moment. **Верное дело/средство; «козырь»; самый убедительный/ веский довод, имеющийся в запасе на нужный момент.**
   Just when labor negotiations seemed at an impasse, the union leader played his trump card. Как раз, когда переговоры с профсоюзом, казалось, зашли в тупик, лидер профсоюзов выставил свой **самый сильный козырь.**

878. **TRUMP SOMEONE, TO:** to get the better of an opponent because what one offers is better or a more powerful argument than what he offers. **Превзойти кого-либо/что-либо;** (*перен.*) **побить козырем; побить оппонента, приведя более веский аргумент; быть важнее.**
   My doctor's appointment trumps your golf game, so you stay home with the baby. Мой визит к врачу — **важнее, чем** твоя партия в гольф, так что ты останешься дома с ребёнком.

879. **TRUST EVERYONE BUT CUT THE CARDS:** while it may be desirable to trust people in principle, in any particular case, one is better off making provisions to make sure one is not cheated. **Доверяй, но проверяй.**
   Of course, I trust you; but I still want to see your bank data before we conclude the deal. You know what they say: trust everyone but

cut the cards. Конечно, я доверяю Вам, но всё-таки я хочу видеть Вашу банковскую информацию прежде, чем мы заключим сделку. Как говорится: «**Доверяй, но проверяй!**»

880. **UNDER THE TABLE:** in secret. (Заключить сделку / заплатить кому-то) **секретно/втайне; из под полы; «под прилавком» / «под столом»; тайком.**

He was paid for his services under the table, so no one had to pay any taxes. За его услуги ему платили **втайне**, так что никто не должен был платить налоги.

881. **WHEN THE CHIPS ARE DOWN:** in a crisis or emergency. **В критической ситуации.**

When the chips are down, you find out who your true friends really are. **В критической ситуации** ты узнаешь, кто твои настоящие друзья.

882. **WILD CARD:** an unpredictable person or unexpected event. **Непредвиденное событие; непредсказуемый человек** (чьё поведение может или пойти на пользу, или повредить кому-либо в зависимости от ситуации).

We left plenty of time to get to the airport but did not consider the wild card of the bridge being closed. Мы оставили массу времени, чтобы добраться до аэропорта, но не могли **учесть абсолютно непредвиденное обстоятельство** — мост оказался закрыт.

883. **WINNER-TAKE-ALL:** a system in which the first place winner gets all the reward; for example, when the party winning the plurality of votes gets all the electoral seats for a state. **Всё достаётся победителю.**

A winner-take-all system of voting makes it difficult for minority parties to win any power at all. Выборная система, при которой **всё достаётся победителю**, делает очень трудным для партий, находящихся в меньшинстве, добиться хоть какого-нибудь влияния.

884. **WITHIN AN ACE OF, TO COME:** to come extremely close to winning or achieving something. **На волосок от; чуть не.**

She came within an ace of setting a new record for swimming the channel. Когда она переплывала канал, она **была на волосок от** того, чтоб поставить новый рекорд.

Chess — Шахматы

885. ALL THE RIGHT MOVES, TO HAVE/MAKE: to do everything well or appropriately on a regular basis. **Всё делать безошибочно/правильно/ как положено.**

*My first movie role was as a thoroughly obnoxious adolescent. I guess they felt I had all the right moves for the part. Моей первой ролью в кино была роль несносного подростка. Я думаю, они чувствовали, что **у меня было всё, чтобы сыграть эту роль, как надо**.*

886. CHECK, TO KEEP IN: to control or restrain. **Контролировать себя; сдерживаться.**

*During our dispute, I was trying very hard to keep my temper in check. Во время нашего диспута я изо всех сил **старался сдерживать** раздражение.*

887. ENDGAME: the final stages of some process of negotiation or something similar. **Заключительный этап.**

*Having won the military conflict, they proceeded to lose the diplomatic endgame. Выиграв военный конфликт, они проиграли **заключительный** дипломатический **этап**.*

888. IT'S CHESS, NOT CHECKERS: it is more complicated than you seem to be assuming. **Это сложнее, чем вы думаете / кто-либо думает.**

*I cannot give you my answer about foreign policy in three sentences — it's chess not checkers. Я не могу ответить на ваш вопрос о внешней политике в трёх предложениях — **это сложнее, чем Вы думаете**.*

889. OPENING GAMBIT: the first tactical move one makes to start some action, typically one involving conflict or competition. **Первый тактический шаг/маневр, тактическая уловка/хитрость, чтобы начать какое-то действие и добиться преимущества в дальнейшем; вступительная ремарка в беседе/докладе/лекции/речи, призванная захватить аудиторию.**

*I need a really good opening gambit for my sales talk. Мне необходимо **эффектное вступление** в докладе, чтобы успешно продать мою идею.*

890. PAWN: someone who is manipulated by others or by forces beyond his control. Пешка (в чьей-то «игре»); тот, кем манипулируют другие люди или какие-то силы вне его/её контроля.

I sometimes felt that we, the children, were simply pawns in a game being played by our divorced parents. Иногда я чувствовал, что мы, дети, были просто **пешками в** игре, которую вели наши разведённые родители.

891. ROOK, TO: to cheat or deceive. Обмануть.

How could we have let ourselves be rooked by that sleazy character? Как мы могли позволить этой грязной личности **обмануть нас**?

892. SACRIFICE A PAWN, TO: to concede a point or even accept defeat in some less important area for the sake of bettering overall position or winning. (*See* **712. SET/ THROW AWAY /USE A SPRAT TO CATCH A MACKEREL (OR THROW AWAY A HERRING TO CATCH A WHALE), TO**)

Пожертвовать чем-то (малым) / уступить в чём-то (в малом), чтобы добиться общего преимущества или выигрыша, или преимущества в чём-то важном; (*посл.*) Лучше отдать шерсть, чем овцу.

The Government can sacrifice a pawn or two, but only if this is compensated for by overwhelming advantages. Правительство может **пожертвовать чем-то малым**, если это будет компенсировано серьёзными преимуществами.

893. STALEMATE: impasse or standoff. Безвыходное положение; мёртвая точка; положение, не дающее никому преимущества; тупик.

Unfortunately the contract negotiations are in a stalemate and it looks like there will be a strike. К сожалению, переговоры по поводу нашего контракта **зашли в тупик**, и, похоже, забастовка всё-таки произойдет.

894. THINK /LOOK SEVERAL (OR SOME NUMBER) MOVES AHEAD, TO: in a strategic situation, plan what you do carefully, taking account of the likely responses of your opponent(s). Планировать/продумывать свои действия на несколько ходов/шагов вперёд.

When negotiating with someone like him, you have to think many moves ahead. Когда ведёшь переговоры с такими, как он, надо всё продумывать на несколько шагов вперёд.

895. **YOUR MOVE, (IT'S):** within the context of some sort of interpersonal transaction in which participants act in alternation, it is now your turn to act. **Твоя/ваша очередь (делать что-либо).**
  I told you what I wanted to get out of this relationship. Now it is your move, you tell me what you want. Я сказал тебе, чего я жду от наших отношений. ***Теперь твоя очередь***; *скажи мне, что ты хочешь.*

Coin Tossing — Бросание монеты

896. **HEADS I WIN, TAILS YOU LOSE:** almost always jocular or sarcastic phrase meaning either way you are going to lose; may also be used to imply that a putative choice offered someone is no choice at all. **Если выпадет орёл, я выигрываю, а если — решка, ты проигрываешь** — эта фраза используется шутливо или саркастически в значении: «Ты проиграешь в любом случае»; (*посл.*) Как не крути, как не верти, а рубль вынь, да заплати.
  Sure the government offered me a choice when they condemned my property; it was a "heads we win," tails you lose" kind of deal. Конечно, конечно, городское управление предложило мне выбор, когда оно признало непригодным принадлежащее мне здание; предложение было типа: «***Выпадет орёл — мы выигрываем; выпадет решка — ты проигрываешь***».

897. **FLIP A COIN, TO:** to decide something totally on the basis of chance because one has no preference. **Бросить монетку/жребий** (чтобы решить, кому из двоих/из группы делать что-то / идти куда-то и т.п.).
  "Do you want to go out for pizza or Chinese tonight?" "I don't care, let's flip a coin." «Ты хочешь пойти в пиццерию или в Китайский ресторан?» «Мне всё равно, ***давай бросим монетку***».

898. **UNABLE TO MAKE HEAD OR TAILS OF SOMETHING, TO BE:** to be totally unable to understand something. **Быть не в состоянии / не суметь разобраться в чём-то, понять что-то; запутаться в чём-то.**
  Your mother called. She was so excited about something I couldn't make heads or tails of what she was saying. Твоя мать звонила, но

INDOOR GAMES — ИГРЫ В ПОМЕЩЕНИИ

она была так возбуждена, что *я абсолютно не мог понять, о чем речь*.

899. TOSS-UP: a situation of equally desirable alternatives or a tie. Без разницы; всё едино; всё одно; как карта ляжет; как получится; (сленг) один хрен; один черт.

*It was a toss-up whether we would go to the beach or the mountains for our vacation. Нам **было без разницы**, поехать в отпуск к морю или в горы.*

900. THE OTHER SIDE OF THE COIN: the opposite aspect or perspective. Другая сторона медали; противоположная точка зрения; с другой стороны.

*Yes, he is obnoxious but the other side of the coin is that he is a tireless worker. Да, он несносный человек, но **с другой стороны**, он очень хороший работник — работает без устали.*

Dice/Gambling — Игра в кости / Азартные игры

901. AT STAKE: at risk to be won or lost. (The reference is to something wagered.) Поставить что-либо на карту / под угрозу; рисковать чем-либо.

*Even in a trivial argument she always acted as if something very important was at stake. Даже в самом незначительном споре она вела себя так, как будто что-то очень важное было **поставлено на карту**.*

902. BABY NEEDS A NEW PAIR OF SHOES: a phrase used by players throwing the dice as an incantation to help them get a good number (now jocular use). «Ребёнку нужна пара новых туфель» — фраза-заклинание, которую произносят игроки перед тем, как бросить кости (в наши дни произносится в шутливой форме).

*"Come on," he whispered to himself as he searched the stock quotes. "Baby needs a new pair of shoes." «Давай, давай», — нашёптывал он, разыскивая в таблицах стоимость акций, — «**ребёнку нужна новая пара туфель**».*

903. BEST BET: most advantageous alternative (procedure, person, thing, etc.) for achieving some purpose. Самое верное, самое выигрышное дело; лучшее предложение; лучший план/способ добиться успеха; лучший партнер для достижения какой-то совместной цели и т.п.

I think your best bet would be to hire a general contractor to handle your home repairs, rather than individual workmen. Я думаю, что для всех домашних ремонтов **самое лучшее для вас** — найти генерального подрядчика, а не нанимать разных мастеров.

904. BREAK EVEN, TO: to show neither a profit nor a loss. Остаться при своих (не выиграть и не проиграть); покрыть свои расходы.

This year our home business finally broke even. Perhaps next year we will even make a few dollars in profit. В этом году наш домашний бизнес, наконец, **покрыл наши расходы**. Возможно, в следующем году мы немного заработаем.

905. BREAK THE BANK, TO: to win a fortune, or, in jocular reference to spending, to bankrupt the spender. Сорвать банк; выиграть целое состояние или, наоборот, всё растратить; (сленг) обчистить (кого-либо/всех).

Yes, it is an expensive restaurant, but one dinner for two won't break the bank. Да, это дорогой ресторан, но мы **не разоримся**, если там один раз пообедаем вдвоём.

906. CASH IN ONE'S CHIPS, TO: to die. Умереть.

The notorious gambler cashed in his chips in 1979. Скандально известный профессиональный (азартный) игрок **умер** в 1979 году.

907. CAST ONE'S LOT WITH, TO: to link one's fate with. (The reference is to a lottery.) Разделить/связать чью-либо судьбу с кем-то/чем-то.

By changing his party affiliation, he hoped to cast his lot with the winning side. Меняя свою партийную принадлежность, он надеялся **связать свою судьбу** с победившей стороной.

908. COME FULL CIRCLE, TO: to return to the original position or situation. (Reference is to a roulette wheel or wheel of fortune.) Вернуться на круги своя; пройти полный круг (и вернуться к исходной точке); завершить цикл.

After all the arguing, we have come full circle and are back where we started. После всех споров всё **вернулось на круги своя**, и мы пришли к тому, с чего начали.

909. COME UP /ROLL SNAKE EYES, TO: to have nothing to show for your efforts; to have no luck. Уйти/закончить с пустыми руками / ни с чем/ (*погов.*) **не солоно хлебавши**; оказаться невезучим; потерпеть неудачу.
  I sent out more than 50 resumes, but the dice came up snake eyes. Я разослал больше пятидесяти анкет в поисках работы, но так и **остался не солоно хлебавши**.

910. CRAP OUT: back out; quit. Увиливать; уйти/отступать в сторону; уклоняться (от обязанностей); смотаться (с вечеринки); убраться; улизнуть; потерять энтузиазм; проиграть (пари); струсить; устать.
  Whenever too much was demanded of him, he crapped out. Как только от него требовали слишком многого, он **уходил в сторону**.

911. CRAPSHOOT/ CRAP GAME, A: a high-risk venture with the outcome determined solely by chance. (The saying: Life is a crapshoot is not uncommon.) Чрезвычайно рискованное предприятие; игра случая; рискованный шаг; рискованная игра; лотерея.
  These days, getting admitted to a good college seems to be just a crapshoot. В наши дни быть принятым в хороший колледж похоже на **игру случая**. «Что наша жизнь? **Игра!**» (А. С. Пушкин. «Пиковая дама»)

912. CUT ONE'S LOSSES, TO: to withdraw from some situation in which one has already lost a considerable amount and anticipates losing more. Бросать невыгодное дело; выйти из проигрышной игры, чтобы не потерять ещё больше.
  After 10 years of marriage, we both decided to cut our losses and divorce. После десяти лет совместной жизни мы оба решили **прекратить это мучение** и развестись.

913. DICEY: risky or chancy. Ненадёжный; неопределенный; рискованный.
  I hate to fly stand-by; it feels like such a dicey way of doing things. Я ненавижу летать, покупая билет в последнюю минуту из резерва, в расчёте на то, что кто-нибудь из пассажиров не явится; мне это кажется весьма **ненадёжным**.

914. **DON'T / I WOULDN'T BET THE RANCH/RENT ON IT:** A suggestion that something just mentioned is very unlikely to occur. **Вряд ли это случится; я бы на это не очень-то рассчитывал.**
 "We invited the mayor to the opening of our Community Center. Do you think he will come?" "I wouldn't bet the ranch on it." «Мы пригласили мэра на открытие нашего Общественного Центра. Вы думаете, он придёт?» «**Я бы на это не очень-то рассчитывал**».

915. **DRAW A BLANK, TO:** to fail to remember or find something (e.g., any evidence); to receive no answer to one's question. (The reference is to a lottery drawing.) **Быть не в состоянии вспомнить или найти что-то; не получить ответа на свой вопрос; вернуться ни с чем / с пустыми руками; искать напрасно.**
 I'm very sorry; I seem to be drawing a blank on your name. Прошу прощения, но я **никак не могу вспомнить** ваше имя.

916. **FAIR SHAKE, A:** just and equitable treatment. **Иметь равные возможности/льготы с другими людюми; честный контракт; справедливая договорённость.**
 The Congressman stated that he was committed to seeing that his constituents got a fair shake from the Federal government. Конгрессмен заявил, что он обязуется следить за тем, чтобы его избиратели получили **справедливую долю** льгот от Федерального правительства.

917. **"GOD DOES NOT PLAY DICE WITH THE UNIVERSE":** a statement denying the importance of real randomness in creation. (Quotation from Albert Einstein.) «Б-г не играет в кости со вселенной», — известная фраза Эйнштейна, отрицающая важность элемента случайности в создании мира.
 It has been claimed that Einstein's famous quote is not so much an argument for the existence of god, as a statement that quantum mechanics is not ruled by chance. Утверждалось, что известная фраза Эйнштейна «**Бог не играет в кости со вселенной**», — не столько аргумент в пользу существования Бога, сколько заявление о том, что квантовая механика не базируется на принципе неопределённости.

918. **HAVE A LOT RIDING ON, TO:** to have a great deal invested in the outcome of some single transaction or event. **Многое будет зависеть от…**

There is a lot riding on where the new federal facility will be located. **Многое зависит от того,** где будет расположено новое правительственное здание.

919. **HIT THE JACKPOT, TO:** to suddenly become rich; to have a striking success in any area. Внезапно разбогатеть; добиться неожиданно колоссального успеха; найти клад; напасть на золотую жилу; попасть в самую точку; сорвать банк; сорвать большой куш.
    We really hit the jackpot when we hired Maria to be our nanny. Нам **страшно повезло,** что мы наняли Марию няней для наших детей.

920. **HOUSE ALWAYS WINS, THE:** statement of the well-founded conviction that the authorities running something will always adjust the rules so that they come out ahead. **Власти/руководство — всегда в выигрыше.**
    You cannot expect political redistricting to benefit anyone other than the party in charge of doing it — after all, the house always wins. Нельзя ожидать, что переделка границ избирательных округов в политических целях пойдёт на пользу кому-нибудь, кроме правящей партии — в конце концов, **тот, кто у власти, всегда в выигрыше.**

921. **LADY LUCK:** jocular personification of luck as a capricious woman who must be courted and mollified. Госпожа Удача.
    Just as I was about to win big, Lady Luck, that bitch, deserted me. В тот момент, когда я должен был крупно выиграть, **госпожа Удача,** эта стерва, покинула меня. «Ваше благородие, **госпожа Удача!** Для кого ты добрая, для кого — иначе». (Булат Окуджава)

922. **LET IT/SOMETHING RIDE, TO:** to leave something alone, fail to react. (Reference is to leaving a bet where it is in various gambling games.) Оставить в покое; не реагировать.
    When she gets like this, I try not to answer. I try to just let all those sarcastic remarks ride. Когда она бывает в таком настроении, я стараюсь не отвечать. Я стараюсь **не реагировать** на все её саркастические реплики.

923. **LOAD THE DICE (IN FAVOR OF OR AGAINST), TO:** to manipulate odds influencing the chance that someone will win. Предрешать исход (игры и т.п.); подстроить выигрыш или проигрыш

(в пользу или против кого-то) путём нечестных манипуляций или махинаций; представлять кого-либо или что-либо необъективно.

Yes, he got the job. But since he was a relative of the vice president, the dice were heavily loaded in his favor. Да, он получил эту работу. Так как он был родственником вице-президента, **исход был предрешён в его пользу**.

924. MAKE BOOK ON, TO: to be virtually sure of; equivalent to bet on. Быть абсолютно уверенным; биться об заклад.

Do you think Mary's going to be late again today? I would make book on it. Ты думаешь, что Мария опять опоздает сегодня? Готов **биться об заклад**.

925. NO DICE: nothing doing! certainly not! Не выгорело; ничего не вышло; бесполезно; определенно нет; отказано.

I tried to get some of my relatives to finance my business, but no dice! Я пытался уговорить кое-кого из родственников финансировать мой бизнес, **но ничего не вышло**.

926. NO GREAT SHAKES: not very impressive or important. (Phrase refers to shaking dice before throwing them.) Неважный; нестоящий; ничего впечатляющего; не ахти какой; не бог весть что.

My presentation was all right, but certainly no great shakes! Мой доклад прошёл вполне пристойно, но **не бог весть как удачно**.

927. ON A ROLL: having a streak of very good luck or series of successes. Быть в ударе; быть удачливым; иметь полосу удач; иметь успех; переживать счастливые времена.

I know for sure this next film of mine is going to be a huge success. After all, I am on a roll. Я уверен, что мой следующий фильм будет иметь огромный успех. В конце концов, я сейчас **действительно в ударе**.

928. ONE'S NUMBER IS UP: one is doomed, in grave difficulty, danger, or is fated to die in the near future. (The reference is to a lottery.) Кто-либо при смерти (пришёл его/её черёд); кому-либо крышка; чьё-то дело плохо; чья-то песенка спета.

When the fugitive heard the knock on the door, he knew instantly his number was up. Когда беглый преступник услышал стук в дверь, он понял, что **его песенка спета**.

929. **PARLAY, TO:** through skill or strategy; to turn something small, or at least modest, into something more significant or valuable. Выгодно/умело/ умно/хитро/ путём манипуляций использовать даже самое маленькое преимущество (капитал, талант и т.д.), чтобы добиться большого выигрыша / чтобы «облапошить» кого-то.
> He parlayed his nice smile and pleasant manner into a celebrity career as a television host. Он *умело использовал свою приятную улыбку и хорошие манеры, чтобы сделать себе блестящую карьеру* ведущего на телевидении.

930. **QUIT WHILE YOU'RE AHEAD, TO:** to stop doing something while you are making a profit or otherwise doing well. Вовремя остановиться; прекратить делать что-либо, пока везёт / пока дела идут хорошо.
> The store was making a nice profit but we sold it and retired anyway. I guess we decided to quit while we were ahead. Наш магазин приносил хороший доход. Но мы всё равно продали его и вышли на пенсию. Пожалуй, мы просто решили *вовремя остановиться, пока дела шли хорошо*..

931. **RAKE-OFF:** share of (almost always illegal) earnings. (The reference is to the croupier's rake in a casino.) Взятка; доля барышей/ прибыли; комиссионные при незаконной сделке; скрытый (обычно незаконный) доход, магарыч.
> Evidently some crooked police had been taking a rake-off from all the city's entertainment establishments. Очевидно, несколько коррумпированных полицейских *имели долю в барышах* городских развлекательных заведений.

932. **ROLL OF THE DICE:** chance; a gamble. Как повезёт; зависит от случая; игра случая.
> It's a roll of the dice whether you are born into riches or poverty. *Это уж как повезёт*, родишься ты богатым или бедным.

933. **ROUND AND ROUND SHE/IT GOES, WHERE SHE/IT STOPS NOBODY KNOWS:** a statement that something is a random process with an unpredictable outcome. (Comes from the chant of croupiers or barkers to accompany the turning of a roulette wheel or wheel of fortune.) Вращается она круг за кругом / *ходит и ходит по кругу, никто не знает, где остановится* (о каком-либо случайном процессе с непредсказуемым результатом).

Last month, she said she wanted to be a singer, this month she intends to study accounting. Who knows what she will finally end up doing. Round and round she goes, where she stops nobody knows. В прошлом месяце она сказала, что хочет быть певицей, а сейчас она намеревается изучать бухгалтерское дело. Кто знает, чем она, в конце концов, займётся? **Ходит и ходит по кругу, никто не знает, где остановится.**

934. **RUSSIAN ROULETTE:** to take an unnecessary foolhardy chance (The name of a game supposedly originated by Russian officers during WWI, involving putting a single bullet in a revolver, spinning the cylinder, putting the gun to your head, and firing.) **Русская рулетка.**

She is just playing Russian roulette with her health by using herbal supplements in place of the drugs the doctor prescribes. Она играет в **русскую рулетку**, принимая препараты из трав вместо лекарств, прописанных ей доктором.

935. **SWEEP THE BOARD, TO:** to win all the honors or prizes. **Выиграть все, что можно; добиться решающего успеха; получить все призы/награды; преуспеть; сорвать банк.**

He just about swept the board for academic honors at high school graduation. Он **получил почти все** академические **награды** на школьном выпускном акте.

936. **THE DICE ARE LOADED AGAINST SOMEONE:** the odds are not in someone's favor. **Все шансы — против кого-либо / не в пользу кого-либо..**

Yes, some people do recover completely from lung cancer, but the dice are loaded against John. Да, бывает, что люди полностью выздоравливают после рака легких, но в данном случае, **все шансы — против** Джона.

937. **THE DIE IS CAST:** an irreversible step has been taken, and there is no going back (Quotation from Julius Caesar said before crossing the Rubicon: alea iacta est). **Выбор сделан; жребий брошен, нет пути/ходу назад.**

The die is cast, I thought, as I signed a contract committing me to a job in a foreign country. **Выбор сделан и ходу назад нет**, подумал я, подписывая контакт на работу заграницей.

938. **TINHORN:** a braggart pretending to be rich and important. (The phrase refers to a device for noisily shaking dice in a tin container.) **Крикливое ничтожество; претенциозный, с дутым авторитетом; пустобрёх; хвастун; «много шума из ничего»..**
   Ignore all his hot air, he is just a tinhorn. Не обращай внимания на всё это бахвальство, он просто **пустобрёх.**

939. **VATICAN ROULETTE:** disrespectful way to refer to the rhythm method of birth control, approved by the Catholic Church, emphasizing that the method is nothing but a gamble. **Ватиканская рулетка** (неуважительная ссылка на «циклический» метод контроля рождаемости, одобренный католической церковью).
   They have six children, undoubtedly the consequences of playing Vatican roulette. У них — шестеро детей, несомненно, последствие игры в **Ватиканскую рулетку.**

940. **WHAT GOES AROUND, COMES AROUND:** eventually people get what they deserve; what you do or say eventually comes back to you. (*Посл.*) **Как аукнется, так и откликнется;** (*посл.*) **что посеешь, то и пожнёшь.**
   Very gradually people began to see through him and he wound up with no friends. What goes around comes around. Постепенно люди разобрались в нём, и он остался без друзей. **Что посеешь, то и пожнёшь.**

941. **WHEEL OF FORTUNE:** fate or life likened to a roulette or carnival wheel. (In ancient philosophy such a wheel belonged to the goddess *Fortuna*, who spun it at random, changing the positions of those on the wheel — some suffered great misfortune, others gained windfalls.) **Колесо фортуны** (о случае, судьбе, счастье, удаче в жизни человека).
   From the song *The Wheel of Fortune* written by Benny Benjamin and George David Weiss in 1951:

   Oh, wheel of fortune,
   I'm hoping somehow
   If you'll ever smile on me,
   Please let it be now.
   ***Колесо фортуны** вечно крутится неспешно.*
   Я надеюсь, я надеюсь, если мне хоть раз
   Вдруг удача улыбнётся — станет жизнь успешной,
   Пусть случится это сразу, в один миг, сейчас.

942. **WHEELING AND DEALING:** actively operating or manipulating, usually unscrupulously, for one's own interest. Занимающийся махинациями; «шахер-махер».

*He could be seen everywhere at the convention, always wheeling and dealing. На партийном съезде его можно было видеть везде, все время **занимающегося какими-то махинациями**.*

Pool (Billiards) — Бильярд

943. **BALD AS A BILLIARD BALL:** absolutely bald. Лысый, как коленка; как биллиардный шар; совершенно лысый; плешивый.

*Don't worry about losing your hair; some of the sexiest men in the world are as bald as billiard balls. Не бойся облысеть, у некоторых из самых сексапильных в мире мужчин — **голова гладкая, как биллиардный шар**.*

944. **BEHIND THE EIGHT BALL:** in a bad position. В плохой/неудачной позиции/ситуации; (грубо) сидеть в галоше/заднице.

*I am behind the eight ball this month. There was a problem at my bank and now I cannot pay my rent. В этом месяце я оказался **в очень плохом положении**. У меня была проблема с банковским счетом, и сейчас я даже не могу заплатить за квартиру.*

945. **CALL THE SHOTS, TO:** to make all the decisions; to control what happens. Принимать все решения; контролировать процесс/ситуацию.

*He likes to be the one to call the shots and did not like the idea of having a guide. Ему настолько нравится **всегда самому принимать все решения**, что даже идея иметь экскурсовода была ему не по душе.*

946. **CHALK SOMETHING UP TO EXPERIENCE, TO:** to justify or take consolation from a failure or unpleasant incident on the grounds that it was a learning experience. Утверждать, что плохой/отрицательный опыт — это тоже опыт, любой провал/ неприятный инцидент — это урок на будущее; (посл.) нет худа без добра.

*Well, what can we do? Let's just chalk that disastrous vacation up to experience. Что делать? Забудем об этом кошмарном отпуске; **это послужит нам хорошим уроком**.*

947. DIRTY POOL: unfair or unethical behavior. Нечестное, неэтичное поведение; нечестная/грязная игра.

I am never going to do business with him again — he plays dirty pool. Не хочу иметь с ним дела. Он вечно ведёт какую-то **грязную игру**.

948. LUCKY BREAK: a random bit of good fortune. Неожиданная удача/везение; (жаргон) везуха/подфартило.

It was just a lucky break that on my flight I sat next to a leading publisher, who agreed to read the book I had written. Мне неожиданно **сильно повезло**, рядом со мной в самолёте сидел крупный издатель, и он согласился прочитать книгу, которую я написал.

949. MISCUE: an error resulting in failure. Промах; ошибка; ошибочная информация.

A leading tax preparation agency reported an embarrassing miscue: it has miscalculated its own taxes. Известная, занимающаяся налогами, компания сообщила о досадной **ошибке**; они неправильно посчитали свои собственные налоги.

950. "NEVER GIVE A SUCKER AN EVEN BREAK": an exhortation never to fail to cheat someone who is cheatable. (Quotation from comedian W. C. Fields.) Никогда не упускай случая/возможности обвести дурака вокруг пальца / облапошить, объегорить дурака / натянуть дураку нос; никогда не давай дуракам спуску; (детская дразнилка) обманули дурака на четыре кулака.

I think the motto of that used car lot must be "Never give a sucker an even break," and they ought to print it in all their ads and on their stationery. Я думаю, что девиз этой компании по продаже старых автомобилей должен быть: «**Никогда не упускай возможности обвести дурака вокруг пальца**», и им следует напечатать этот девиз на всех своих объявлениях и бланках документов.

951. RUN THE TABLE, TO: to thoroughly dominate a contest or opponent, scoring all possible points. Доминировать в состязании / над оппонентом.

It looked as if the incumbent was going to run the table at the debate, but then he made a serious error. Казалось, что нынешний конгрессмен будет **доминировать** в дебатах, но затем он допустил серьезную ошибку.

952. SNOOKER, TO: to trap, dupe, or fool someone. (Snooker is a form of pool, and the term snookered means being prevented from shooting because another ball is in the way.) Надувать; обманывать; облапошивать; одурачивать; объегоривать; оставлять в дураках; (*перен.*) подставлять ножку; мешать в достижении цели; сажать в калошу.

I guess that guy who sold me that supposed Rolex snookered me, but good. Я думаю, что этот парень, который продал мне поддельный «Ролекс», хорошо меня **облапошил**.

953. STROKE OF GOOD LUCK/FORTUNE: a happy accident. Счастливое стечение обстоятельств; счастливый случай.

By a stroke of good fortune, my grandfather's closest friend was the Dean of Admissions at Harvard. **По счастливому стечению обстоятельств** ближайший друг моего дедушки был деканом, ведающим приёмом студентов в Гарвард.

954. THOSE ARE THE BREAKS: that's the way things happen and one just has to accept it. (*See* **128. THAT'S THE WAY THE BALL BOUNCES**) Ничего не поделаешь, такова жизнь; селяви.

That's right, they gave out 400 low interest loans and we were number 401 on the list. Those are the breaks, I guess. Так оно и случилось, они дали 400 займов под низкие проценты, а наш номер в списке был 401. **Что поделаешь, такова жизнь!**

Other Board And Indoor Games — Другие настольные игры и игры в закрытом помещении

955. A GAME ANY NUMBER CAN PLAY: something (usually controversial) that an unlimited number of people may seek or have been seeking to voice opinions about or participate in (from the instructions to numerous games). Нечто (обычно противоречивое), в чём может участвовать или участвует, или высказывает об этом своё мнение неограниченное число людей.

Calculations of military balances and defense spending are intellectual games that any number can play, without any prospect of a definitive answer. Подсчёты военных расходов и затрат на оборону — это такие интеллектуальные **игры, в которых** *любое количество людей может принимать участие без какой-либо перспективы получить точный ответ.*

956. BACK TO SQUARE ONE: compelled to start again at the very beginning. (Reference is to board games that involve progressing through a number of squares arranged in a sequence.) **Вернуться на исходную позицию / к самому началу; (быть вынужденным) начать все сначала.**

Well, that plan didn't work and now we are back to square one. Что и говорить, этот план не сработал, и сейчас **надо начинать всё сначала.**

957. BINGO!: that's it! you (I) got it (i.e., the right answer). **Вот именно! В самую точку! Есть! Точно! Угадал/а!**

"Where's Dad?" "Where is he usually on Saturday morning?" "Playing golf." "Bingo!" «Где отец?» «Где он бывает обычно в субботнее утро?» «Играет в гольф». «**В самую точку!**»/ «**Угадал!**»

958. CHECKERED CAREER/PAST: a history of alternating failures and successes; admirable and less than admirable behavior, frequently with the negative predominant. (Reference is to squares on a checker board.) **Запятнанное/пёстрое прошлое; (иронически) богатое прошлое; изменчивая/ не гладкая /переменчивая/ пёстрая карьера (со взлетами и падениями).**

I am worried that my fiancée will find out about my checkered past. Я боюсь, что моя невеста узнает о моём **запятнанном прошлом.**

959. DO NOT PASS GO: Catch phrase used jocularly or sarcastically when someone is being sent somewhere as a punishment, particularly prison. (From an instruction card in the game of Monopoly: "Go to jail; go directly to jail; do not pass go; do not collect $200.") **Не открутишься (от наказания/ тюрьмы и т.п.); не отвертишься.**

Executives go to jail, do not pass go, in price fixing case. Ответственные работники сядут в тюрьму по делу о манипуляции ценами, **им не открутиться.**

960. DOMINO THEORY: the political theory that if one nation comes under Communist control then neighboring nations will also come under Communist control; may be extended to other types of influence considered a threat. **Эффект домино (когда одно, даже незначительное изменение влечёт за собой ряд других изменений).**

Many people consider the domino theory the prime reason for the debacle of Vietnam. Многие люди рассматривали «**эффект домино**» как главную причину катастрофы во Вьетнаме.

961. **GET OUT OF JAIL FREE (CARD):** without requiring sacrifice. (From an instruction card in the game of Monopoly that revokes the penalty of "going to jail."). Used to refer to similar benefits in the real world. **Легко отделаться** (*напр. когда речь идёт о какой-либо знаменитости, нарушившей закон и отделавшейся лёгким наказанием или вообще без наказания*).

It has been argued that in the world today being a celebrity is a kind of "get-out-of-jail-free" card. Утверждают, что в наши дни статус знаменитости позволяет его обладателю **легко отделаться в случае любого нарушения закона**.

962. **TILT!:** someone is cheating! that is unfair! (From the sign that flashes on an electric pinball machine when someone tries to influence the ball by tilting the whole machine). **Так нечестно! Несправедливо!**

They told us there were no seats left and then I see them selling tickets to some guys in suits. Tilt! Нам они сказали, что больше нет мест, а затем я увидел, что они продают билеты каким-то парням одетым с иголочки. **Нечестно!**

963. **WHAT A CHARADE!:** what an obvious pretense, mockery. (From the parlor game of charades.) **Что за спектакль/фарс/цирк!**

Everyone understood that the trial could only have one outcome. What a charade! Все понимали, что у этого процесса может быть только один исход. **Что за фарс!**

Animal Fighting — Бои животных

964. CRESTFALLEN: dejected. Павший/упавший духом; понурый; удручённый; униженный; унылый.

I don't know what the boss said to him, but he certainly looked crestfallen, when he came out of the office. Я не знаю, что босс сказал ему, но он определённо выглядел **удручённым**, когда вышел из кабинета начальника.

965. HAVE A (NO) DOG IN THE FIGHT, TO: to have a (no) personal stake in some outcome. Иметь (не иметь) в чём-то личный интерес; быть (не быть) лично заинтересованным в чём-то / в каком-то исходе.

Although I have no dog in the fight for the governorship of New Jersey, it seems clear to me that Stevens is the better man. Хотя **у меня нет никакого личного интереса в борьбе** за место губернатора штата Нью-Джерси, мне ясно, что Стивенс — больше подходит на эту роль.

966. PIT AGAINST, TO: to match or maneuver someone into an adversarial relation with someone. Выставлять в качестве противника; натравливать одного на другого; настраивать кого-либо против кого-либо; сталкивать кого-либо с кем-либо.

Children may try to pit their divorced parents against each other. Дети могут пытаться **настраивать** своих разведённых родителей **друг против друга**.

967. RAISE HACKLES, TO: to enrage. Привести кого-либо в ярость.

That kind of arrogant behavior really raises my hackles. Такое высокомерие по-настоящему **приводит меня в ярость**.

968. UNDERDOG: the side that appears to be losing or is expected to lose some contest, or has many disadvantages that make success difficult. Кто-либо, от кого не ожидают выигрыша; неудачник; жертва несправедливости.

*I think rooting for the underdog is a common American trait. Я думаю, что болеть за **более слабого конкурента**/сочувствовать **более слабому конкуренту** — это характерная черта американцев.*

CHILDREN'S GAMES — ДЕТСКИЕ ИГРЫ

Including Game Phrases — Включая игровые фразы

969. ALL WORK AND NO PLAY MAKE JACK A DULL BOY: proverb quoted as an argument that it is not healthy for anyone, particularly a young person, to do nothing but work. (*Посл.*) **Мешай дело с бездельем, проживёшь век с весельем; мешай дело с бездельем, с ума не сойдёшь; умей дело делать, умей и позабавиться.** Сравните с пословицей: «*Делу — время, потехе — час*», смысл которой вызывал споры с середины XVII века. Царь Алексей Михайлович (1629–1676) написал приписку к сборнику правил соколиной охоты (излюбленной потехи царя), приписку, которая заканчивалась словами: «Делу время и потехе час», что и стало пословицей. На старорусском слово «час» тоже означало время, и смысл пословицы был «всему своё время». В XIX веке эта пословица изменила своё значение. Её стали употреблять с союзом **а**, «Делу — время, **а** потехе — час», т.е. «дело» становится главным, а «потехе (забавам)» отводится только час, имея в виду 1/24 часть суток. Т.о. смысл этой пословицы в современной трактовке стал противоположным рассматриваемой идиоме и обычно переводится на английский язык как *Business before pleasure*.

Although we need a lot of help on the farm, I prefer to hire someone rather than severely limiting the children's time for recreation. All work and no play makes Jack a dull boy. Хотя нам и нужна помощь на ферме, я предпочитаю лучше нанять кого-то, чем резко ограничивать время, когда дети могут отдыхать и развлекаться. **Умей дело делать, умей и позабавиться.**

970. BLINDMAN'S BUFF, TO PLAY: to be operating "blind" or "in the dark." **Играть в жмурки.**

I felt like I was playing blindman's buff; everyone seemed to know what was going on except me. Я чувствовал себя так, как будто я *играю в жмурки*; *казалось, все знали, что происходит, кроме меня.*

971. **BOOBY/CONSOLATION PRIZE, TO WIN THE:** to be the worst at something, whether or not there has been an actual competition. Быть «первым с конца»; быть самым плохим в каком-то деле; придти последним к финишу.

I always win the booby prize when it comes to any sort of musical performance. Что касается любого музыкального выступления, я всегда бываю **первым с конца**.

972. **CATCH THE BRASS RING:** to achieve, wealth, success, reward, or other luck (Reference is to a device on merry-go-rounds that allowed riders to seize a ring as they rode by; the person getting a brass, rather than some duller metal, ring got a free ride.) Поймать/схватить удачу за хвост.

We all plan on catching the brass ring in life, but he was someone who actually did it. Мы все планируем в жизни **схватить удачу за хвост**, но именно он был тем человеком, которому это удалось.

973. **CHILD'S PLAY:** something trivially easy. Детские игрушки; ерунда; пустяк; пустяковое дело; (*погов.*) работа — не бей лежачего.

I am going to get my brother to help me set up the computer. What would take me hours and bring me to the point of tears is child's play to him. Я собираюсь попросить брата помочь мне настроить мой компьютер. То, на что мне потребуется несколько часов и доведёт меня до слёз, для него — **детские игрушки**.

974. **CHOOSE UP SIDES:** an informal procedure for dividing a group of people into two (or more) teams. Two people are designated as captains, and they take turns selecting one person at a time for their teams. The people perceived as most competent are chosen first. Из группы людей/детей выбрать игроков для двух (или более) команд. Очевидно, что первыми выбирают лучших.

He has a real self-esteem problem. I bet he was one of those kids who were always picked last, when they were choosing up sides. У него серьёзные проблемы с самооценкой. Бьюсь об заклад, что он был одним из тех детей, которых всегда выбирают последними, когда надо **набрать игроков для двух** команд.

975. COLOR INSIDE (OUTSIDE) THE LINES: compliant and willing to conform to external standards or the reverse. (Reference is to the coloring books given to small children in which they are expected to color in outlined forms to create a colored picture.) **Быть конформистом (быть бунтарём/диссидентом/инакомыслящим/нонконформистом).**

We always knew he was a rebel and would never be willing to color inside the lines. Мы всегда знали, что он был бунтарём и никогда не станет **конформистом.**

976. CONNECT THE DOTS: to figure something out on the basis of available evidence; to connect things (events, etc.) that it is important to connect for understanding. (From a game for small children in which they draw a line between consecutively numbered dots and end up with the outline of some familiar figure.) **Связать факты в единое целое, чтобы понять осознать/ правильно оценить / составить полную картину какого-то происшествия, преступления, события и т.п.**

How did I figure out who had been stealing from the cash register? I simply connected the dots. Как я понял, кто крал деньги из кассы? Я просто **связал воедино, всё,** *что мне было известно.*

977. COWBOYS AND INDIANS, TO PLAY: of small children, especially boys, to run around noisily, wildly chasing each other in a game that frequently involves simulated chaotic fighting and killing. **Играть в ковбоев и индейцев,** аналогично российской «игре в войну».

She lets her children play cowboys and Indians indoors, even when she has dinner guests. Она разрешает детям шуметь в доме и ***играть в ковбоев и индейцев****, даже когда у неё обедают гости.*

978. CRY UNCLE: admit defeat (to one's opponents). **Признать поражение; просить пощады; сдаться.**

The politician's popularity is way down according to the polls, but he is far from crying uncle. В соответствии с опросами популярность этого политика сильно упала, но он ещё далёк от того, чтобы **признать поражение.**

979. DIBS ON, TO HAVE: a phrase used in an attempt to reserve some object or privilege on no basis other than having declared "dibs" first. **Забить колышек первым; застолбить (что-то); (мои) фишки уже поставлены; воскликнуть «Чур (я)!»**

Dad's taking us for a drive; dibs on the front window seat. Отец берёт нас всех прокатиться на машине; **чур, я сижу на переднем сиденье рядом с ним!**

980. EENY, MEENY, MINEY, MO: used to refer to a completely random choice among different equal alternatives. (From the start of a children's counting rhyme used to choose one thing or person from among alternatives.). Начало детской считалки, аналогичной русской: «Эники, беники, си колеса, эники, беники, ба...» или «Эники, беники ели вареники...» Используется взрослыми, чтобы подчеркнуть, что выбор той или иной альтернативы был случайным.

"How does Mr. Blakely decide who he is going to pick on each day?" "I think he just says eeny, meeny, miney, mo..." «Как мистер Блейкли решает, на кого падает его выбор каждый день?» «Я думаю, что он просто считает: **эники, беники ели вареники...**»

981. FOLLOW THE LEADER: used to refer to imitative behavior. (From a children's game where players line up behind a single leader and have to imitate every action he or she performs.) **Следуй за лидером/ведущим.**

I love to watch baby ducks in a line playing follow the leader with their mother. Я люблю наблюдать, как утята, выстроившись в одну линию, следуют за матерью, как будто играют в игру **«Следуй за ведущим»**.

982. HAVE A FIELD DAY, A: to enjoy a time of great pleasure, activity, or opportunity. Иметь возможность заниматься любимым делом / тем, что доставляет удовольствие / делать то, что хочется, особенно критиковать кого-то или что-то / упиваться чем-то / смаковать что-либо.

The press is having a field day with the latest scandal in Congress. Пресса **смакует** последний скандал в Конгрессе.

983. HE WHO DIES WITH THE MOST TOYS WINS: an ironic maxim reducing to absurdity the idea that the game of life can be won by accumulating possessions or, indeed, won at all. (Иронический афоризм) **Кто больше накопит к моменту смерти, тот и выигрывает.** На что циники отвечают: «Кто больше накопит к моменту смерти, тот всё равно умрёт».

What do you mean, why do we need a new TV set when our old one works fine? Don't you know that he who dies with the most toys wins? *Что ты имеешь в виду — зачем нам нужен новый телевизор, если у нас и старый работает прекрасно? Ты что, не знаешь, что **тот, кто больше накопит к моменту смерти, тот и выигрывает**?*

984. **HIDE AND (GO) SEEK, TO PLAY:** evade, attempt to evade, or simply alternatively appear and disappear. From children's game where all but one of a group hide, and one person, "it," has to find them. **Играть в прятки.**

   It was one of those days when the sun keeps playing hide and go seek behind the clouds. Это был один из тех дней, когда солнце **играло** с нами **в прятки**.

985. **HOME FREE:** in a position where one is no longer in jeopardy or at risk of failure. (From the "safety" position in hide and seek.) **Как гора с плеч; уверенный в победе / в успехе; чувствующий облегчение после трудов, увенчавшихся успехом;** (из студенческой жизни) **семестровая оценка «автоматом».**

   If I can just get this one part of my experiment to work, I'll be home free for a dissertation. Если я смогу добиться, чтобы эта часть моего эксперимента работала, *я* **буду уверен в успехе** моей диссертации.

986. **IT:** used jocularly to refer to being singled out for a task that no one wants to do (The single person in a variety of children's games who has the task of finding or catching the others; the major goal of such games is to avoid being "it."). **Вот ты и будешь** (делать что-либо, что никто делать не хочет). Говорится в шутливой форме, когда кому-то дают делать то, что никто делать не хочет.

   We need someone to be in charge of reporting safety violations and, since you weren't here, we picked you to be "it." Нам нужно, чтобы кто-то сообщал о нарушениях правил безопасности; так как тебя не было на собрании, мы решили: «**Вот ты и будешь это делать**».

987. **KING OF THE HILL:** 1) the most successful or most powerful person in a group of people; a pre-eminent individual; 2) can be used ironically or sarcastically for self-styled individuals. (From a children's game, in which one child attempts to maintain control of some high point while others try to push him off.) **Выдающаяся, исключительная личность; самый влиятельный/сильный/успешный человек в группе; самый, самый. Король!**

Может быть использовано иронически или саркастически со значением **мнимый/самозваный король и т.п.; человек, воображающий себя королём и т.п.**

He was considered a renegade in journalism until he won the Pulitzer Prize. Now he is the king of the hill. На него смотрели как на ренегата/отщепенца в журналистике пока он не выиграл Пулитцеровскую премию. Теперь он **Король!**

988. LAST LICKS: guarantee that a winner is not declared before every player has the same number of turns. (A common practice in children's games; the phrase is often called out by a child who finds he is not first to ensure the practice is honored. May be used by adults to refer to getting one last chance to do something.) **Последний шанс сделать что-то, используя свою последнюю попытку в ситуации, где все участники всё делают по очереди.**

"Let's take turns shooting baskets and see who gets the most, I'll go first." "OK, but I have last licks." «Давай по очереди бросать мяч в корзину, и посмотрим, кто попадёт больше? Я начну». «Хорошо, но у меня — **право последнего броска**».

989. LAST ONE IN/THERE/HOME, ETC. IS A ROTTEN EGG: phrase used by children who are all heading for the same place to turn the occasion into a race. Used jocularly by adults in a similar situation. (шутливо) **Кто приходит последним, тот ни на что не годится, как тухлое яйцо / тот не стоит и выеденного яйца / тот и платит за всех /убирает и т.п.** Идея этого выражения заключается, видимо, в том, что тому, кто выполнил какую-либо задачу последним, потребовалось на это столько времени, что, будь он яйцом, он бы протух.

Let's see who manages to get home first. Last one there is a rotten egg. Посмотрим, кто придёт домой первым. **Кто придёт последним, выеденного яйца не стоит.**

990. LEAPFROG, TO: to surmount obstacles one after another. (From a children's game in which one player bends over and the next straddles his back and leaps over him). **Преодолевать препятствия/трудности; (в военном деле) передвигаться скачками, прыгать (как в игре в чехарду).**

He rose rapidly to the top of his profession, leapfrogging over obstacles that have completely thwarted many others. Он быстро достиг вершин своей профессии, **преодолевая препятствия**, которые полностью разрушили планы многих других.

991. **MERRY-GO-ROUND, TO BE ON A:** to be caught up in a fast-moving, non-stop cycle of activities. **Закрутиться (на работе, дома и т.д.); закрутиться в вихре (удовольствий).**
What with my job, the house and the kids, I feel like I am on a merry-go-round and will never get off again. **Между моей работой, домом и детьми я чувствую, что я абсолютно закрутилась, как на каруселях, с которых мне никогда не слезть.**

992. **MONKEY IN THE MIDDLE:** a person caught between two battling factions. (From a game where two or more children toss a ball or other object back and forth, and a third child in the middle tries to intercept it.) **Человек, замешанный в чьи-то раздоры/распри/ссоры и т.п.; кто-либо, оказавшийся между двух огней.**
I don't want to be monkey in the middle with respect to my sisters' feud. **Я не хочу быть замешанным в постоянную вражду моих сестёр.**

993. **MUSICAL CHAIRS, TO PLAY:** a constant rearrangement or shakeup of people and whatever they are matched to, another person, beds, (offices, jobs, etc. may be substituted for chairs). (From a children's game in which music is played while children circle a group of chairs one fewer in number than the players. When the music is stopped, all rush to find a seat and the one person left standing is eliminated.) **Перетасовка, перемещения лиц в какой-то организации/группе** (*напр.* перетасовка министерских постов); **перераспределение заданий между людьми и т.д. Любое из таких слов может заменить слово «стулья» в данной идиоме,** *напр.*, "To play musical beds" **означает «постоянно менять партнёров для секса».**
John got promoted and Sally is going to get his office; and we are all going to be moved around; another fun game of musical offices. **Джона повысили по службе, и Салли займёт его кабинет, и всех нас передвинут с одного места на другое, ещё одно развлечение — перетасовка кабинетов.**

994. a) **PEEK-A-BOO, TO PLAY:** to appear and disappear, especially teasingly. (From a game to amuse very small children in which one conceals one's face or hides and then pops out suddenly saying "peek-a-boo.") **Ку-ку (игра в прятки с маленьким ребёнком).**
The rare bird seemed to be playing peek-a-boo with the crowd of birdwatchers searching for it. **Казалось, что редкая птица играла в прятки с толпой наблюдателей, появляясь и исчезая.**

b) **PEEK-A-BOO:** As an adjective, used to refer to a woman's garment that shows glimpses of skin or underwear. Просвечивающее, полупрозрачное, -ая (платье, блузка и т.п.).

For God's sake, don't wear that peek-a-boo blouse to your job interview. Ради Бога, не надевай эту **полупрозрачную блузку***, когда идёшь устраиваться на работу.*

995. **PHONE TAG:** situation in which two or more people try unsuccessfully to reach each other by phone, both leaving messages and calling the other back. (From tag, a children's game in which players take turns pursuing each other). Ситуация, в которой люди безуспешно пытаются связаться друг с другом по телефону, оставляя друг другу послания на автоответчике и перезванивая снова и снова.

No, I haven't managed to speak to him, but we have been playing phone tag all day. Нет, мне не удалось поговорить с ним, мы **безуспешно перезванивались** *весь день.*

996. **PIGGYBACK:** carried on someone's back the way a small child may be; to be associated with or carried along (physically or metaphorically) by something bigger or more important. Ассоциироваться или быть частью чего-то более крупного и важного; увязывать несущественное/незначительное (*напр.*, несущественный вопрос) **с существенным/ более важным.** (От фразы «катать ребёнка на закорках/на плечах»).

He tried to piggyback his bill for free parking for senior citizens on the annual transportation bill. Он пытался **присовокупить** *закон о бесплатной парковке для стариков к общему закону о ежегодном финансировании транспортных средств.*

997. **PLAY 20 QUESTIONS, TO:** refers negatively to lack of directness on the part of someone one is trying to get information from. (From the name of a verbal guessing game.) Не давать полный прямой ответ на вопрос, вынуждая спрашивающего задавать массу дополнительных вопросов, чтобы получить/ «выжать»/«вытянуть» нужную информацию; играть в вопросы и ответы.

Listen, I don't want to play 20 questions and drag the information out of you fact by fact — just tell me the whole story. Послушай, у меня нет ни малейшего желания **играть в эти игры, чтобы вытянуть из тебя, деталь за деталью, всю информацию** *— просто расскажи мне всю историю/все, что произошло.*

998. **PLAY DATE:** jocular reference to an appointment to engage in some sort of recreational activity with one or more others. (From an arrangement made by parents to get two or more children together at a certain time and place to play together.) (современное молодёжное) **Тусовка**, (глагол) **тусоваться**; (используется взрослыми в шутливой форме) **собираться вместе; проводить время вместе.**

  Since our husbands are out on the golf course, let's you and I have a play date at the mall. Так как наши мужья играют в гольф, давай **пойдём вместе** в торговый центр.

999. **PLAY DOCTOR, TO:** euphemistic reference to the sexual examination play of small children. May be used jocularly by adults to refer to sexual activities. Игры маленьких раздетых детей, с изумлением рассматривающих половые органы друг друга. Взрослые используют эту фразу, шутя, в значении: **заниматься любовной игрой (перед сексом); заниматься сексом; ласкать.**

  What are they doing in there with the door closed? I hope they are not playing doctor. Что они там делают за закрытыми дверями? Надеюсь, они не **занимаются сексом**.

1000. **PLAY GUESSING GAMES, TO:** try to guess some kind of information, to identify some not clearly indicated thing. **Играть в «угадайку».**

  Let's not play guessing games about who is going to be there tonight; when we get there we will see. Зачем нам **играть в «угадайку»** — кто там будет сегодня вечером? Придём и увидим.

1001. **PLAY HOUSE, TO:** phrase used to denigrate as non-serious the non-independent and/or non-formalized housekeeping arrangements of romantically involved couples. (Refers to game played by small children in which children simulate family roles and family activities.) **Не относиться к домашнему хозяйству всерьёз** (обычно — о молодёжной паре, рассчитывающей на поддержку родителей).

  To my mind, if your parents are still supporting you, you are not really married, you are just playing house. По-моему, если ваши родители всё ещё вас поддерживают материально, у вас не настоящая семья; пока вы только **играете в семью**.

1002. PLAY PATTY CAKE, TO: 1) to flirt with (a person or idea). **Заигрывать с кем-то/чем-то** (*напр.*, с какой-то идеей); **заниматься любовью/сексом.**

The preacher ranted about people he said were playing patty-cake with false religions. Пастор разражался тирадами о людях, которые, как он говорил, **заигрывают с** ложными религиями.

2) Cooperate with in a way that is illicit or disapproved of by the speaker. (From a hand clapping game played with very small children.) **Вести недозволенную игру.**

He accused his opponent for union head of playing patty-cake with management. Он обвинил своего соперника на позицию лидера профсоюза в том, что **тот ведёт недозволенную игру** с руководством компании.

1003. PLAY POST OFFICE, TO: (from an adolescent or pre-adolescent kissing game) may be used to refer to kissing in general or to more "serious" sexual activity. **Играть в любовные игры** (перед сексом); **ласкать** (о юношах и девушках).

At 13 she was spending all her time with her "boyfriend". We were afraid she was doing more than playing post office. В 13 лет она проводила всё свободное время со своим «мальчиком». Мы боялись, что она **допускала больше, чем простые ласки.**

1004. READY OR NOT, HERE I COME: catch phrase used as a jocular warning that one is about to enter or approach. (From the call of the seeker in the game of hide-and-seek). (от игры в прятки) **Пора, не пора — иду со двора; не ждали, а вот он — я.**

Babies do not wait to be born until their parents complete the pre-birth chore list. You wake up in the middle of the night and they are saying "ready or not, here I come." Ребёнок не ждёт, когда родители завершат весь список необходимых дел перед его появлением на свет. Вы просыпаетесь в середине ночи, а он говорит: **«Пора, не пора — иду со двора!» / «Не ждали, а вот он — я!»**

1005. RIDE ONE'S HOBBY HORSE, TO: to talk obsessively about one's favorite subject. **Сесть на своего любимого конька; говорить, как заезженная пластинка;** (грубо) **талдычить одно и то же.**

Don't get him started on politics; once he starts to ride that hobby horse, he never shuts up. Не давай ему говорить о политике; стоит ему **сесть на своего любимого конька,** он никогда не замолкнет.

CHILDREN'S GAMES — ДЕТСКИЕ ИГРЫ

1006. SIMON SAYS: sometimes used jocularly to simultaneously soften an order and emphasize that you insist on it being obeyed. (From the game of the same name in which only imperatives prefaced by "Simon Says" must be obeyed to stay in the game). **Указание/ приказ, обязательный для исполнения** (но часто данный в мягкой форме).

Listen we really have to get this project finished. Simon says no long lunch hours and no personal days until we do. Слушайте, мы действительно должны закончить этот проект; поэтому, **дорогие друзья, приказ к исполнению таков**: никаких длинных перерывов на обед и никаких отгулов, пока мы его не доделаем.

1007. a) SQUARE PEG IN A ROUND HOLE: 1) Something out of place or inappropriate. To try to put a square peg into a round hole — to try to put something somewhere where it clearly doesn't fit. (From a shape-matching toy for very small children.). **Человек не на своём месте / неподходящий для данной работы; что-либо, неподходящее для данного дела / для данной работы и т.п. / несоответствующее чему-то.** (Дословно) Квадратный колышек в круглой дырке.

Appointing him director of public relations was certainly a case of trying to fit a square peg into a round hole. Назначить его директором службы организации общественного мнения было **то же самое, что попытаться загнать квадратный колышек в круглую дырку** — он совершенно не подходил для этой работы.

b) **TO FEEL LIKE A SQUARE PEG IN A ROUND HOLE:** to feel out of place. **Чувствовать себя не на своём месте.**

My parents wanted me to live the life of a debutante, but I always felt like a square peg in a round hole. Мои родители хотели, чтобы я вела жизнь девушки из высшего общества, но я всегда **чувствовала себя не на месте** в этой роли.

1008. TAG! YOU'RE IT: phrase that may be used by adults to jokingly say that they have passed on some tasks or responsibility to another person. (From the game of tag, shouted when the player who is "it" catches and touches another player thus transferring the burden of being "it".) **Попался; попался, который кусался;** (от игры в пятнашки) возможная фраза: «Ты пятна́!».

Aha, I've been trying to reach you for days to tell you it's your turn to drive the children to soccer. Tag, you're it. Ага, я уже несколько *дней пытаюсь найти тебя, чтобы сказать, что теперь твоя очередь везти детей на футбол.* **Попался, который кусался.**

1009. TAKE TURNS, TO: to use or do something in alternation. Делать что-нибудь по очереди.

My husband and I take turns using the new car. Мы с мужем используем наш новый автомобиль **по очереди**.

1010. YOU'RE GETTING WARMER: You are getting close to an object, solution, etc. (This is a phrase from a children's game in which a child has to find something and is told he is getting warmer when he approaches the hiding place and colder when he moves away from it.) **Теплее, теплее, ещё теплее** (когда кто-либо приближается к предмету поиска).

"Well, if you don't want a vacuum cleaner, would you like some jewelry for your birthday?" "You're certainly getting warmer." «Ну, что ж, если ты не хочешь новый пылесос на свой День Рождения, может быть, тебе подарить какое-нибудь ювелирное изделие?» «**Теплее, теплее, ещё теплее!**»

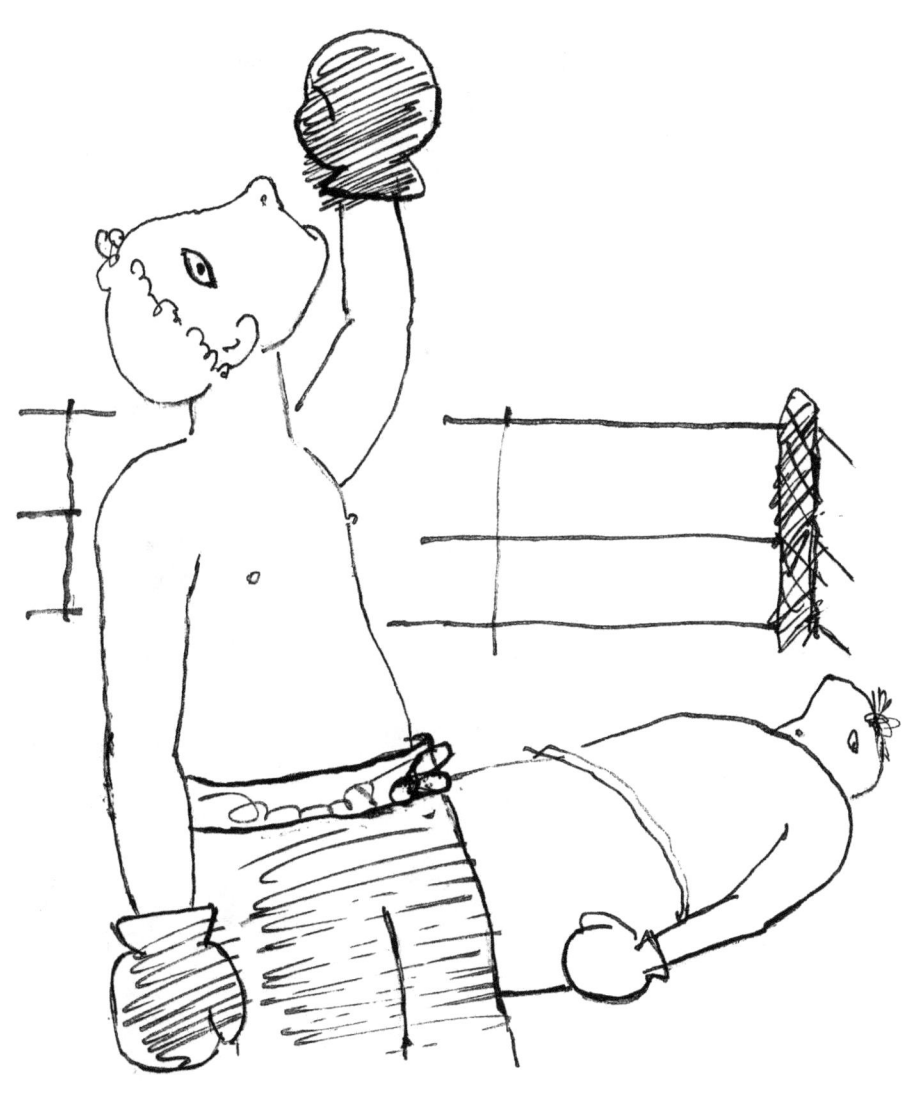

Спортивные идиомы:
русско-английский словарь
112 идиом

Sports Idioms:
Russian-English Dictionary
112 Idioms

Общие идиомы — General Idioms

1. **ВНЕ ИГРЫ** (из европейского футбола, тенниса...): вне/за пределами разрешённого правилами, законами и т.п. пространства для игры / каких-либо действий / какого-либо поля деятельности. **Out of bounds; out of play; out; offside position.**

   (Из Интернета) В России издали закон, по которому передача и раскрытие внутренней информации о каких-либо фирмах для получения выгоды на акционерной бирже оказались вне игры. *A law has just been passed in Russia declaring disclosure of any internal information about any company in order to make a profit on the stock market to be **out of bounds**.*

2. **ВО ВТОРОЙ ЛИГЕ:** на вторых, второстепенных ролях. **(To be) in a minor league.**

   *Рок-фестиваль Политехнического Института приятно удивил: хотя рок-группы были явно из второй лиги, уровень их исполнения был достаточно высок. The Rock Festival sponsored by the Polytechnical Institute was a pleasant surprise; although the rock groups were clearly **minor league**, their performance was quite good.*

3. **ВЫИГРАТЬ ПО ОЧКАМ:** выиграть с некоторым преимуществом. **To win on points.**

   *Хемингуэй как-то сказал, что он выиграл у Тургенева и Мопассана, и в последнем раунде победил по очкам Стендаля. Но ничто не заставит его выйти на ринг против Толстого, разве что он сойдёт с ума или достигнет несравненного совершенства. Hemingway once said, that he beat Turgenev and de Maupassant, and as for Stendhal — **he beat him on points** in the final round. However, nothing could ever make him enter the ring against Tolstoy, unless he were to lose his mind or achieve incomparable perfection.*

4. **ВЫЙТИ ИЗ ИГРЫ:** выйти из состязания; перестать участвовать в каком-то деле; снять свою кандидатуру. **Be or take out of the running.**

*Почувствовав, что будущее не сулит для него ничего хорошего, кандидат в губернаторы объявил, что он выходит из игры. Sensing that the future had nothing good in store for him, the candidate for governor announced that he was **out of the running**.*

5. **ГРУБАЯ ИГРА:** выступление/действие/игра с расчётом на силу / на обман, не обращая внимания на правила, законы и т.п. **Dirty pool; foul play.**

    *Оппоненты не стеснялись повторять откровенную ложь друг о друге. Это была поистине грубая игра. The opponents had no compunctions about openly repeating lies about each other. It was truly a case of **dirty pool**.*

6. **ДАТЬ ДЕСЯТЬ/ПАРУ/СТО ОЧКОВ ВПЕРЁД:** превосходить кого-либо в чём-либо / в каком-то деле/спорте/ремесле и т.д. **To outdo someone a great deal; beat someone by a mile / with one hand tied behind one's back; giving one's opponent a large handicap.**

    *Она может дать сто очков вперёд любому мужчине этой специальности. **With one hand tied behind her back**, she could surpass any man specializing in the same field.*

7. **ИГРА СЫГРАНА, ЧЬЯ-ЛИБО И Т.П.:** (чьё-либо, напр. твоё, его...) дело кончено; дело — швах. **You've shot your wad. The game is up.**

    *Когда полицейская машина остановилась около его дома, он понял, что его игра сыграна. When the police car pulled up to his house, he understood that **the game was up**.*

8. **ИЗ СПОРТИВНОГО ИНТЕРЕСА:** просто так; для удовольствия; для интереса. **Just for the fun/hell of it.**

    *Время от времени он знакомился с девушками на улице из чисто спортивного интереса. From time to time he picked up girls on the street, **just for the hell of it**.*

9. **НА СВОЁМ ПОЛЕ:** (выступать) на своей / на дружественной территории / перед дружественной группой людей/аудиторией / среди своих. **At home; (to play) a home game; on one's home ground.**

    (Из Интернета) Впервые крупный контракт на поставку самолётов для Американских военно-воздушных сил был отдан иностранной компании. Американцы были побиты на сво-

ём поле. For the first time a large contract to supply aircraft for the U. S. Air Force was placed with a foreign firm. The U. S. was beaten **on its home ground**.

10. **НАША ВЗЯЛА:** мы выиграли/победили. **Chalk one up for our side.**
    Наша взяла! После долгих переговоров наша компания всё же выиграла выгодный заказ. **Chalk one up for our side!** *After long negotiations, our company finally won the profitable order.*

11. **НИЧЬЯ/ВНИЧЬЮ:** совершенно одинаковый результат. **Tie; dead heat; draw.**
    Все представители прессы согласились, что дебаты закончились вничью. All the members of the press agreed that it would be correct to say that the debate ended **in a dead heat**.

12. **ПОЧИВАТЬ НА ЛАВРАХ:** быть удовлетворённым своими прошлыми достижениями и успокоиться на этом. **Rest on one's laurels.**
    Почивать на лаврах нам нельзя. Впереди — слишком много нерешённых проблем. We cannot allow ourselves **to rest on our laurels**. There are too many unsolved problems ahead.

13. **ЧУЖИЕ ЛАВРЫ СПАТЬ НЕ ДАЮТ:** завидовать чужим успехам. **To suffer from (a bad case of) envy; to be green with envy.**
    Хватит уже говорить о нём! Вам что, чужие лавры спать не дают? That's enough about him. What's the matter with you? Could you be **suffering from a bad case of envy**?

Отдельные виды спорта — Specific Sports Idioms

Бильярд — Billiards

14. **ЗАГНАТЬ В ЛУЗУ:** поставить в тяжёлое/безнадёжное положение. (*См.* **17. ЗАГНАТЬ В УГОЛ**). Push someone to the wall / up against a (the) wall.

    (*Из Интернета*) По Ираку ударили для того, чтобы загнать в лузу Сирию и Иран. Iraq was attacked in order to push Syria and Iran **up against the wall**.

Бой Быков — Bullfighting

15. **КАК КРАСНАЯ ТРЯПКА ДЛЯ/НА БЫКА:** кто-то/ что-то, что выводит кого-либо из равновесия / страшно раздражает. Like a red rag to a bull.

    Её появление всегда действовало на меня как красная тряпка на быка. For me her presence was always **like a red rag to a bull**.

Бокс — Boxing

16. **ДЕВУШКА/ЖЕНЩИНА — НОКАУТ:** девушка/женщина ослепительной красоты. **A knockout.**
    Вы видели нашу соседку? Она женщина такой красоты — просто нокаут. Have you seen our neighbor? So gorgeous, she is **a knockout.**

17. **ЗАГНАТЬ В УГОЛ:** припереть к стенке; поставить в очень трудное или безнадёжное положение. (*См.* **14. ЗАГНАТЬ В ЛУЗУ**) **Back/push/drive someone into a corner.**
    Показания неожиданного свидетеля загнали обвиняемого в угол. The evidence given by the surprise witness **drove the accused into a corner.**

18. **МАЛЬЧИК ДЛЯ БИТЬЯ**; (реже) **ДЕВОЧКА/КУКЛА ДЛЯ БИТЬЯ:** безвольный человек, которому достаётся от всех, кому не лень. **Punching bag.**
    Я так рада, что она ушла от мужа. Годами она была для него куклой для битья. For years, she was his **punching bag.**

19. **НОКАУТИРОВАТЬ:** одержать решительную победу. **To knock somebody out** (literally or figuratively); **give someone a knockout punch.**
    Одной остроумной репликой он нокаутировал своего оппонента. With a single rejoinder he **delivered a knockout punch** to his opponent.

20. **УДАР НИЖЕ ПОЯСА:** удар/действие против правил; предательский удар. **Hit below the belt, (deliver) a low blow.**
    Оппозиция пыталась привлечь внимание прессы к его семье — семье эмигрантов, что было ударом ниже пояса. The opposition attempted to focus media attention on his immigrant family, which was **hitting below the belt.**

Борьба — Wrestling

21. **МЁРТВАЯ ХВАТКА:** то, что душит/ «держит за глотку». **Stranglehold.**

Журналист утверждал, что по некоторым важным вопросам лоббисты держат Конгресс мертвой хваткой. The reporter asserted that on certain important issues lobbyists have Congress **in a stranglehold**.

Коньки — Skating

22. **ОТБРОСИТЬ КОНЬКИ** (жарг.): умереть; (жарг.) отбросить копыта, отдать концы; сыграть в ящик. **To die; kick the bucket; to cash in one's chips.**

(Из Интернета) Медицина в нашем провинциальном городке была на уровне каменного века. Не мудрено, что он отбросил коньки сразу после операции. In our provincial town, medicine was at a Stone Age level. No wonder, he **kicked the bucket** right after the operation.

Лёгкая атлетика — Track And Field

23. а) **ВТОРОЕ ДЫХАНИЕ:** новый всплеск/прилив энергии у кого-либо после периода усталости. **Second wind.**

б) **ПОЙМАТЬ/ОБРЕСТИ ВТОРОЕ ДЫХАНИЕ** (о человеке, о бизнесе и т.п.): обрести новые силы / новые надежды / новую энергию. **Get a second wind.**

Я думала, что иметь еще одного ребёнка после всех этих лет будет безумно трудно, но, похоже, у меня открылось второе дыхание. I thought that having one more child after all these years would be incredibly difficult, but it looks like I have gotten **my second wind**.

ОТДЕЛЬНЫЕ ВИДЫ СПОРТА — SPECIFIC SPORTS IDIOMS

24. **КАК БУДТО БЕЖАТЬ СТОМЕТРОВКУ:** короткий период бешеной активности. **As if running a hundred yard dash.**

    В первые дни он так набросился на работу, как будто бежал стометровку. At first he attacked his work **as if he were running a hundred yard dash.**

25. **МАРАФОН:** чрезвычайно длительный период работы или какой-то активности. **Marathon.**

    Прошлой ночью мы готовились к экзамену до полного изнеможения. Это был настоящий марафон. Last night we studied for the test until we were completely exhausted. It was a real **marathon.**

26. **НАСТУПАТЬ (КОМУ-ЛИБО) НА ПЯТКИ:** догонять кого-то; быть непосредственно позади (физически или в каком-либо деле). **To be hard on the heels of; to breathe down someone's neck.**

    Второй ураган буквально наступал на пятки первому. The second hurricane arrived literally **on the heels of the first one.**

27. **ПЕРЕДАВАТЬ ЭСТАФЕТУ:** уступить место / передать дело / работу кому-то (часто — более молодому человеку). **Pass the baton; pass on the torch.**

    Группа советников Сенатора выступила с неожиданной рекомендацией, что ему пора передать эстафету кому-то другому. The Senator's staff is advising him that it is time to pass the baton.

28. **ПОДНЯТЬ ПЛАНКУ:** увеличить/усилить требования; расширить цели. **To raise the bar.**

    Университет решил поднять планку для абитуриентов, приехавших из провинции. The university decided to **raise the bar** for out of state applicants.

29. **ТИШЕ ЕДЕШЬ, ДАЛЬШЕ БУДЕШЬ** (посл.): действуя медленно, но верно, добьешься настоящего успеха. **Slow and steady wins the race.**

    Тебе вовсе не нужно прочесть за первую неделю все книги по этому курсу. Тише едешь, дальше будешь. There is absolutely no need for you to read all the books for this course during the first week. **Slow and steady wins the race.**

30. **ФАЛЬСТАРТ:** неудачное, преждевременное начало. **False start.**

*Наш проект перестройки дома начался с фальстарта, когда мы наняли этого ужасного подрядчика; но теперь мы отказались от его услуг, и дела идут хорошо. Our project to renovate our house began with a **false start** when we hired that horrible contractor; but after we have fired him everything is going well.*

Лошадиные бега / Скачки — Horse Racing

31. **ГРЫЗТЬ УДИЛА:** терять терпение; рваться в бой. **Champing at the bit.**

*Пока остальные отсиживались и робели, он грыз удила, чтобы попробовать этот сенсационный трюк. While the others hung back nervously, he was **champing at the bit** to try this sensational trick.*

32. **ДЕРЖАТЬ В УЗДЕ:** держать чьи-то действия под контролем. **To keep in check; to hold on (tight) leash.**

*Что касается тренировок, тренер держал всех молодых спортсменов в узде. As for training, the coach kept all the young athletes **on a tight leash**.*

33. **ЗАКУСИТЬ УДИЛА:** заупрямиться; идти напролом, не считаясь со здравым смыслом. **Taking the bit in one's teeth.**

*Когда мы уже садились в машину, мой сын вдруг закусил удила, наотрез отказываясь ехать с нами. We were already sitting in the car when my son suddenly **took the bit in his teeth** and absolutely refused to come with us.*

34. **И В ХВОСТ И В ГРИВУ:** очень сильно, вовсю (подгонять кого-либо). About horses — **not sparing the horses;** otherwise — **with all one's might; really give it to someone.**

*Я пропустил пару семинаров, и за это профессор гонял меня на экзамене и в хвост и в гриву. I missed a couple of seminars and because of that, the professor **really gave it to me** on the exam.*

35. **ПОСТАВИТЬ НЕ НА ТУ ЛОШАДКУ:** сделать неправильный выбор. **Back the wrong horse.**

ОТДЕЛЬНЫЕ ВИДЫ СПОРТА — SPECIFIC SPORTS IDIOMS

К сожалению, мы поставили не на ту лошадку; человек, которого мы выбрали для нового проекта, за два месяца так ничего и не сделал. Unfortunately, we backed the wrong horse. The guy we picked for the new project hasn't done a thing in two months.

36. **СИДЕТЬ НА ХВОСТЕ:** идти по чьему-либо следу (при преследовании, погоне). **To tail.**

    Почти целый год полиция сидела на хвосте убийцы, пока, наконец, удалось его схватить. The police **tailed** the killer for almost a year until they were finally able to arrest him.

37. **С МЕСТА В КАРЬЕР:** сразу. **Right off the bat.**

    С места в карьер он заявил, что в такой обстановке работать невозможно. **Right off the bat**, he announced that he could not work under these conditions.

38. **ТЁМНАЯ ЛОШАДКА:** кандидат или претендент (напр., на какой-либо пост, награду), появившийся внезапно, возможность появления которого ранее не обсуждалась; тот, от которого не ожидают выигрыша. **Dark horse.**

    Новый Нобелевский Лауреат по литературе был поистине тёмная лошадка — никто не ожидал, что он станет победителем. The new Nobel Prize winner in literature was a real **dark horse** — no one expected him to win.

Лыжи — Skiing

39. **НАВОСТРИТЬ ЛЫЖИ:** быстро собраться, приготовиться уйти/убежать/удрать. **To take** (to be ready to take) **to one's heels; to show a clean pair of heels; to rush off** (to be about to rush off) **somewhere.**

    Как только я надел куртку, чтобы идти на свидание, мать тут же заметила это и спросила: «Куда это ты лыжи навострил?» As soon as I put on my jacket to go on a date, my mother noticed and asked "Where **are you rushing off to**?"

Охота — Hunting

40. ДЕЛИТЬ ШКУРУ НЕУБИТОГО МЕДВЕДЯ (*посл.*): распоряжаться тем, что ещё не имеешь. **Count your chickens (before they are hatched); sell the bearskin before you catch the bear.**

Наш ресторан не проработал и недели, а мы уже говорим о том, как использовать доход. Не рано ли делить шкуру неубитого медведя? Our restaurant hasn't even been in business a week and we are already talking about what to do with the profit. Isn't it a little early to be **counting our chickens**?

41. ДЕРЖАТЬ НОС ПО ВЕТРУ: приспосабливаться к обстоятельствам, беспринципно меняя своё поведение / свои убеждения. **To trim one's sail to the wind.**

Кажется, у нашего мэра есть только один принцип — держать нос по ветру. It seems as if the only principle our mayor has is to **trim his sail to the wind**.

42. ЗАМЕТАТЬ СЛЕДЫ: разрушать всё, что может быть использовано как свидетельство какой-то (часто криминальной) деятельности. **To cover up one's tracks/traces.**

Они уничтожили все документы в надежде замести следы подлога. The forgers destroyed all the documents in the hopes of **covering up their tracks**.

43. И СЛЕД ПРОСТЫЛ, КОГО-ЛИБО/ЧЕГО-ЛИБО: кто-либо исчез / что-либо исчезло без следа. **Someone/something vanished into thin air.**

Как только он узнал, что надо перетаскивать мебель на второй этаж, его и след простыл. As soon as he found out that the furniture had to be carried up to the second floor, he **vanished into thin air**.

44. НА ЛОВЦА И ЗВЕРЬ БЕЖИТ (*посл.*): ловец — тот, кто ловит, охотник. Говорится, когда заинтересованному в чем-то человеку попадается (встречается) именно тот, кого он хотел найти / кто нужен в данный момент, или то, что нужно. **Just the person or something I or someone wanted to see or was looking for.** Used when someone unexpectedly encounters a person he or she especially wanted to see or speak to *or something to see.*

ОТДЕЛЬНЫЕ ВИДЫ СПОРТА — SPECIFIC SPORTS IDIOMS 261

Очень хорошо, что вы пришли, товарищ Дорожин. На ловца, как говорится, и зверь бежит. Я хочу посоветоваться с вами по одному вопросу. (П. Воронин. В дальней стороне.) It's great that you came, comrade Dorozhin. **You are just the man I've been wanting to see.** I'd like to ask your advice about something. (P. Voronin. In a distant land.)

45. НА ОХОТУ ЕХАТЬ — СОБАК КОРМИТЬ (*посл.*): всё надо готовить во время — не в последнюю минуту. **Only remember to fix the roof after it starts to rain.**

«*Она никогда не одевалась вовремя. Но перед самым выездом она, полуголая, мчалась в соседнюю комнату и вихрем пролетала назад. Мария Алексеевна пожимала плечами и уходила к себе недовольная. — На охоту ехать — собак кормить». (Ю. Тынянов. Пущин.)* "She never got dressed on time. Right before she had to leave, she would dash into the next room half-naked and dash out like a whirlwind. Mariya Alekseyevna would shrug her shoulder and go to her own room in a bad temper, saying, 'She **never thinks of fixing the roof until it starts to rain.'"** (Yury Tynyanov. Pushchin.)

46. НАПАСТЬ НА ЧЕЙ-ЛИБО СЛЕД: выследить; отыскать какие-то сведения о ком-либо/чём-либо. **To track someone down.**

После нескольких неудач, полиция напала на след бандита. After several unsuccessful attempts, the police **tracked down the criminal.**

47. НИ ПУХА, НИ ПЕРА: пожелание удачи. **Good luck; break a leg.**

Каждый раз, когда мы идём сдавать экзамен, мы говорим друг другу: «Ни пуха, ни пера!» Every time we go to take an examination, we tell each other to **"break a leg".**

48. ОХОТА НА ВЕДЬМ: выявление неугодных лиц и гонения на них. **Witch-hunt.**

Как только он стал директором, он устроил настоящую охоту на ведьм, пытаясь разузнать, кто же мешал так долго его выдвижению. As soon as he was made director he began a real **witch-hunt**, trying to find out who had interfered with his advancement for so long.

49. **ОХОТНИЧЬИ РАССКАЗЫ:** рассказы с сильными преувеличениями. **Fish stories.**

*Я думаю, что все его грандиозные истории — не более, чем охотничьи рассказы. I think that all his impressive tales are nothing more than typical **fish stories**.*

50. **ПО ГОРЯЧИМ СЛЕДАМ:** без потери времени; немедленно, непосредственно за каким-то событием. **To let no grass grow under one's feet; to waste no time.**

*По горячим следам следователи установили, что ущерб от пожара может составить почти миллион долларов. The investigators **wasted no time** in establishing that the fire damage might reach almost a million dollars.*

51. **ПОРОХА НЕ ХВАТАЕТ:** недостаёт силы, энергии или смелости сделать что-то. **To be too weak for something; not have the guts for something; to have lost one's nerve.**

*Тебе осталось всего три экзамена до окончания университета. Соберись с силами. Неужели у тебя пороха не хватает? There are only three examinations left before you graduate. Pull yourself together. Can it be that you **have lost your nerve**?*

52. **РЕДКО, ДА МЕТКО:** делать что-то редко, но хорошо или как раз то, что надо. (От фразы полководца А. В. Суворова: «Стреляй редко, да метко!») **To do something seldom but well; to talk little but to say much.**

*На самых важных экзаменах мой сын, довольно средний студент, всегда получает отличные оценки. Вот уж действительно: «Редко, да метко!» My son, quite an average student, always gets the highest grade on the most important exams. **He doesn't do it often, but when he does, he does it well**.*

53. **СТРЕЛЯНЫЙ ВОРОБЕЙ:** опытный человек, которого так легко не обманешь / на мякине не проведёшь. **An old hand; someone who has been around.**

*«Деньги — вперёд», — сказал он. «Я — стреляный воробей, и никаким обещаниям не верю». "The money up front," he said. "I have **been around** and put no trust in promises."*

54. **УБИТЬ ДВУХ ЗАЙЦЕВ ОДНИМ УДАРОМ/ВЫСТРЕЛОМ:** всюду успеть; сделать несколько дел сразу. **Kill two birds with one stone.**

ОТДЕЛЬНЫЕ ВИДЫ СПОРТА — SPECIFIC SPORTS IDIOMS

Я убила двух зайцев одним ударом, когда отдала эту одежду. Я сделала пожертвование в благотворительную организацию, и, наконец-то, освободила место в шкафу. **I killed two birds with one stone** *when I gave away my clothing. I contributed to a charity and finally I have some extra space in my closet.*

Парусный спорт / Плавание — Sailing / Swimming

55. ИДТИ /ПЛЫТЬ ПРОТИВ ТЕЧЕНИЯ: идти против общепринятого направления мысли/идей/мнений/привычек. **To go (swim) against the current/ flow/ stream/ tide.**

Все его считали оригиналом: на самом деле, он был просто независимым человеком, и, если ему надо было отстаивать своё собственное мнение, он никогда не боялся плыть против течения. Every one considered him an eccentric, but actually he was simply independent, and, if he felt the need to stand up for his own opinions, he was never afraid to **swim against the current***.*

56. МЕЛКО ПЛАВАТЬ: жить, не ставя перед собой крупных целей. **To have little ambition.**

Он никогда не выбьется в большие начальники — слишком мелко плавает. He never will make a high level manager; he does **not have enough ambition***.*

57. ПЛЫТЬ ПО ТЕЧЕНИЮ: делать или думать, как большинство людей; приспосабливать свои принципы к превалирующему направлению. **To go/ swim with the stream/current; to follow the crowd; go with the flow.**

Он вечно твердил, что, если плыть по течению, то жить проще. He constantly said that if **you follow the crowd** *your life will be easier.*

58. САДИТЬСЯ НА МЕЛЬ; СИДЕТЬ НА МЕЛИ: попасть в затруднительное положение; быть в затруднительном положении из-за отсутствия денег. (Literally) **To run aground. Be completely/virtually without means; be in dire straits; get into trouble for lack of money.**

*К концу лета ни у кого не осталось денег — мы все сидели на мели. By the end of the summer no one had any money, we **were all in dire straits**.*

Прыжки в воду — Diving

59. ТРАМПЛИН: что-то, что помогает начать карьеру. **Springboard; trampoline.**
*Три года на позиции мэра послужили ему трамплином, чтобы выставить свою кандидатуру в Сенат. His three years as mayor was his **springboard** to becoming a candidate for the Senate.*

Рыбная Ловля — Fishing

60. БЕЗ ТРУДА НЕ ВЫТАЩИШЬ И РЫБКУ ИЗ ПРУДА: без усилий ничего не добьёшься. **A cat in gloves catches no mice; no pain no gain.**
*Когда я стал жаловаться, как трудно учить второй язык, отец сказал мне: «Без труда не вытащишь и рыбку из пруда». When I would start to complain about how hard it was to learn another language, my father would say, "**No pain, no gain.**"*

61. В МУТНОЙ ВОДЕ РЫБУ ЛОВИТЬ: извлекать выгоду, пользуясь чужими затруднениями. **To fish in troubled waters.**
*Для тех, кто готов ловить рыбку в мутной воде, всегда есть возможность заработать на любом стихийном бедствии. You can always make a profit from any natural disaster if you are prepared **to fish in troubled waters**.*

62. ЗАКИДЫВАТЬ/ЗАБРАСЫВАТЬ УДОЧКУ: осторожно узнавать о ком-либо или о чём-либо. **To put out feelers.**
*Расспрашивая нас о работе, он явно забрасывал удочку, пытаясь узнать, нет ли у нас необходимости в специалистах его профиля. He clearly was asking about our jobs because he was **putting out feelers** to find out if they were hiring people of his profile.*

63. КЛЮНУТЬ НА КРЮЧОК: попасть в невыгодное положение, прельстившись чем-либо (*см.* **68. ПОЙТИ/ПОПАСТЬСЯ НА УДОЧКУ**).

64. ЛОВИТЬ НА КРЮЧОК: стараться женить кого-либо на себе; стараться "подцепить" выгодного жениха / богатого любовника. **To try to hook a husband/ wife/ rich lover.**

После третьего замужества стало ясно, что её главная цель в жизни — ловить на крючок богатых бизнесменов и высасывать из них как можно больше денег. After her third marriage, it became clear that her main goal in life was **to hook** rich businessmen and get as much money as she could out of them.

65. ЛОВИТЬ НА УДОЧКУ: стремиться использовать кого-либо в своих интересах, играя на каких-то слабостях человека; стараться обмануть/ обдурить кого-то. **To reel someone in.**

Газета рассказала о том, как бандиты, выдавая себя за финансовых специалистов, ловят стариков на удочку и выманивают у них деньги. The newspaper said that the confidence men pretended to be financial advisers in order **to reel in** old people and get their money.

66. НА БЕЗРЫБЬЕ И РАК РЫБА (*посл.*): лучше хоть что-нибудь, чем ничего. **Better are small fish than an empty dish; all are fish that come to the net.**

Любая программа лучше неизвестности. Как говорят: «На безрыбье и рак — рыба». Any program is better than uncertainty. As they say, "all are fish that come to the net."

67. ПОЙМАТЬ НА УДОЧКУ/НА КРЮЧОК: обмануть/перехитрить кого-либо; «подцепить» жениха/невесту (часто — выгодного/выгодную). **Hook someone.**

Мой брат очень доверчив; его легко поймать на удочку. My brother is extremely trusting and it is easy **to hook** him.

68. ПОЙТИ/ПОПАСТЬСЯ НА УДОЧКУ: поддаться обману; дать себя перехитрить/ одурачить. **To be hooked by; to swallow the bait; to rise to the fly.**

Как не попасться на удочку мошенников при покупке старого автомобиля? How do you keep from **being hooked** by crooks when you are buying a used car?

69. **РЫБАК РЫБАКА ВИДИТ ИЗДАЛЕКА** (посл.): единомышленники / люди, одинаковые по происхождению / по духу / по интересам тянутся друг к другу. Эта пословица часто употребляется в отрицательном смысле. **Birds of the feather flock together; it takes one to know one.**

Куда бы ни поехал мой брат, он мгновенно знакомится с какими-то подозрительными личностями. Рыбак рыбака видит издалека. Wherever my brother went, he immediately met up with suspicious characters just like him. ***Birds of a feather flock together.***

70. **СМАТЫВАТЬ УДОЧКИ:** торопиться уехать/ убежать/ удрать/уйти; (жаргон) слинять, напр., боясь рисковать чем-то. **Bug out; bail out; turn tail and run; hightail it out of somewhere; to take to one's heels.**

Я просто помираю здесь от скуки. Не пора ли сматывать удочки? I am simply dying of boredom here. Isn't it about time **to hightail it out?**

Стрельба в цель — Target Shooting

71. **БИТЬ МИМО ЦЕЛИ:** не достигать заданной или задуманной цели; «мазать». **Miss the mark.**

К сожалению, их реклама явно била мимо цели. Unfortunately, their ad clearly **missed the mark.**

72. **ПОПАСТЬ В САМУЮ ТОЧКУ:** сделать как раз то, что нужно. **Hit the bull's eye; hit the mark.**

Он попал в самую точку, когда сказал, что если наш бизнес не переориентируется, то мы обанкротимся. He **hit the mark** when he said that if our business does not change we will go bankrupt.

73. **СТРЕЛЬНУТЬ ЧТО-ЛИБО:** выпросить что-то, например, сигарету. **To bum something (e.g. cigarette).**

Когда я учился в школе, мы всегда пытались стрельнуть сигаретку у студентов университета, который был рядом с нашей школой. When I was at school, we were always trying **to bum** cigarettes from the students at the university next door.

Футбол (не Американский) — Soccer

74. 1:0 (ОДИН НОЛЬ) В ЧЬЮ-ЛИБО ПОЛЬЗУ: так говорят, когда кому-то или чему-то удаётся добиться некоторого преимущества в чём-либо; так говорят о человеке, который привёл особенно убедительный аргумент или сказал что-то особенно остроумное. **To score a point; one nothing (somebody's) favor; the score is one to nothing (somebody's) favor.**

*Если она с тобой не рассталась после этой неприятной истории, считай, что это 1:0 в твою пользу. If she did not leave you after that unpleasant incident, **it is one to nothing in your favor.***

75. ДАТЬ ПЕНДЕЛЯ (пендель — жарг.) — одиннадцатиметровый штрафной удар — penalty kick): дать кому-то под зад. **Give somebody a kick in the pants** (literally). Kids do it all the time.

*Дать пенделя или, как иногда говорят, ударить кого-то по «пятой точке» — любимое занятие мальчишек, а иногда и клоунов. **Giving someone a kick in the pants**, is a favorite trick of little boys and sometimes clowns as well.*

76. ИГРА В ОДНИ ВОРОТА: полное преимущество одной группы над другой или действие на пользу одной группы против другой. **One-sided affair/ contest/play/rout.**

*Статья в журнале для женщин: «Игра в одни ворота, или безответная любовь». Title of an article in a women's magazine: **One-sided play** or unrequited love.*

77. ЗАБИТЬ ГОЛ В СВОИ ВОРОТА: своими действиями причинить вред самому себе. **Own goal; to shoot oneself in the foot.**

*Все смеялись, когда Ральф «забил гол в свои ворота». Через неделю, после того, как он предложил штрафовать сотрудников за опоздания, он был первым, кому пришлось платить. Everyone laughed at Ralph's **own goal**. A week after he proposed to fine employees for being late he was the first who had to pay.*

78. ОТФУТБОЛИТЬ: 1) отвязаться. **Get rid of.**

*(Из Интернета) Как отфутболить парня, если он в тебя безумно влюблен? How can you **get rid of** a guy if he is madly in love with you?*

2) Перенаправить человека, задание, документ и т.п. кому-либо или куда-либо в другую инстанцию, напр. отфутболить

жалобу в другую инстанцию. **Unload onto** (with negative connotations); redirect or reassign (neutral).

Он ненавидел спешку и всегда старался отфутболить срочную работу кому-нибудь другому в отделе. He hated rushing and always tried to **unload tasks** that had to be done in a hurry **onto somebody else** in his department.

Хоккей — Hockey

79. **ВСЁ ХОККЕЙ!** (Вариация фразы «Все ОК!»): все в ажуре, все в порядке, все хорошо и т.п. **Everything is hunky-dory!**

    Наш сын пришёл из школы с подбитым глазом и на мой немой вопрос бойко сказал: «Всё хоккей!» Our son came home from school with a black eye and when I looked at him questioningly, simply said, "**Everything is hunky-dory!**"

Шахматы — Chess

80. **БЫТЬ В ЦЕЙТНОТЕ** (*См.* **84. ПОПАСТЬ В ЦЕЙТНОТ**)

81. **ДОМАШНЯЯ ЗАГОТОВКА:** что-то умно/хитро подготовленное заранее, что является полной неожиданностью для противоположной стороны/для слушателей и т.п. **Ace up one's sleeve; something prepared/planned in advance.**

    Он никогда не рисковал на сцене. Все его "неожиданные" шутки, на самом деле, были домашними заготовками. He never took risks on stage. All his seemingly impromptu tricks he had actually **planned out in advance**.

82. **ПАТОВАЯ СИТУАЦИЯ:** безвыходная ситуация, когда нет победителей — оба в тупике; ситуация, не имеющая решения. **Stalemate situation; an impasse or deadlock; a no-win situation in which both sides are unable to move forward, no progress can be made; a situation or problem that cannot be resolved.**

ОТДЕЛЬНЫЕ ВИДЫ СПОРТА — SPECIFIC SPORTS IDIOMS

(Из Интернета) Ситуация создалась действительно тупиковая, так как ни оппозиционным, ни правительственным войскам не удаётся одержать верх. Эта патовая ситуация объясняется тем, что ни у одной из сторон нет чётких ориентиров. (From the Internet) The situation is truly **at an impasse**, since neither the oppositions not the government troops are able to maintain an advantage. This **stalemate** has arisen because neither side has clear-cut goals.

83. **ПЕШКА:** незначительный/несамостоятельный человек; тот, от кого ничего не зависит; пустое место; человек, который всегда под чьим-то контролем. **Pawn.**

Иногда я чувствовал, что мы, дети, были просто пешками в игре, которую играли наши разведённые родители. Sometimes I felt that we children had simply been **pawns** in the game played by our divorced parents.

84. **ПОПАСТЬ В ЦЕЙТНОТ:** оказаться в ситуации, когда тебе не хватает времени на что-либо. **To have time trouble; to race against time.**

Перед окончанием проекта конструкторы попали в цейтнот, и, чтобы не наделать ошибок в спешке, план внедрения продукта был скорректирован. The design engineers had been **racing against time** to finish the project and, then, to avoid errors caused by time pressure, the plan for adopting the product was revised.

85. **ХОД КОНЁМ:** умное, хитрое действие. **Shrewd move.**

Наш босс сделал ход конём, сделав своей помощницей женщину, которая вечно с ним спорила. План удался: с такой же страстью она стала защищать его интересы. Our boss made a **shrewd move** when he appointed as his assistant the woman who was always arguing with him. His plan succeeded: she put the same passion into protecting his interests.

Карточные игры — Card Games

86. **ВЫЛОЖИТЬ**/(реже) **ВЫСТАВИТЬ СВОИ КОЗЫРИ**: привести самые сильные доводы/ аргументы/доказательства в подтверждение чего-либо. **Play one's aces.**

    *Адвокаты подсудимых готовятся выложить свои козыри, и, надо признать, у них есть веские аргументы. The defence lawyers are getting ready to **play their aces**, and it must be acknowledged, their arguments are persuasive.*

87. **ДЕРЖАТЬ ВСЕ КОЗЫРИ В РУКАХ:** контролировать все события/действия; доминировать/ иметь преимущество. **Run the table; hold all the cards.**

    «Женщины обычно держат все козыри в руках, но всегда проигрывают последнюю ставку». (Оскар Уайльд) *"Woman typically **hold all the cards**, but always lose the last hand." (Oscar Wilde)*

88. **ЗНАЛ БЫ ПРИКУП, ЖИЛ БЫ В СОЧИ** (Сочи — известный курорт в России, где собираются профессиональные игроки в преферанс / карточные шулера / карточные акулы): намёк на то, что невозможно предугадать заранее, что сделать, чтобы выиграть в жизни; знать бы все секреты в жизни, выиграл бы всё на свете / был бы всегда в выигрыше.

    (Из газеты) Знал бы прикуп, жил бы в Сочи. Дальновидные москвичи скупают сочинские земли. Через несколько лет цены на них взлетят. (Literal meaning) If I knew everything in advance, I would always win; If it weren't for the ifs, I'd be rich. If I knew what horse was going to win, I'd move to Pimlico.
    (Сравните с пословицей: *«Кабы знал, где упасть, соломки бы подстелил»*, т. е. знал бы всё заранее / знал бы заранее, что делать, не проиграл бы / не был бы в проигрыше. *Forewarned is forearmed; a danger foreseen is half avoided; had I known where I would fall I wouldn't have come to that place at all.* Примечание: Первое выражение имеет более активное, агрессивное зна-

чение «Знал бы всё заранее, всегда бы выигрывал»; второе выражение носит пассивный, защитный характер «...я бы не проиграл»).

89. ИГРА НЕ СТОИТ СВЕЧ (*посл.*): невыгодное/нестоящее дело, которое не окупает затраченных сил, времени и/или денег. **The game isn't worth the candle.**

Я работал, как зверь, чтобы произвести впечатление на босса. Когда придёт время получать бонусы, посмотрим, стоила ли игра свеч. I have worked like a dog to make a good impression on my boss. When the time comes for handing out bonuses, we will see whether **the game was worth the candle**.

90. ИГРАТЬ МЕЧЕНЫМИ КАРТАМИ: вести нечестную игру; жульничать; мухлевать; обманывать. (Literally) **Play with cheaters/ marked cards; cheat; trick.**

(Из московский газеты) Политика, при которой жюри конкурса на лучшую песню для кинофильмов постоянно должно думать о последствиях своего решения, лишает конкурс настоящей интриги. Весь конкурсный расклад тогда становится похож на игру мечеными картами. The policy according to which the jury of the competition for the best movie song must constantly think about the consequences of its decision deprives the competition of any mystery. Then the entire competitive deal becomes like **playing with marked cards**.

91. И КАРТЫ В РУКИ, КОМУ-ЛИБО: что-либо надлежит делать тому, у кого это лучше получается / у кого, все данные для выигрыша; это дело как раз для того или иного человека. **It's right up someone's alley; it's just the thing for someone who knows the ropes.**

Вы уже несколько лет занимаетесь этим продуктом. Вам и карты в руки — продолжать его усовершенствование. You have worked with this product for a number of years. Continuing to improve it is **right up your alley**.

92. ИМЕТЬ КАРТ-БЛАНШ: иметь полную свободу действий. **To have carte blanche; to have permission to do anything; to have free rein or a blank check.**

Мы дали декоратору карт-бланш во всем, что касается нашего летнего дома. We gave the decorator **carte blanche** regarding our summer home.

93. **ИМЕТЬ КОЗЫРЬ В ЗАПАСЕ:** иметь в запасе какое-то секретное «оружие»; иметь в запасе какой-то очень сильный довод. **Have an ace in the hole; have an ace up one's sleeve.**

Кажется, он не был огорчён, что переговоры не складывались так, как он бы хотел. Мы начали задаваться вопросом, нет ли у него пары козырных тузов про запас. He did not seem to be upset that the negotiations had not gone his way. We began to wonder whether he had **an ace up his sleeve**.

94. **КАРТА БИТА, ЧЬЯ-ЛИБО:** (кто-либо) проиграл и т.п.; игра проиграна; трюк не удался. (Употребляется с разными местоимениями). **The game is up.**

Когда он увидел, что полицейская машина подъехала к его дому, он понял, что его карты биты. When he saw the police car pulling up to his house, he realized that the **game was up**.

95. **КАРТА ПОШЛА:** обстоятельства складываются удачно для кого-либо. **Someone lucked out, someone won the lottery.**

Вдруг карта пошла. На этой неделе мы наняли на работу пять программистов — один лучше другого. Suddenly **we lucked out**. In the course of one week we hired five programmers — one better than the next.

96. **КАРТЫ НА СТОЛ:** пусть чьи-то тайные намерения/планы станут известными, очевидными. **Put (Let's put our) your cards on the table.**

Я собираюсь выложить все карты на стол. Вот то, что нам нужно в доме, и вот, что мы можем себе позволить. I am about to **put all my cards on the table**. This is what we need done to our house and this is what we can afford.

97. **КОЗЫРИ БИТЫ, ЧЬИ-ЛИБО** (*См.* **94. КАРТА БИТА, ЧЬЯ-ЛИБО**)

98. **НЕ ВЕЗЁТ В КАРТАХ — ПОВЕЗЁТ В ЛЮБВИ:** популярная шутливая пословица. (Literally) **Unlucky at/in cards, lucky in love.** (Also, in both English and Russian, the opposite version is implied) **Lucky at cards, unlucky in love.** *Везёт в картах — не везёт в любви.*

Я думаю, моей жене не понравится, что я всю ночь играл где-то в карты. Ну, что ж, везёт в картах — не везёт в люб-

*ви. I suppose my wife will be unhappy that I stayed out all night playing cards. Oh, well, **lucky at cards, unlucky in love**.*

99. ОКАЗАТЬСЯ/ОСТАТЬСЯ ПРИ ПИКОВОМ ИНТЕРЕСЕ: остаться ни с чем; остаться на бобах / у разбитого корыта. **To be out in the cold; to be left holding the bag.**

*Для рекламы нашей группы мы сделали ставку именно на этот концерт, а его в последнюю минуту отменили. И остались мы при пиковом интересе. We had counted on this concert in particular to advertise our group and then, at the last minute, it was canceled and **we were left out in the cold**.*

100. ОТКРЫТЬ/РАСКРЫТЬ КАРТЫ: раскрыть намерения. **To disclose one's intentions; to show one's hand** (maybe, inadvertently).

*Я пытался вовлечь его в длительный разговор в надежде, что он раскроет свои карты. I tried to involve him in a long conversation in the hope that he would **show his hand**.*

101. ПИКОВОЕ ПОЛОЖЕНИЕ /ПИКОВАЯ СИТУАЦИЯ: затруднительное/трудное/тяжёлое/сомнительное положение; то же о ситуации. **A tight spot; dire straits; foul-up.**

*Пойманный на плагиате, профессор оказался, прямо скажем, в пиковом положении. When he was caught plagiarizing the professor found himself in **a tight spot**.*

102. ПЛОХОЙ РАСКЛАД: обстоятельства сложились неудачно. **Bad/ tough break; in the worst case.**

*При плохом раскладе, скажем, если будет три человека на место, вы можете и не попасть в эту школу, так как не живёте в этом городе. **In the worst case,** for example if there are three applicants for every place in the entering class, you may not get into that school because you are not a resident of the town.*

103. ПОСЛЕДНЯЯ КАРТА: последний шанс изменить положение в свою пользу / добиться успеха. **Last resort; last chance.**

*Разоблачение связей оппонента с сомнительными политическими фигурами было его последней картой, которую он должен был разыграть немедленно. Disclosure of his opponent's ties to suspicious political figures was **his last chance**, which he needed to resort to immediately.*

104. ПОСТАВИТЬ ВСЁ НА ОДНУ КАРТУ: связать все свои деньги/надежды/ планы/шансы с чем-то одним, каким-то одним действием/человеком и т.п. **To put all one's eggs in one basket; stake all the money on one card.**

В 70–80-е годы XX века Россия поставила всё на одну карту — на высокие цены на нефть, и проиграла. **In the 1970s and 80s, Russia staked it all on a single card** *— the high price of oil, and she lost.*

105. СПУТАТЬ/СМЕШАТЬ КАРТЫ КОМУ-ЛИБО: разрушить чьи-то планы, расчёты. **Mess things up for someone; to upset someone's applecart.**

Неожиданный страшный ливень спутал все карты организаторов теннисного чемпионата. **The unpredicted terrible rainstorm upset the applecart** *for those who had organized the tennis championship.*

106. СТАВИТЬ/ПОСТАВИТЬ ВСЁ НА КАРТУ: подвергнуть риску/опасности свое благосостояние/жизнь/репутацию и т.п. в надежде на выигрыш/выгоду. **To risk everything; to go for a broke.**

Он оставил высокооплачиваемую работу в больший компании, и, поставив всё на карту, открыл свой собственный бизнес. **He left a high-paying job in a large company and, risking everything,** *started his own business.*

107. ТУЗ: большой начальник; большая шишка. **Kingpin.**

«Ты слышал? В отпуск он улетел первым классом — туза из себя корчит». "**Did you hear? He flew first class** *— making himself out to be some kind of* **kingpin.**"

108. ХОДИТЬ КОЗЫРЕМ: держаться высокомерно/самодовольно/самоуверенно; иметь важный/самодовольный вид/манеру; важничать; ходить гоголем. (Не путать с обычным карточным термином такого же написания!) **Swagger; walk in like one owns the place.**

На его место прислали другого полицейского. Этот не ходит козырем, тихий-тихий, точно сам всех боится. **They sent another policeman in his place. This one did not act like he owned the place,** *but seemed timid as if he himself was afraid of everybody.*

Детские игры — Children's Games

109. ИГРАТЬ В БИРЮЛЬКИ (от старинной семейной игры): возиться с кем-то зазря; тратить время впустую; цацкаться с кем-то. (Literally) **To play jackstraw; to mollycoddle (indulge) somebody; to waste time;**

Хватит прощать ему все его выходки. Он уже не мальчик. Я больше не намерен играть с ним в бирюльки. He isn't a little boy any more. I am no longer willing to **indulge** him.

110. ИГРАТЬ В ПРЯТКИ: скрываться или скрывать что-либо от кого-то. **To play hide-and-seek.**

Не надо играть со мной в прятки. Скажи прямо, что случилось. Stop **playing hide-and-seek** with me. Tell me straight out what happened.

Пословицы, подобные спортивным идиомам — Proberbs Similar to Sports Idioms

111. **ВЫШЕ ГОЛОВЫ НЕ ПРЫГНЕШЬ / ВЫШЕ СЕБЯ НЕ ПРЫГНЕШЬ / ПОПЕРЁК СЕБЯ НЕ ПЕРЕПРЫГНЕШЬ:** ты не можешь сделать больше того, на что ты способен. **You can't do more than you can; a person can only do so much.**

    Нет, эта задача мне не по силам. Что ж — выше головы не прыгнешь! No, this task is too much for me, **I can only do what I can do**.

112. **НЕ СКАЖИ/ГОВОРИ ГОП, ПОКА НЕ ПЕРЕПРЫГНЕШЬ:** сначала сделай, а потом хвались. **Don't count your chicken before they are hatched; don't whistle/halloo until you are out of the woods.**

    Перестань говорить всем, с каким результатом ты пробежишь стометровку. «Не скажи гоп, пока не перепрыгнешь». Stop telling everyone what your 100 meter dash time is going to be. **Don't count your chickens before they're hatched**.

English Idiom Index — Алфавитный указатель английских идиом

Idiom	Page
0 FOR (also ZERO FOR)	1
110 PERCENT	2
90-POUND WEAKLING	780
A GAME ANY NUMBER CAN PLAY	955
A LOT ON THE BALL, TO HAVE	146
ABOVE BOARD	798
ABOVE/BELOW PAR	663
ACCORDING TO HOYLE (or NOT ACCORDING TO HOYLE)	797
ACE IN THE HOLE	799
ACE SOMETHING, TO	342
ACROSS THE BOARD	367
AFTER BIGGER GAME	721
AGAINST ALL ODDS	368
AGAINST THE CLOCK	536
AHEAD OF (BEHIND/BEHIND IN) THE COUNT	147
AHEAD OF THE GAME	3
AHEAD OF THE PACK	369
AHEAD ON POINTS	431
AIR BALL	251
ALL IS FISH THAT COMES TO THE NET	682
ALL OVER BUT THE SHOUTING	4
ALL OVER THE BALLPARK	148
ALL THE RIGHT MOVES, TO HAVE/MAKE	885
ALL WORK AND NO PLAY MAKE JACK A DULL BOY	969
ALL-AMERICAN	278
ALSO RAN	370
ANCHORMAN	339
ANTE UP, TO	800
ANY PORT IN A STORM	595
ANYONE'S/ANYBODY'S GAME, IT'S	5
ARMCHAIR QUARTERBACK	279
ARMS RACE	537
AS EASY AS SHOOTING FISH IN A BARREL	683
ASPHALT/SIDEWALK SURFING	644
AT BAT	149
AT SEA	596
AT STAKE	901
AT THE DROP OF A HAT	432
AT THE HELM	597
AT THE TOP OF ONE'S GAME	6
AT THIS STAGE OF THE GAME	7
A-TEAM	8
ATHLETE'S FOOT	9
ATHLETIC SUPPORTER OR JOCK STRAP	10
BABY NEEDS A NEW PAIR OF SHOES	902
BACK THE WRONG HORSE, TO	371
BACK TO SQUARE ONE	956
BACKHANDED COMPLIMENT	343
BACK-PEDAL, TO	355
BAD BALL HITTER	150
BAD CALL	11
BAG, TO	722
BAIL OUT, TO	598
BAIT AND SWITCH	684

BALD AS A BILLIARD BALL	943	BLOW OFF COURSE, TO	600
BALL'S IN SOMEONE'S COURT, THE	344	BLUE CHIP	804
		BOB AND WEAVE, TO	436
BALLPARK FIGURE	151	BODY BLOW	437
BARE-KNUCKLE	433	BODY ENGLISH	659
BARGAINING CHIP	801	BOOBY/CONSOLATION PRIZE, TO WIN THE	971
BARK UP THE WRONG TREE, TO	723	BOTTOM OF THE NINTH	162
BAT A THOUSAND, TO	152	BOUNCE BACK, TO	14
BAT AROUND, TO	153	BOWL SOMEONE OVER, TO	268
BATTING AVERAGE	154	BOX SCORE	163
BATTING ORDER	155	BOXER SHORTS	438
BAY FOR BLOOD, TO	724	BREAK AWAY FROM THE PACK, TO	356
BE A (GOOD) SPORT	12		
BEAN SOMEONE, TO	156	BREAK COVER, TO	729
BEARING DOWN ON	599	BREAK EVEN, TO	904
BEAT AROUND THE BUSH, TO	725	BREAK THE BANK, TO	905
BEAT SOMEONE AT HIS/HER OWN GAME, TO	13	BRING TO BAY, TO	730
		BUCK FEVER	731
BEAT SOMEONE TO THE PUNCH, TO	434	BUFF	781
		BULK UP, TO	782
BEAT THE BUSHES, TO	726	BUSH LEAGUE	164
BEAT THE ODDS, TO	372	BY A NOSE	374
BEATEN AT THE POST	373	CALL AN AUDIBLE, TO	281
BEATS ME	802	CALL OFF YOUR DOGS, TO	732
BEHIND THE EIGHT BALL	944	CALL SOMEONE'S BLUFF, TO	805
BENCH STRENGTH	157	CALL THE SHOTS, TO	945
BENCH WARMER	158	CALL THE SIGNALS, TO	282
BEST BET	903	CALLED ON ACCOUNT OF RAIN	15
BIG LEAGUE(S)	159	CAN'T/DOESN'T LAY A GLOVE ON SOMEONE	439
BINGO!	957		
BIRD IN THE HAND IS WORTH TWO IN THE BUSH, A	727	CARD TABLE	806
		CARRY THE BALL, TO	283
BIRDDOG, TO	728	CARRY THE TEAM (ON ONE'S SHOULDERS), TO	16
BITE THE DUST, TO	521		
BLACK AS THE ACE OF SPADES	803	CARTE BLANCHE, TO HAVE	807
BLACK BELT	519	CASH IN ONE'S CHIPS, TO	906
BLEACHERS	160	CAST ONE'S LOT WITH, TO	907
BLINDMAN'S BUFF, TO PLAY	970	CAST THE NET WIDE, TO	685
BLINDSIDE, TO	280	CATCH SOMEONE OFF GUARD, TO	512
BLOOPER	161		
BLOW BY BLOW ACCOUNT	435	CATCH THE BRASS RING	972

ENGLISH IDIOM INDEX

CATCH THE WAVE, TO	645	COWBOYS AND INDIANS,	
CATCH-UP BALL, TO PLAY	284	TO PLAY	977
CHALK SOMETHING UP		CRAP OUT	910
TO EXPERIENCE, TO	946	CRAPSHOOT/ CRAP GAME, A	911
CHAMPING AT THE BIT	375	CRESTFALLEN	964
CHANGE OF PACE	17	CREW CUT	588
CHANNEL SURFING	646	CREWNECK	589
CHART A COURSE, TO	601	CROSS SWORDS, TO	513
CHEAP SHOT	18	CRUISING	603
CHECK, TO KEEP IN	886	CRY FOUL, TO	25
CHECKERED CAREER/PAST	958	CRY UNCLE	978
CHEERLEADER	19	CURVE BALL	168
CHILD'S PLAY	973	CUT A DEAL, TO	809
CHOOSE UP SIDES	974	CUT ONE'S LOSSES, TO	912
CLAY PIGEON	733	CUT QUITE A FIGURE, TO	789
CLEAR A HURDLE, TO	550b	DANCING IN THE END ZONE	285
CLOSE CALL	20	DARK HORSE	376
CLOSE ONLY COUNTS		DEAD HEAT	377
IN HORSESHOES	719	DEAD SET ON (AGAINST)	737
CLUTCH HITTER	165	DEADLOCK	527
COLD TRAIL/SCENT	734	DEAL FROM THE BOTTOM	
COLOR INSIDE (OUTSIDE)		OF THE DECK, TO	810
THE LINES	975	DEAL ME IN (OUT)	811
COME /TURN UP TRUMPS, TO	808	DEALT A BAD HAND:	812
COME AWAY EMPTY-HANDED,		DECK STACKED AGAINST	
TO	735	ONE, TO HAVE THE	813
COME FULL CIRCLE, TO	908	DECOY	738
COME IN / PASS THROUGH		DESK JOCKEY	378
WITH FLYING COLORS, TO	602	DIBS ON, TO HAVE	979
COME OUT OF LEFT FIELD, TO	166	DICEY	913
COME UP /ROLL SNAKE		DIG IN ONE'S HEELS, TO	340
EYES, TO	909	DIRTY POOL	947
COME UP TO SCRATCH, TO	440	DISK JOCKEY	379
COMEBACK KID	21	DIVE IN HEAD FIRST, TO	583
COMPETITIVE SPORT, (NOT) A	22	DIVE RIGHT IN	584
CONFIDENCE GAME	23	DO NOT PASS GO	959
CONNECT THE DOTS	976	DOMINO THEORY	960
CONTACT SPORT	24	DON'T / I WOULDN'T BET	
COUNT (or DON'T COUNT)		THE RANCH/RENT ON IT	914
SOMEONE OUT, TO	441	DOUBLE DEALING	814
COVER ALL THE BASES, TO	167	DOUBLE PLAY	170
COVER ONE'S TRACKS, TO	736	DOUBLE-HEADER	169

DOWN AND OUT	442	FIELD QUESTIONS, TO	175
DOWN BUT NOT OUT	443	FILL THE GAP, TO	289
DOWN FOR THE COUNT	444	FINESSE, TO	818
DOWN TO THE WIRE	380	FINISH IN (OUT OF) THE MONEY, TO	382
DRAGNET	686		
DRAW A BLANK, TO	915	FINISH LINE	540
DRAW FIRST BLOOD, TO	514	FIRST CATCH YOUR RABBIT, THEN MAKE YOUR STEW	741
DRAW TO AN INSIDE STRAIGHT, TO	815		
		FIRST OUT OF THE GATE	383
DROP ONE'S GUARD	445	FIRST STRING	290
DROP THE BALL, TO	26	FISH FOR COMPLIMENTS, TO	688
DUFFER	664	FISH IN TROUBLED WATERS, TO	689
DUMBBELL	783	FISH OR CUT BAIT	690
DUMPSTER DIVING	585	FISH OUT OF WATER	691
EARLY INNINGS	171	FISH STORY	692
EASY OUT	172	FISHER OF MEN	693
EENY, MEENY, MINEY, MO	980	FISHING EXPEDITION	694
END RUN AROUND, TO MAKE AN	286	FLAT-OUT	384
		FLIP A COIN, TO	897
END ZONE	287	FLOAT LIKE A BUTTERFLY, STING LIKE A BEE	449
ENDGAME	887		
ENTER THE ARENA, TO	27	FLOORED	450
EUCHRE	816	FLUSH OUT, TO	742
EXTRA INNINGS	173	FOLD, TO	819
EXTREME	28	FOLLOW SUIT, TO	820
FACEOFF, TO	327	FOLLOW THE LEADER	981
FADE IN THE STRETCH, TO	381	FOLLOW THROUGH, TO	345
FAIR GAME	739	FORCE SOMEONE'S HAND, TO	821
FAIR PLAY	29	FOUL PLAY	30
FAIR SHAKE, A	916	FOUR-FLUSHER	822
FAKE OUT, TO	288	FOUR-LETTER MAN	31
FALL GUY	446	FOURTH AND INCHES	291
FALL SHORT, TO	720	FOURTH AND LONG	292
FALSE START	538	FREE-FOR-ALL	385
FANCY FOOTWORK	447	FREESTYLE	586
FARM SYSTEM	174	FREEWHEELING	357
FAST TRACK	539a	FROM SCRATCH	386
FEATHERWEIGHT	448	FROM STEM TO STERN	604
FEED SOMEONE A LINE, TO	687	FROM THE WORD GO	541
FEED THE KITTY, TO	817	FRONT-RUNNER	542
FEEL THE BURN, TO	784	FULL COURT PRESS	252
FERRET OUT, TO	740	FUMBLE /FUMBLE THE BALL, TO	293

Idiom	Page
FUN AND GAMES	32a
FUN AND GAMES, (NOT ALL)	32b
GAME CHANGING	33
GAME FACE	34
GAME IS (NOT) WORTH THE CANDLE, THE	35
GAME IS UP, THE	36
GAME PLAN	37
GAME TWO CAN PLAY, A	38
GAME, SET, AND MATCH	346
GAMESMANSHIP	39
GATE (MONEY)	176
GATECRASHER	177
GENTLEMEN, START YOUR ENGINES	358
GET A BITE/NIBBLE, TO	695
GET A RISE OUT OF SOMEONE, TO	696
GET BACK IN THE GAME, TO	40
GET OFF ON THE RIGHT (WRONG) FOOT (WITH), TO	543
GET OFF TO A GOOD (BAD), TO	544
GET ONE'S BEARINGS, TO	605
GET ONE'S HOOKS INTO SOMEONE, TO	697
GET OUT OF JAIL FREE (CARD)	961
GET SOMEONE'S GOAT, TO	387
GET TO FIRST/SECOND/THIRD BASE, TO	178
GET UP OFF THE MAT, TO	528
GET YOUR HEAD IN THE GAME	41
GET YOUR SKATES ON	790
GIVE A PERSON A FISH AND HE WILL EAT TODAY, TEACH HIM TO FISH AND HE WILL EAT HIS WHOLE LIFE	698
GIVE A WIDE BERTH, TO	606
GIVE AWAY THE GAME, TO	42
GIVE FREE REIN TO	389
GIVE IT YOUR BEST SHOT, TO	253
GIVE SOME LEEWAY, TO	607
GIVE SOMEONE A RUN FOR HIS MONEY, TO	388
GIVE SOMEONE HIS HEAD, TO	390
GO ALL THE WAY, TO.	294
GO BY THE BOARD, TO	608
GO FOR ALL THE MARBLES, TO	775
GO FOR THE GOLD, TO	43
GO FOR THE LONG BALL, TO (see GO LONG)	295
GO HARD OR GO HOME	44
GO INTO A HUDDLE, TO	296
GO LONG, TO	297
GO OVER LIKE A PREGNANT POLE-VAULTER, TO	545
GO OVERBOARD, TO	609
GO SOMEONE ONE BETTER, TO	823
GO THE DISTANCE, TO	45
GO TO BAT FOR SOMEONE, TO	179
GO TO THE MAT FOR, TO	529
GOD DOES NOT PLAY DICE WITH THE UNIVERSE	917
GO-FASTER STRIPES	359
GOLF WIDOW	665
GONE FISHIN'(G)	699
GOOD CATCH	700
GOOD ENOUGH FOR OPENERS	824
GOOD SHOT	46
GOOD SPORT/LOSER	47
GRAND SLAM	825
GRANDSTAND FINISH	391
GRANDSTAND PLAY	48
GROUND RULES	49
GRUDGE MATCH	451
GUN-SHY	743
HACKER	666
HAIL MARY PLAY	298
HAND OVER FIST, TO MAKE MONEY	610
HAND-OFF	299
HANG A LEFT /LOUIE OR RIGHT, TO	791
HANG IN THERE, TO	452

HANG TEN, TO	647	HIT ONE'S STRIDE, TO	393
HARD ON THE HEELS OF	546	HIT OR MISS	651
HARD TO CALL	50	HIT THE BULL'S EYE/MARK, TO	652
HARD TO PIN DOWN	530	HIT THE GROUND RUNNING, TO	522
HARD UP, TO BE	611	HIT THE JACKPOT, TO	919
HARD-HITTING	180	HIT THE WALL, TO	548
HAT TRICK	328	HITTING/FIRING ON ALL (SIX) CYLINDERS	360
HATE THE GAME, NOT THE PLAYER	51	HOLD ALL THE CARDS/ACES/ TRUMPS, TO	828
HAVE A (NO) DOG IN THE FIGHT, TO	965	HOLD AT BAY, TO	745
HAVE A FIELD DAY, A	982	HOLD UP ONE'S END, TO	269
HAVE A LOT RIDING ON, TO	918	HOLD YOUR HORSES	394
HAVE ALL ONE'S DUCKS IN A ROW, TO	660	HOLE IN ONE	667
		HOME COURT ADVANTAGE	255
HAVE AN ACE /SOMETHING UP ONE'S SLEEVE, TO	826	HOME FREE	985
		HOME RUN	186
HAVE GOOD INNINGS, TO	181	HOME TEAM	187
HAVE THE BALL AT ONE'S FEET, TO	334	HOMESTRETCH	395
		HOOK UP WITH, TO	701
HAVE TWO STRIKES AGAINST ONE, TO	182	HOOK, LINE, AND SINKER, TO SWALLOW OR TO FALL FOR SOMETHING	702
HAVE/KEEP A FIRM, STEADY HAND ON THE TILLER, TO	612	HOOKED ON	703
HE SHOOTS, HE SCORES	329	HORSE RACE	396
HE WHO DIES WITH THE MOST TOYS WINS	983	HORSES FOR COURSES	397
		HOT DOG, TO	188
HE/SHE ('S) GOT GAME	52	HOT ON THE TRAIL/SCENT OF	746
HEAD START	547	HOT TO TROT	398
HEAD/MIND GAMES	53	HOUND, TO	747
HEADS I WIN, TAILS YOU LOSE	896	HOUSE ALWAYS WINS, THE	920
HEADS UP	54	HOUSE OF CARDS	829
HEAVYWEIGHT	453	HOW ABOUT THAT, SPORTS FANS?	55
HEDGE A BET, TO	827		
HIDDEN BALL TRICK	183	HOW YOU PLAY THE GAME, IT'S	56
HIDE AND (GO) SEEK, TO PLAY	984	HUNDRED YARD DASH	549
HIGH FIVE	254	HURDLES	550a
HIGHLY TOUTED	392	I CALL 'EM (THEM) THE WAY/ LIKE/AS I SEE 'EM	190
HIGHTAIL IT, TO	744		
HIT	185	I PASS	830
HIT AND RUN	184	I ZIGGED WHEN I SHOULD HAVE ZAGGED	455
HIT BELOW THE BELT, TO	454		

ENGLISH IDIOM INDEX

Idiom	Page
I'M GAME	57
IF YOU BUILD IT, THEY WILL COME	189
IF YOU DON'T SHOOT, YOU DON'T SCORE	256
IF YOU PLAY YOUR CARDS RIGHT	831
IN A CLINCH	531
IN AT THE DEATH/KILL	748
IN FULL CRY	749
IN SOMEONE'S CORNER	456
IN SPADES	832
IN THE BALL GAME	58
IN THE BALLPARK	191
IN THE CARDS (NOT IN THE CARDS)	833
IN THE CELLAR	192
IN THE CHIPS	834
IN THE HUNT	751
IN THE LONG RUN	551
IN THE RUNNING	399
IN THE SAME BOAT	613
IN THE WAKE OF	614
IN THERE PITCHING, TO BE	193
INFIGHTING	457
INNER, E.G., TENNIS	347
INSIDE TRACK	552
INSTANT REPLAY	300
IN-YOUR-FACE	257
IRON MAN	59
IT	986
IT ISN'T/AIN'T OVER TILL IT'S OVER	194
IT'S CHESS, NOT CHECKERS	888
IT'S IN THE BAG	750
IT'S ONLY A GAME	60
IVY LEAGUE	61
JAILBAIT	704
JOCK	62
JOCK STRAP OR ATHLETIC SUPPORTER (see Athletic Supporter or jock strap)	63
JOCKEY FOR POSITION, TO	400
JOKER (IN THE DECK)	835
JUMP THE GUN, TO	553
KARATE CHOP	520
KEEL OVER, TO	615
KEEP ONE'S EYE ON THE BALL, TO	65
KEEP YOUR EAR TO THE GROUND, TO	752
KEEP YOUR STICK ON THE ICE	330
KEEP/GET THE BALL ROLLING, TO	64
KEEPER	705
KIBITZER	836
KICKOFF	301
KILL TWO BIRDS WITH ONE STONE, TO	753
KILLER INSTINCT	458
KING OF THE HILL	987
KINGPIN	661
KNOCK DOWN DRAG OUT FIGHT	459
KNOCK FOR SIX, TO	270
KNOCK IT/ THE BALL OUT OF THE PARK / OVER THE FENCE, TO	195
KNOCK OUT (KO), TO	461
KNOCKOUT DROPS	462
KNOCKOUT, A	460
KNOW THE SCORE, TO	66
KNOW WHEN TO HOLD 'EM, KNOW WHEN TO FOLD 'EM, TO	837
KNOW/LEARN THE ROPES, TO	616
KNUCKLE DOWN, TO	776
LADY LUCK	921
LAND, TO	706
LAST LICKS	988
LAST MAN STANDING	532
LAST ONE IN/THERE/HOME, ETC. IS A ROTTEN EGG	989
LATE IN THE GAME	67

Idiom	Number
LEAD THE FIELD, TO	754
LEAD WITH ONE'S CHIN, TO	463
LEAPFROG, TO	90
LEFT AT THE POST	401
LET IT/SOMETHING RIDE, TO	922
LET THE SIDE DOWN, TO	271
LETTER IN, TO	302
LEVEL PLAYING FIELD	68
LIE LOW, TO	755
LIFE IS FOOTBALL WITHOUT A HELMET	303
LIFE ON THE FAST TRACK	539b
LIGHTWEIGHT (see FEATHERWEIGHT)	464
LIKE (DISLIKE, NOT LIKE) THE CUT OF SOMEONE'S JIB, TO	617
LINEUP	196
LION HUNTER	756
LITTLE OLD LADY IN TENNIS SHOES, A	348
LOAD THE DICE (IN FAVOR OF OR AGAINST), TO	923
LOADED FOR BEAR	757
LOCKER ROOM TALK	69
LONG IN THE TOOTH	402
LONG SHOT	653
LONG SUIT	838
LOSE ONE'S BEARINGS, TO	618
LOSE TRACK OF, TO	758
LOSE YOUR MARBLES	777
LOSER	70
LOSING STREAK	197
LOST IN THE SHUFFLE	839
LOW BLOW, TO DELIVER A (see HIT BELOW THE BELT)	465
LOW-BALL, TO	840
LOWER (RAISE) THE BAR, TO	554
LUCK OF THE DRAW	841
LUCKY AT CARDS, UNLUCKY IN LOVE	842
LUCKY BREAK	948
MAIN EVENT	466
MAINSTAY	619
MAKE A PASS AT, TO	515
MAKE A PITCH FOR, TO	198
MAKE BOOK ON, TO	924
MAKE GREAT STRIDES, TO	555
MAKE HEADWAY, TO	620
MAKE SOMEONE EAT YOUR DUST, TO	556
MAKE SPORT OF, TO	72
MAKE THE CUT, TO	73
MAKE TRACKS, TO	759
MAKE WAVES, TO	621
MAKE/SCORE POINTS, TO	71
MANLY ART OF SELF-DEFENSE	467
MARATHON (SESSION)	557
MARKED/STACKED DECK, TO PLAY WITH A	843
MAY THE BEST MAN WIN	74
MEET ONE'S MATCH, TO	75
MERRY-GO-ROUND, TO BE ON A	991
MINOR LEAGUE	199
MISCUE	949
MISS IS AS GOOD AS A MILE, A	654
MISS THE MARK, TO	655
MIXED BAG	760
MOMENT OF TRUTH	510
MONDAY MORNING QUARTERBACK	304
MONKEY IN THE MIDDLE	992
MOVE THE GOAL POSTS, TO	76
MUDDY THE WATER(S), TO	707
MUSCLE MAN	785
MUSCLE-BOUND	786
MUSICAL CHAIRS, TO PLAY	993
MY BAD	258
NAME OF THE GAME	77
NASCAR DAD	361
NECK AND NECK	403
NEITHER HIDE NOR HAIR	761
NEUTRAL CORNER	468
NEVER GIVE A SUCKER AN EVEN BREAK	950

Idiom	Page	Idiom	Page
NEVER UP, NEVER IN	668	ON ONE'S OWN HOOK	709
NEW DEAL	844	ON ONE'S TOES	469
NICE GUYS FINISH LAST	78	ON THE BENCH	307
NINETEENTH HOLE	669	ON THE BUBBLE	362
NO DICE	925	ON THE BUTTON	470
NO GREAT SHAKES	926	ON THE DISABLED LIST	206
NO HITS, NO RUNS, NO ERRORS	200	ON THE FLY	207
NO PAIN, NO GAIN	79	ON THE REBOUND	87
NO SWEAT	80	ON THE RIGHT TRACK	762
NO-HOLDS-BARRED	533	ON THE ROPES	471
NON-STARTER	404	ON YOUR MARK!	561
NO-SHOW	405	ON/FROM THE SIDELINES	86
NOT (EVEN) GET TO FIRST BASE	201	ONE DOWN AND TWO TO GO	208
NOT ALL BEER AND SKITTLES	662	ONE UP ON, TO BE	671
NOT BY A LONG SHOT	81	ONE'S NUMBER IS UP	928
NOT CRICKET	272	ONE-ON-ONE	260
NOT IN THE SAME LEAGUE WITH	202	ONE-TWO PUNCH	472
NOT MISS A TRICK, TO	845	ONLY GAME IN TOWN	88
NOT PLAY FAIR, TO	82	OPEN A CAN OF WORMS, TO	710
NOT PLAYING WITH A FULL DECK	846	OPEN SEASON ON	763
		OPENING GAMBIT	889
NOT UP TO PAR	670	OUT FOR THE COUNT (see	
NOTHING BUT NET	259	DOWN FOR THE COUNT)	473
NOTHING ON THE BALL, TO HAVE	203	OUT IN LEFT FIELD	209
		OUT OF BOUNDS	89
NO-WIN SITUATION	83	OUT OF ONE'S LEAGUE	210
OBSTACLE COURSE	558	OUT OF THE RUNNING	407
ODDS-ON FAVORITE	406	OUTDISTANCE, TO	562
---OFF	84	OVERPLAY YOUR HAND, TO	847
OFF BASE	204	OWN GOAL	335
OFF ONE'S GAME	85	PACESETTER	408
OFF THE HOOK, TO BE	708	PACK A PUNCH/WALLOP, TO	474
OFF THE PACE	559	PADDLE YOUR OWN CANOE, TO	590
OFF TO A RUNNING/FLYING START, TO BE	560	PAPER TRAIL	764
		PAR FOR THE COURSE	672
OFFSIDES	305	PARLAY, TO	929
OFF-THE-WALL	349	PARRY, TO	517
OLD COLLEGE TRY	306	PASS THE BATON, TO	563
ON A ROLL	927	PASS THE BUCK, TO	848
ON AN EVEN KEEL	622	PASS THE TORCH, TO	90
ON DECK	205	PAWN	890
ON GUARD	516	PEEK-A-BOO	994b

PEEK-A-BOO, TO PLAY	994a	PLAYING FIELDS OF ETON,	
PENNY ANTE	849	THE BATTLE OF WATERLOO	
PEP RALLY	308	WAS WON ON THE	100
PEP TALK	91	PLAYMAKER	311
PERFECT TEN	92	POINT MAN	261
PERSONAL BEST	564	POKER FACE	855
PHONE TAG	995	POLITICAL FOOTBALL	312
PHOTO FINISH	409	PONY UP, TO	856
PICK UP/TAKE THE BALL		POWDER PUFF	101
AND RUN WITH IT, TO	309	POWER HITTER	215
PIGGYBACK	996	POWER PLAY	331
PINCH HIT, TO	211	PULL NO PUNCHES TO	475
PIT AGAINST, TO	966	PULL ONE'S OWN WEIGHT, TO	591
PIT STOP	363	PULL ONE'S PUNCHES, TO	476
PITCHMAN	212	PUMPED	787
PLAY 20 QUESTIONS, TO	997	PUNCH ABOVE ONE'S	
PLAY A LONE HAND, TO	850	WEIGHT, TO	477
PLAY A WAITING GAME, TO	93	PUNCH DRUNK (also PUNCHY)	478
PLAY ALONG WITH, TO	94	PUNCH LINE	479
PLAY BALL WITH, TO	95	PUNCHING BAG, TO BE	
PLAY BOTH ENDS AGAINST		SOMEONE'S	480
THE MIDDLE, TO	851	PUNT, TO	313
PLAY BY THE RULES/BOOK, TO.	96	PUSHOVER	481
PLAY CAT AND MOUSE	98	PUT A SPIN ON, TO	350
PLAY DATE	998	PUT ON THE GLOVES, TO	482
PLAY DOCTOR, TO	999	PUT THROUGH THEIR PACES, TO	411
PLAY FAIR, TO	97	PUT UP OR SHUT UP	858
PLAY FOR KEEPS, TO	778	PUT/LAY (ALL) ONE'S CARDS	
PLAY GAMES WITH.	99	ON THE TABLE, TO	857
PLAY GUESSING GAMES, TO	1000	PUT/STICK ONE'S OAR IN, TO	592
PLAY HARDBALL, TO	214	QUARTERBACK, TO	314
PLAY HOUSE, TO	1001	QUEENSBERRY RULES, TO	
PLAY IT WHERE IT LIES	673	FIGHT ACCORDING TO	483
PLAY ONE'S LAST CARD, TO	852	QUIT WHILE YOU'RE AHEAD, TO	930
PLAY PATTY CAKE, TO	1002	RACE AGAINST TIME	565b
PLAY POST OFFICE, TO	1003	RACE AGAINST TIME, TO	565a
PLAY THE FIELD, TO	410	RAIN CHECK	216
PLAY THE RACE CARD, TO	853	RAINED OUT	217
PLAY YOUR CARDS CLOSE		RAISE (UP) THE ANTE, TO	859
TO THE VEST, TO	854	RAISE HACKLES, TO	967
PLAYBOOK	310	RAKE-OFF	931
PLAY-BY-PLAY ACCOUNT	213	RAT RACE	566

ENGLISH IDIOM INDEX

READ'EM (THEM) AND WEEP	860
READY OR NOT, HERE I COME	1004
REBOUND, TO	262
RED CARD	336
RED FLAG TO A BULL	511
RENEGE, TO	861
REST ON ONE'S LAURELS	102
RETIRE SOMEONE'S NUMBER	103
REWRITE THE RECORD BOOK, TO	104
RIDE 'EM, COWBOY	523
RIDE ONE'S HOBBY HORSE, TO	1005
RIDING FOR A FALL	412
RIGHT OFF THE BAT	218
RIGHT OUT OF THE CHUTE	524
RIGHT UP SOMEONE'S ALLEY	219
RINGER	105
RINGSIDE SEAT	484
RISE TO THE BAIT, TO	711
RISING TIDE WILL LIFT ALL BOATS, A	623
ROCK THE BOAT, TO	593
ROLL OF THE DICE	932
ROLL WITH THE PUNCHES, TO	485
ROOK, TO	891
ROOKIE	220
ROOT FOR	106
ROPE SOMEONE IN, TO	525
ROPE-A-DOPE	486
ROUND AND ROUND SHE/IT GOES, WHERE SHE/IT STOPS NOBODY KNOWS	933
ROYAL FLUSH, TO DRAW A	862
RUB OF THE GREEN	674
RUDDERLESS	624
RUN A TIGHT SHIP, TO	625
RUN INTERFERENCE, TO	315
RUN OUT THE CLOCK, TO	107
RUN THE TABLE, TO	951
RUN TO GROUND, TO	765
RUN UP THE SCORE, TO	108
RUN WITH THE HARE AND HUNT WITH THE HOUNDS, TO	766
RUNNER UP	567
RUNNING MATE	413
RUN-OFF	568
RUSSIAN ROULETTE	934
SACRIFICE A PAWN, TO	892
SAFE BY A MILE	221
SAFE HARBOR	626
SAIL CLOSE TO THE WIND, TO	627
SAIL THROUGH, TO	628
SAND TRAP	675
SANDLOT	222
SAVED BY THE BELL	487
SAY IT AIN'T SO / ISN'T SO, JOE	223
SCORE, TO	109
SCRATCH THAT	414
SCREWBALL	224
SECOND WIND	569
SEE WHICH WAY THE WIND IS BLOWING, TO	629
SEND TO THE SHOWERS, TO	225
SERVE UP A FAT PITCH/ SOFTBALL/LOLLIPOP, TO	226
SET/ THROW AWAY /USE A SPRAT TO CATCH A MACKEREL	712
SETTLE THE/A SCORE, TO	110
SEVENTH INNING STRETCH	227
SEVERAL (or SOME SYNONYM) CARDS SHORT OF A DECK	863
SHADOW BOXING	488
SHAKEDOWN CRUISE	630
SHOO-IN	415
SHOOT THE BREEZE, TO	631
SHOOT THE MOON, TO	864
SHOOTOUT	337
SHOW ONE'S HAND, TO	865
SHOWDOWN	866
SHUFFLE/RESHUFFLE THE DECK, TO	867
SHUTOUT	111

SIDELINE, TO	316b	SPRINGBOARD TO, A	587
SIDELINED, TO BE	316a	SPRINT	572
SIDESTEP, TO	317	SQUARE DEAL	868
SIMON SAYS	1006	SQUARE PEG IN A ROUND HOLE	1007a
SIN BIN	332	SQUEEZE PLAY	232
SITTING DUCK	767	STACK THE DECK, TO	869
SIX-PACK/WASHBOARD ABS	788	STALEMATE	893
SKATE CIRCLES AROUND, TO	792	STALKING	769
SKATE ON THIN ICE, TO	793	STALKING HORSE	770
SKIPPER	632	STAND PAT, TO	870
SLAM-DUNK	263	START A HARE, TO	418
SLAP HAPPY	489	STARTING GUN	573
SLEEPER	416	STATUE OF LIBERTY PLAY	318
SLIPPERY SLOPE	794	STAY THE COURSE, TO	574
SLOW AND STEADY WINS THE RACE	570	STAY THE COURSE, TO	635
SLOW OFF THE MARK	571	STEER CLEAR OF, TO	636
SLUGGER	228	STEP UP TO THE PLATE, TO	233
SLUMP	229	STICKLER FOR THE RULES	120
SMALL FRY	713	STICKY WICKET	273
SMOOTH/PLAIN/CLEAR SAILING	633	STIFF ARM, TO	319
SNIPE HUNT	768	STONEWALL, TO	274
SNOOKER, TO	952	STRAIGHT FROM THE HORSE'S MOUTH, I GOT/HEARD IT	419
SNOWBALL, TO	795	STRAIGHT FROM THE SHOULDER	491
SOCCER MOM	338	STRANGLEHOLD	534
SORE LOSER/SPORT	112	STRENGTHEN ONE'S HAND, TO	871
SOS	634	STRIKE OUT, TO	234
SOUTH PAW	113	STROKE OF GOOD LUCK/FORTUNE	953
SPAR	490	STUMPED	275
SPIN CONTROL	351	STYMIE, TO	676
SPIN DOCTOR	352	SUDDEN DEATH	121
SPIN OUT OF CONTROL, TO	364	SUNDAY PUNCH	492
SPITBALL	230	SURF THE NET/WEB, TO	648
SPOILSPORT	114	SWEEP THE BOARD, TO	935
SPORT OF KINGS	417	SWEET SPOT	677
SPORTING CHANCE	115	SWEETEN THE POT, TO	872
SPORTING HOUSE	116	SWITCH HITTER	235
SPORTING LIFE	117	TACKLE, TO	320
SPORTING WOMAN	118	TAG TEAM	535
SPORTSMANSHIP	119		
SPRING TRAINING	231		

ENGLISH IDIOM INDEX

TAG! YOU'RE IT	1008	THE BUCK STOPS HERE	873
TAKE A BAD BOUNCE, TO	236	THE CARDS BEAT ALL	
TAKE A DIVE, TO	493	THE PLAYERS	874
TAKE A FALL FOR, TO	494	THE DICE ARE LOADED	
TAKE A MULLIGAN, TO	678	AGAINST YOU	936
TAKE ABACK, TO	637	THE DIE IS CAST	937
TAKE ANOTHER TACK, TO	638	THE GLOVES ARE OFF	502
TAKE IT ON THE CHIN, TO	495	THE HONORS ARE EVEN	276
TAKE IT TO THE HOOP, TO	264	THE ONE THAT GOT AWAY	715
TAKE ON ALL COMERS, TO	496	THE OTHER SIDE OF THE COIN	900
TAKE ONE FOR THE TEAM, TO	122	THE RACE IS NOT TO THE SWIFT	576
TAKE ONE'S MARBLES AND		THE SMART MONEY IS ON	420
GO HOME, TO	779	THE THRILL OF THE CHASE	772
TAKE SOMETHING IN		THE ZONE	577
STRIDE, TO	575	THERE ARE (PLENTY OF)	
TAKE THE BAIT (see RISE		OTHER FISH IN THE SEA	716
TO THE BAIT)	714	THERE IS NO JOY IN MUDVILLE	237
TAKE THE BULL BY THE		THERE'S NO "I" IN TEAM	129
HORNS, TO	526	THEY'RE (ARE) OFF AND	
TAKE THE CHECKERED		RUNNING	421
FLAG, TO	365	THINK /LOOK SEVERAL	
TAKE THE FIGHT OUT		(OR SOME NUMBER)	
OF SOMEONE, TO	497	MOVES AHEAD, TO	894
TAKE THE LONG COUNT, TO	498	THIRD AND LONG	321
TAKE THE WIND OUT OF		THOROUGHBRED	422
SOMEONE'S SAILS, TO	639	THOSE ARE THE BREAKS	954
TAKE TURNS, TO	1009	THREE STRIKES AND	
TALK A GOOD GAME, TO	123	YOU'RE OUT	238
TALK TRASH, TO	265b	THROW A GAME, TO	130
TANK, TO (see TAKE A DIVE)	499	THROW AWAY A HERRING TO	
TEAM EFFORT.	124	CATCH A WHALE, TO	
TEAM PLAYER	125	(see SET A SPRAT TO CATCH	
TEAMWORK	126	A MACKEREL)	717
TEE OFF, TO	679	THROW FOR A LOSS, TO	322
TELEGRAPH A PUNCH, TO	500	THROW IN ONE'S HAND, TO	875
TENNIS, ANYONE?	353	THROW OFF THE SCENT/TRACK	773
TEXTBOOK PLAY	127	THROW THE (DEM) BUMS OUT	239
THAT DOG WON'T/DON'T HUNT	771	THROW/PITCH SOMEONE	
THAT'S THE WAY THE BALL		A CURVE, TO	240
BOUNCES	128	THROW/TOSS IN THE TOWEL/	
THE BIGGER THEY COME,		SPONGE, TO	503
THE HARDER THEY FALL	501	TIE BREAKER	131

TIE UP SOME LOOSE ENDS, TO	640	UNTIL THE FINAL BUZZER	266
TILT!	962	UP CLOSE AND PERSONAL	136
TIME-OUT	132	UP THE CREEK WITHOUT	
TINHORN	938	A PADDLE	594
TINKER TO EVERS TO CHANCE	241	UP TO PAR	681
TIP ONE'S HAND, TO	876	UP TO SPEED	366
TO FEEL LIKE A SQUARE PEG		UPSHOT	656
IN A ROUND HOLE	1007b	UTILITY INFIELDER/PLAYER	245
TOE THE MARK/LINE, TO	578	VATICAN ROULETTE	939
TOE-TO-TOE	504	VAULTING AMBITION	581
TONSIL HOCKEY	333	VET, TO	425
TOO CLOSE TO CALL	133	WAIT TILL NEXT YEAR	246
TOP-SEEDED	354	WE WUZ ROBBED!	506
TOSS-UP	899	WEATHER/RIDE OUT THE	
TOUCH ALL THE BASES, TO		STORM, TO	642
(see COVER ALL THE BASES)	242	WEIGH IN	507
TOUCH BASE WITH, TO	243	WELCOME ABOARD	643
TOUCHÉ	518	WHAT A CHARADE!	963
TOUGH SLEDDING	796	WHAT GOES AROUND,	
TRACK RECORD	579	COMES AROUND	940
TRADE PUNCHES, TO	505	WHAT'S YOUR GAME?	137
TRAIL THE FIELD, TO	580	WHEEL OF FORTUNE	941
TRASH TALK	265a	WHEELING AND DEALING	942
TRIM ONE'S SAILS, TO	641	WHEN THE CHIPS ARE DOWN	881
TROPHY WIFE	134	WHISTLEBLOWER	138
TROT OUT, TO	423	WHITE HOPE, (GREAT)	508
TRUMP CARD	877	WHITE MAN'S DISEASE/	
TRUMP SOMEONE, TO	878	WHITE MEN CAN'T JUMP	267
TRUST EVERYONE BUT CUT		WHO'S ON FIRST?	247
THE CARDS	879	WHOLE NEW BALL GAME, A	139
TUBULAR	649	WHOLE SHOOTING MATCH	657
TUG-OF-WAR	341	WIDE OF THE MARK	658
TURNABOUT IS FAIR PLAY	135	WILD CARD	882
TWELFTH MAN	277	WILD GOOSE CHASE	774
TWIN BILL (see		WILD PITCH	248
DOUBLE-HEADER)	244	WIN GOING AWAY, TO	582
TWOSOME	680	WIN HANDS DOWN, TO	426
UNABLE TO MAKE HEAD OR		WIN ON POINTS, TO	509
TAILS OF SOMETHING, TO BE	898	WIN ONE FOR THE GIPPER	323
UNDER THE TABLE	880	WIN THE DAILY DOUBLE/	
UNDER THE WIRE, JUST	424	SWEEPSTAKES, TO	427
UNDERDOG	968	WIN THE TOSS, TO	324

ENGLISH IDIOM INDEX

Idiom	Page
WIN, PLACE OR SHOW, TO	428
WINNER'S CIRCLE, IN THE	429
WINNER-TAKE-ALL	883
WINNING ISN'T EVERYTHING; IT'S THE ONLY THING	325
WINNING STREAK	249
WIN-WIN SITUATION	140
WIPE OUT	650
WITHIN AN ACE OF, TO COME	884
WITHOUT TURNING A HAIR	430
YOU CAN'T TELL THE PLAYERS WITHOUT A PROGRAM	326
YOU CAN'T WIN THEM ALL	141
YOU MUST LOSE A FLY TO CATCH A TROUT (see SET A SPRAT TO CATCH A MACKEREL)	718
YOU PLAY BALL WITH ME AND I'LL PLAY BALL WITH YOU	142
YOU WIN SOME, YOU LOSE SOME	143
YOU'RE BLIND, UMP!	250
YOU'RE GETTING WARMER	1010
YOUR MOVE, (IT'S)	895
YOUR/HIS/HER/THEIR, ETC. CALL, IT'S	144
ZERO SUM GAME	145

English Idiom Key Word Index — Алфавитный указатель ключевых слов английских идиом

0
0 for/Zero for, 1
90
90-pound weakling, 780
110
110 percent, 2

A
ABACK
Take aback, to, 637
ABOARD
Welcome aboard, 643
ABOVE
Above/below par, 663
Above board, 798
Punch above one's weight, to, 477
ABS
Six-pack/washboard abs, 788
ACCORDING
According to Hoyle (or not according to Hoyle), 797
Queensberry rules, to fight according to, 483
ACCOUNT
Called on account of rain, 15
Play-by-play account, 213
Blow by blow account, 435
ACE
Ace in the hole, 799
Ace something, to, 342
Black as the ace of spades, 803
Have an ace/something up one's sleeve, to, 826
Within an ace of, to come, 884
ADVANTAGE
Home court advantage, 255
AFTER
After bigger game, 721
AGAINST
Against all odds, 368
Against the clock, 536
Dead set on (against), 737
Deck stacked against one, to have the, 813
Have two strikes against one, to, 183
Load the dice (in favor of or against), to, 923
Pit against, to, 966
Play both ends against the middle, to, 851
Race against time, to, 565
The dice are loaded against someone, 936
AHEAD
Ahead of the game, 3
Ahead of the count, 147
Ahead of the pack, 369
Ahead on points, 431
Think several moves ahead, 894
Quit while you're ahead, 930

ENGLISH IDIOM KEY WORD INDEX

AIR
Air ball, 251
ALLEY
Right up someone's alley, 219
ALONG
Play along with, to, 94
ALWAYS
House always wins, the, 920
AMBITION
Vaulting ambition, 581
AMERICAN
All-American, 278
ANCHORMAN, 339
ANTE
Ante up, to, 800
Penny ante, 849
Raise (up) the ante, to, 859
ANY
A game any number can play, 955
Any port in a storm, 595
ARENA
Enter the arena, to, 27
ARM(S)
Stiff arm, to, 319
Arms race, 537
ARMCHAIR
Armchair quarterback, 279
AROUND
Bat around, to, 153
Beat around the bush, to, 725
End run around, to make an, 286
Skate circles around, to, 792
What goes around, comes around, 940
ART
Manly art of self-defense, 467
ASPHALT
Asphalt/sidewalk surfing, 644
ATHLETE
Athlete's foot, 9

ATHLETIC
Athletic supporter or jock strap, 10, 63
AUDIBLE
Call an audible, to, 281
AVERAGE
Batting average, 154
AWAY
Break away from the pack, to, 356
Come away empty-handed, 735
Give away the game, to, 42
Set/throw away/use a sprat to catch a mackerel, 712
The one that got away, 715
Throw away a herring to catch a whale, to, 717
Win going away, to, 582

B

BACK
Bounce back, to, 14
Get back in the game, 40
Back to square one, 956
Back the wrong horse, to, 371
BACKHANDED
Backhanded compliment, 343
BACK-PEDAL
Back-pedal, to, 355
BAD
Bad ball hitter, 150
Bad call, 11
Dealt a bad hand, 812
Get off to a good (bad), to, 544
My bad, 258
Take a bad bounce, 236
BAG
Bag, to, 722
It's in the bag, 750
Mixed bag, 760
Punching bag, to be someone's, 480

BAIL
Bail out, to, 598
BAIT
Bait and switch, 684
Fish or cut bait, 690
Rise to the bait, to, 711
Take the bait, to, 714
BALD
Bald as a billiard ball, 943
BALL
A lot on the ball, to have, 146
Air ball, 251
Bad ball hitter, 150
Bald as a billiard ball, 943
Ball's in someone's court, 344
Behind the eight ball, 944
Carry the ball, to, 283
Catch-up ball, to play, 284
Curve ball, 168
Drop the ball, to, 26
Fumble /fumble the ball, to, 293
Go for the long ball, to, 295
Have the ball at one's feet, to, 334
Hidden ball trick, 183
In the ball game, 58
Keep/get the ball rolling, 64
Keep one's eye on the ball, to, 65
Knock it/the ball out of the park / over the fence, 195
Nothing on the ball, to have, 203
Pick up/take the ball and run with it, to, 309
Play ball with, to, 95
That's the way the ball bounces, 128
Whole new ball game, 139
You play ball with me and I'll play ball with you, 142
BALLPARK
All over the ballpark, 148
Ballpark figure, 151
In the ballpark, 191

BANK
Break the bank, to, 905
BAR
Lower (raise) the bar, to, 554
BARE
Bare-knuckle, 433
BARGAINING
Bargaining chip, 801
BARK
Bark up the wrong tree, to, 723
BARRED
No-holds-barred, 533
BARREL
As easy as shooting fish in a barrel, 863
BASE
Cover all the bases, to, 167
Get to first/second/third base, to, 178
Not (even) get to first base, 201
Off base, 204
Touch all the bases, to, 242
Touch base with, to, 243
BAT
At bat, 149
Bat a thousand, to, 152
Bat around, to, 153
Go to bat for someone, to, 179
Right off the bat, 218
BATON
Pass the baton, to, 563
BATTING
Batting average, 154
Batting order, 155
BATTLE
Playing fields of Eton, The battle of Waterloo was won on the, 100
BAY
Bay for blood, to, 724
Bring to bay, to, 730
Hold at bay, to, 745

BEAN
Bean someone, to, 156
BEAR
Loaded for bear, 757
BEARING(S)
Bearing down on, 599
Get one's bearings, to, 605
Lose one's bearings, to, 618
BEAT
Beat around the bush, to, 725
Beat someone at his/her own game, to, 13
Beat someone to the punch, to, 434
Beat the bushes, to, 726
Beat the odds, to, 372
The cards beat all the players, 874
Beats me, 802
BEATEN
Beaten at the post, 373
BEE
Float like a butterfly, sting like a bee, 449
BEER
Not all beer and skittles, 662
BEHIND
Ahead of (behind/behind in) the count, 147
Behind the eight ball, 944
BELL
Saved by the bell, 487
BELOW
Above/below par, 663
Hit below the belt, to, 454
BELT
Black belt, 519
Hit below the belt, to, 454
BENCH
Bench strength, 157
Bench warmer, 158
On the bench, 307

BERTH
Give a wide berth, to, 606
BEST
Best bet, 903
Give it your best shot, to, 253
May the best man win, 74
Personal best, 564
BET
Best bet, 903
Don't / I wouldn't bet the ranch/rent on it, 914
Hedge a bet, to, 827
BETTER
Go someone one better, to, 823
BIG
Big League(s), 159
BIGGER
After bigger game, 721
The bigger they come, the harder they fall, 501
BILL
Twin bill, 244
BILLIARD
Bald as a billiard ball, 943
BIN
Sin bin, 332
BINGO, 957
BIRD
Bird in the hand is worth two in the bush, 727
Kill two birds with one stone, to, 753
BIRDDOG, 728
BIT
Champing at the bit, 375
BITE
Bite the dust, to, 521
Get a bite/nibble, to, 695
BLACK
Black as the ace of spades, 803
Black belt, 519

BLANCHE
  Carte blanche, to have, 807
BLANK
  Draw a blank, to, 915
BLEACHERS, 160
BLIND
  You're blind, ump!, 250
BLINDMAN
  Blindman's buff, to play, 970
BLINDSIDE, 280
BLOOD
  Bay for blood, to, 724
  Draw first blood, to, 514
BLOOPER, 161
BLOW
  Blow by blow account, 435
  Blow off course, to, 600
  Body blow, 437
  Low blow, to deliver a, 465
BLOWING
  See which way the wind is blowing, to, 629
BLUE
  Blue chip, 804
BLUFF
  Call someone's bluff, to, 805
BOARD
  Above board, 798
  Across the board, 367
  Go by the board, to, 608
  Sweep the board, to, 935
BOAT
  In the same boat, 613
  Rising tide will lift all boats, a, 623
  Rock the boat, to, 593
BODY
  Body blow, 437
  Body English, 659
BOOBY
  Booby/consolation prize, to win the, 971

BOOK
  Make book on, to, 924
  Play by the rules/book, 96
  Rewrite the record book, to, 104
BOTH
  Play both ends against the middle, to, 851
BOTTOM
  Bottom of the ninth, 162
  Deal from the bottom of the deck, to, 810
BOUNCE
  Bounce back, to, 14
  Take a bad bounce, to, 236
  That's the way the ball bounces, 128
BOUND(S)
  Muscle-bound, 786
  Out of bounds, 89
BOWL
  Bowl someone over, to, 268
BOX
  Box score, 163
BOXER
  Boxer shorts, 438
BOXING
  Shadow boxing, 488
BOY
  All work and no play make Jack a dull boy, 969
BRASS
  Catch the brass ring, 972
BREAK
  Break away from the pack, to, 356
  Break cover, to, 729
  Break even, to, 904
  Break the bank, to, 905
  Lucky break, 948
  Never give a sucker an even break, 950
  Those are the breaks, 954

BREAKER
  Tie breaker, 131
BREEZE
  Shoot the breeze, to, 631
BRING
  Bring to bay, to, 730
BUBBLE
  On the bubble, 362
BUCK
  Buck fever, 731
  Pass the buck, to, 848
  The buck stops here, 873
BUFF
  Buff, 781
  Blindman's buff, to play, 970
BUILD
  If you build it, they will come, 189
BULK
  Bulk up, to, 782
BULL
  Hit the bull's eye/mark, to, 652
  Red flag/rag to a bull, 511
  Take the bull by the horns, to, 526
BUMS
  Throw the (dem) bums out, 239
BURN
  Feel the burn, to, 784
BUSH
  Beat around the bush, to, 725
  Beat the bushes, to, 726
  Bird in the hand is worth two in the bush, 727
  Bush league, 164
BUTTERFLY
  Float like a butterfly, sting like a bee, 449
BUTTON
  On the button, 470
BUZZER
  Until the final buzzer, 266

C

CAKE
  Play patty cake, to, 1002
CALL
  Bad call, 11
  Call an audible, to, 281
  Call off your dogs, to, 732
  Call someone's bluff, to, 805
  Call the shots, to, 945
  Call the signals, to, 282
  Close call, 20
  Hard to call, 50
  I call 'em (them) the way /like/as I see 'em, 190
  Too close to call, 133
  Your/his/her/their, etc. call, it's, 144
CALLED
  Called on account of rain, 15
CAN
  Open a can of worms, 710
CAN, CAN'T
  A game any number can play, 955
  Can't/doesn't lay a glove on someone, 439
  Game two can play, a, 38
  White men can't jump, 267
  You can't tell the players without a program, 326
  You can't win them all, 141
CANDLE
  Game is (not) worth the candle, the, 35
CANOE
  Paddle your own canoe, to, 590
CARD
  Card table, 806
  Get out of jail free (card), 961
  Hold all the cards/aces/trumps, to, 828
  House of cards, 829
  If you play your cards right, 831

In the cards (not in the cards), 833
Lucky at cards, unlucky in love, 824
Play one's last card, to, 852
Play the race card, to, 853
Play your cards close to the vest, to, 854
Put/lay (all) one's cards on the table, to, 857
Red card, 336
Several cards short of a deck, 863
The cards beat all the players, 874
Trump card, 877
Trust everyone but cut the cards, 879
Wild card, 882

CAREER
Checkered career/past, 958

CARRY
Carry the ball, to, 283
Carry the team (on one's shoulders), to, 16

CARTE
Carte blanche, to have, 807

CASH
Cash in one's chips, to, 906

CAST
Cast one's lot with, to, 907
Cast the net wide, to, 685
The die is cast, 937

CAT
Play cat and mouse, 98

CATCH
Catch someone off guard, to, 512
Catch the brass ring, 972
Catch the wave, to, 645
Catch-up ball, to play, 284
First catch your rabbit, then make your stew, 741
Good catch, 700
Set/ throw away /use a sprat to catch a mackerel, 712
Throw away a herring to catch a whale, to, 717
You must lose a fly to catch a trout, 718

CELLAR
In the cellar, 192

CHAIRS
Musical chairs, to play, 993

CHALK
Chalk something up to experience, to, 946

CHAMPING
Champing at the bit, 375

CHANCE
Sporting chance, 115
Tinker to Evers to Chance, 241

CHANGE
Change of pace, 17

CHANGER
Game-changer, 33

CHANGING
Game changing, 33

CHANNEL
Channel surfing, 646

CHARADE
What a charade!, 963

CHART
Chart a course, to, 601

CHASE
The thrill of the chase, 772
Wild goose chase, 774

CHEAP
Cheap shot, 18

CHECK
Check, to keep in, 886
Rain check, 216

CHECKERED
Checkered career/past, 958
Take the checkered flag, to, 365

CHECKERS
It's chess, not checkers, 888

CHEERLEADER, 19

ENGLISH IDIOM KEY WORD INDEX

CHESS
It's chess, not checkers, 888
CHILD
Child's play, 973
CHIN
Lead with one's chin, to, 463
Take it on the chin, to, 495
CHIP(S)
Bargaining chip, 801
Blue chip, 804
Cash in one's chips, to, 906
In the chips, 834
When the chips are down, 881
CHOOSE
Choose up sides, 974
CHOP
Karate chop, 520
CHUTE
Right out of the chute, 524
CIRCLE(S)
Come full circle, to, 908
Skate circles around, to, 792
Winner's circle, in the, 429
CLAY
Clay pigeon, 733
CLEAR
Clear a hurdle, to, 550b
Smooth/plain/clear sailing, 633
Steer clear of, to, 636
CLINCH
In a clinch, 531
CLOCK
Against the clock, 536
Run out the clock, to, 107
CLOSE
Close call, 20
Close only counts in horseshoes, 719
Play your cards close to the vest, to, 854
Sail close to the wind, 627

Too close to call, 133
Up close and personal, 136
CLUTCH
Clutch hitter, 165
COIN
Flip a coin, to, 897
The other side of the coin, 900
COLD
Cold trail/scent, 734
COLLEGE
Old college try, 306
COLOR(S)
Color inside (outside) the lines, 975
Come through/pass with flying colors, to, 602
COME
All is fish that comes to the net, 682
Come away empty-handed, to, 735
Come full circle, to, 908
Come out of left field, to, 166
Come through/pass with flying colors, to, 602
Come/turn up trumps, to, 808
Come up/roll snake eyes, to, 909
Come up to scratch, to, 440
If you build it, they will come, 189
Ready or not, here I come, 1004
The bigger they come, the harder they fall, 501
What goes around, comes around, 940
Within an ace of, to come, 884
COMEBACK
Comeback kid, 21
COMERS
Take on all comers, to, 496
COMPETITIVE
Competitive sport, (not) a, 22

COMPLIMENT
  Backhanded compliment, 343
  Fish for compliments, to, 688
CONFIDENCE
  Confidence game, 23
CONNECT
  Connect the dots, 976
CONSOLATION
  Booby/consolation prize, to win the, 971
CONTACT
  Contact sport, 24
CONTROL
  Spin control, 351
  Spin out of control, to, 364
CORNER
  In someone's corner, 456
  Neutral corner, 468
COUNT
  Ahead of (behind/behind in) the count, 147
  Close only counts in horseshoes, 719
  Count (don't count) someone out, to, 441
  Down for the count, 444
  Out for the count, 473
  Take the long count, to, 498
COURSE(S)
  Blow off course, to, 600
  Chart a course, to, 601
  Horses for courses, 397
  Obstacle course, 558
  Par for the course, 672
  Stay the course, to, 574, 635
COURT
  Ball's in someone's court, the, 344
  Full court press, 252
  Home court advantage, 255
COVER
  Break cover, to, 729

Cover all the bases, to, 167
Cover one's tracks, to, 736
COWBOY
  Cowboys and Indians, to play, 977
  Ride 'em, cowboy, 523
CRAP
  Crap out, 910
CRAPSHOOT
  Crapshoot/crap game, a, 911
CREEK
  Up the creek without a paddle, 594
CRESTFALLEN, 964
CREW
  Crew cut, 588
CREWNECK, 589
CRICKET
  Not cricket, 272
CROSS
  Cross swords, to, 513
CRUISE
  Shakedown cruise, 630
CRUISING, 603
CRY
  Cry foul, to, 25
  Cry uncle, 978
  In full cry, 749
CURVE
  Curve ball, 168
  Throw/pitch someone a curve, to, 240
CUT
  Crew cut, 588
  Cut a deal, to, 809
  Cut one's losses, to, 912
  Cut quite a figure, to, 789
  Fish or cut bait, 690
  Like (dislike, not like) the cut of someone's jib, to, 617
  Make the cut, to, 73
  Trust everyone but cut the cards, 879

CYLINDERS
  Hitting/firing on all (six) cylinders, 360

D
DAD
  NASCAR dad, 361
DAILY
  Win the daily double/sweepstakes, to, 427
DANCING
  Dancing in the end zone, 285
DARK
  Dark horse, 376
DASH
  Hundred yard dash, 549
DATE
  Play date, 998
DAY
  Have a field day, to, 982
DEAD
  Dead heat, 377
  Dead set on (against), 737
DEADLOCK, 527
DEAL
  Cut a deal, to, 809
  Deal from the bottom of the deck, to, 810
  Deal me in (out), 811
  Dealt a bad hand, 812
  New deal, 844
  Square deal, 868
DEALING
  Double dealing, 815
  Wheeling and dealing, 942
DEATH
  In at the death/kill, 748
  Sudden death, 121
DECK
  Deck stacked against one, to have the, 813
  Deal from the bottom of the deck, to, 810
  Joker (in the deck), 835
  Marked/stacked deck, to play with a, 843
  Not playing with a full deck, 846
  On deck, 205
  Several cards short of a deck, 863
  Shuffle/reshuffle the deck, to, 867
  Stack the deck, to, 869
DECOY, 738
DEFENSE
  Manly art of self-defense, 467
DELIVER
  Low blow, to deliver a, 465
DESK
  Desk jockey, 378
DIBS
  Dibs on, to have, 979
DICE
  God does not play dice with the universe, 917
  Load the dice (in favor of or against), to, 923
  No dice, 925
  Roll of the dice, 932
  The dice are loaded against someone, 936
DICEY, 913
DIE(S)
  He who dies with the most toys wins, 983
  The die is cast, 937
DIG
  Dig in one's heels, to, 340
DIRTY
  Dirty pool, 947
DISABLED
  On the disabled list, 206
DISEASE
  White man's disease/ white men can't jump, 267

DISK
Disk jockey, 379
DISTANCE
Go the distance, to, 45
Outdistance, to, 562
DIVE
Dive in head first, to, 583
Dive right in, 584
Take a dive, to, 493
DIVING
Dumpster diving, 585
DOCTOR
Play doctor, to, 999
Spin doctor, 352
DOG
Call off your dogs, to, 732
Have a (no) dog in the fight, to, 965
Hot dog, to, 188
That dog won't/don't hunt, 771
DOMINO
Domino theory, 960
DOPE
Rope-a-dope, 486
DOTS
Connect the dots, 976
DOUBLE
Double dealing, 814
Double-header, 169
Double play, 170
Win the daily double/sweepstakes, to, 427
DOWN
Bearing down on, 599
Down and out, 442
Down but not out, 443
Down for the count, 444
Down to the wire, 380
Hard to pin down, 530
Knock down drag out fight, 459
Knuckle down, to, 776
Let the side down, to, 271
One down and two to go, 208
When the chips are down, 881
Win hands down, to, 426
DRAG
Knock down drag out fight, 459
DRAGNET, 686
DRAW
Draw a blank, to, 915
Draw first blood, to, 514
Draw to an inside straight, to, 815
Luck of the draw, 841
Royal flush, to draw a, 862
DROP
At the drop of a hat, 432
Drop one's guard, to, 445
Drop the ball, to, 26
DROPS
Knockout drops, 462
DRUNK
Punch drunk/punchy, 478
DUCK(S)
Have all one's ducks in a row, to, 660
Sitting duck, 767
DUFFER, 664
DULL
All work and no play make Jack a dull boy, 969
DUMBBELL, 783
DUMPSTER
Dumpster diving, 585
DUST
Bite the dust, to, 521
Make someone eat your dust, to, 556

E

EAR
Keep your ear to the ground, to, 752

ENGLISH IDIOM KEY WORD INDEX

EARLY
  Early innings, 171
EASY
  As easy as shooting fish in a barrel, 683
  Easy out, 172
EAT
  Give a person a fish and he will eat today, teach him to fish and he will eat his whole life, 698
  Make someone eat your dust, to, 556
EFFORT
  Team effort, 124
EIGHT
  Behind the eight ball, 944
EMPTY
  Come away empty-handed, to, 735
END(S)
  Dancing in the end zone, 285
  End run around, to make an, 286
  End zone, 287
  Hold up one's end, to, 269
  Play both ends against the middle, to, 851
  Tie up some loose ends, to, 640
ENDGAME, 887
ENGINES
  Gentlemen, start your engines, 358
ENGLISH
  Body English, 659
ENOUGH
  Good enough for openers, 824
ENTER
  Enter the arena, to, 27
ERROR
  No hits, no runs, no errors, 200
ETON
  Playing fields of Eton, The battle of Waterloo was won on the, 100

EUCHRE, 816
EVEN
  Break even, to, 904
  Never give a sucker an even break, 950
  On an even keel, 622
  The honors are even, 276
EVENT
  Main event, 466
EVERS
  Tinker to Evers to Chance, 241
EVERYONE
  Trust everyone but cut the cards, 879
EVERYTHING
  Winning isn't everything; it's the only thing, 325
EXPEDITION
  Fishing expedition, 694
EXPERIENCE
  Chalk something up to experience, to, 946
EXTRA
  Extra innings, 173
EXTREME, 28
EYE
  Come up /roll snake eyes, to, 909
  Hit the bull's eye/mark, to, 652
  Keep one's eye on the ball, to, 65

F

FACE
  Game face, 34
  In-your-face, 257
  Poker face, 855
FACEOFF, 327
FADE
  Fade in the stretch, to, 381
FAIR
  Fair game, 739

Fair play, 29
Fair shake, a, 916
Not play fair, to, 82
Play fair, to, 97
Turnabout is fair play, 135
FAKE
Fake out, to, 288
FALL
Fall guy, 446
Fall short, to, 720
Hook, line, and sinker, to swallow or to fall for something, 702
Riding for a fall, 412
Take a fall for, to, 494
The bigger they come, the harder they fall, 501
FALSE
False start, 538
FANCY
Fancy footwork, 447
FANS
How about that, sports fans?, 55
FARM
Farm system, 174
FAST(ER)
Fast track, 539a
Go-faster stripes, 359
Life on the fast track, 539b
FAT
Serve up a fat pitch/ softball/ lollipop, to, 226
FAVOR
Load the dice (in favor of or against), 923
FAVORITE
Odds-on favorite, 406
FEATHERWEIGHT, 448
FEED
Feed someone a line, to, 684
Feed the kitty, to, 817
FEEL
Feel the burn, to, 784
To feel like a square peg in a round hole, 1007b
FEET
Have the ball at one's feet, to, 334
FENCE
Knock it/the ball out of the park/ over the fence, to, 195
FERRET
Ferret out, to, 740
FEVER
Buck fever, 731
FIELD
Come out of left field, to, 166
Field questions, to, 175
Have a field day, to, 982
Level playing field, 68
Lead the field, to, 754
Out in left field, 209
Play the field, to, 410
Playing fields of Eton, The battle of Waterloo was won on the, 100
Trail the field, to, 580
FIGHT
Have a (no) dog in the fight, to, 965
Knock down drag out fight, 459
Queensberry rules, to fight according to, 483
Take the fight out of someone, to, 497
FIGURE
Ballpark figure, 151
Cut quite a figure, to, 789
FILL
Fill the gap, to, 289
FINAL
Until the final buzzer, 266
FINESSE, 818
FINISH
Finish in (out of) the money, to, 382

ENGLISH IDIOM KEY WORD INDEX

Finish line, 540
Grandstand finish, 391
Nice guys finish last, 78
Photo finish, 409

FIRING
Hitting/firing on all (six) cylinders, 360

FIRM
Have/keep a firm, steady hand on the tiller, to, 612

FIRST
Dive in head first, to, 583
Draw first blood, to, 514
First catch your rabbit, then make your stew, 741
First out of the gate, 383
First string, 290
Get to first/second/third base, to, 178
Not (even) get to first base, 201
Who's on first?, 247

FISH
All is fish that comes to the net, 682
As easy as shooting fish in a barrel, 683
Fish for compliments, to, 688
Fish in troubled waters, to, 689
Fish or cut bait, 690
Fish out of water, 691
Fish story, 692
Give a person a fish and he will eat today, teach him to fish and he will eat his whole life, 698
There are (plenty of) other fish in the sea, 716

FISHER
Fisher of men, 693

FISHING
Fishing expedition, 694
Gone fishin' (g), 699

FIST
Hand over fist, to make money, 610

FIVE
High five, 254

FLAG
Red flag/rag to a bull, 511
Take the checkered flag, to, 365

FLAT-OUT, 384

FLIP
Flip a coin, to, 897

FLOAT
Float like a butterfly, sting like a bee, 449

FLOORED, 450

FLUSH
Flush out, to, 742
Royal flush, to draw a, 862

FLUSHER
Four-flusher, 822

FLY
On the fly, 207
You must lose a fly to catch a trout, 718

FLYING
Come through/pass with flying colors, to, 602
Off to a running/flying start, to be, 560

FOLD
Fold, to, 819
Know when to hold 'em, know when to fold 'em, to, 837

FOLLOW
Follow suit, to, 820
Follow the leader, 981
Follow through, to, 345

FOOT
Athlete's foot, 9
Get off on the right (wrong) foot (with), to, 543

FOOTBALL
Life is football without a helmet, 303
Political football, 312
FOOTWORK
Fancy footwork, 447
FORCE
Force someone's hand, to, 821
FORTUNE
Stroke of good luck/fortune, 953
Wheel of fortune, 941
FOUL
Cry foul, to, 25
Foul play, 30
FOUR
Four-flusher, 822
Four-letter man, 31
FOURTH
Fourth and inches, 291
Fourth and long, 292
FREE
Free-for-all, 385
Get out of jail free (card), 961
Give free rein, to, 389
Home free, 985
FREESTYLE, 586
FREEWHEELING, 357
FRONT
Front-runner, 542
FRY
Small fry, 713
FULL
Come full circle, to, 908
Full court press, 252
In full cry, 749
Not playing with a full deck, 846
FUMBLE
Fumble /fumble the ball, to, 293
FUN
Fun and games, 32a
Fun and games, not all, 32b

G
GAIN
No pain, no gain, 79
GAMBIT
Opening gambit, 889
GAME
A game any number can play, 955
After bigger game, 721
Ahead of the game, 3
Anyone's/anybody's game, it's, 5
At the top of one's game, 6
At this stage of the game, 7
Beat someone at his/her own game, to, 13
Confidence game, 23
Crapshoot/crap game, a, 911
Fair game, 739
Fun and games, 32a, 32b
Game changing, 33
Game face, 34
Game is (not) worth the candle, 35
Game is up, the, 36
Game plan, 37
Game, set, and match, 346
Game two can play, 38
Get back in the game, to, 40
Get your head in the game, 41
Give away the game, to, 42
Hate the game, not the player, 51
He/she ('s) got game, 52
Head/mind games, 53
How you play the game, it's, 56
I'm game, 57
In the ball game, 58
It's only a game, 60
Late in the game, 67
Name of the game, 77
Off one's game, 85
Only game in town, 88
Play a waiting game, to, 93
Play games with, 99

Play guessing games, to, 1000
Talk a good game, to, 123
Throw a game, to, 130
What's your game, 137
Whole new ball game, a, 139
Zero sum game, 145
GAMESMANSHIP, 39
GAP
Fill the gap, to, 289
GATE
First out of the gate, 383
Gate (money), 176
GATECRASHER, 177
GENTLEMEN
Gentlemen, start your engines, 358
GET
Get a bite/nibble, to, 695
Get a rise out of someone, to, 696
Get back in the game, 40
Get off on the right (wrong) foot (with), to, 543
Get off to a good (bad), 544
Get one's bearings, to, 605
Get one's hooks into someone, to, 697
Get out of jail free (card), 961
Get someone's goat, to, 387
Get to first/second/third base, to, 178
Get up off the mat, to, 528
Get your head in the game, 41
Get your skates on, 790
Keep/get the ball rolling, to, 64
Not (even) get to first base, 201
GETTING
You're getting warmer, 1010
GIVE
Give a person a fish and he will eat today, teach him to fish and he will eat his whole life, 698

Give a wide berth, to, 606
Give away the game, to, 42
Give it your best shot, to, 253
Give free rein to, 389
Give some leeway, to, 607
Give someone a run for his money, to, 388
Give someone his head, to, 390
Never give a sucker an even break, 950
GLOVE
Can't/doesn't lay a glove on someone, 439
Put on the gloves, to, 482
The gloves are off, 502
GO
From the word go, 541
Go all the way, to, 294
Go-faster stripes, 359
Go for the long ball, to, 295
Go for the gold, to, 43
Go hard or go home, 44
Go into a huddle, to, 296
Go long, to, 297
Go over like a pregnant pole-vaulter, to, 545
Go the distance, to, 45
Go to bat for someone, to, 179
Go to the mat for, to, 529
One down and two to go, 208
GOAL
Move the goal posts, to, 76
Own goal, 335
GOAT
Get someone's goat, to, 387
GOD
God does not play dice with the universe, 917
GOES
Round and round she/it goes, where she/it stops nobody knows, 933

What goes around, comes
    around, 940
GOLD
  Go for the gold, to, 43
GOLF
  Golf widow, 665
GONE
  Gone fishin' (g), 699
GOOD
  Be a (good) sport, 12
  Get off to a good (bad), to, 544
  Good enough for openers, 824
  Good catch, 700
  Good shot, 46
  Good sport/loser, 47
  Have good innings, to, 181
  Miss is as good as a mile, 654
  Stroke of good luck/fortune, 953
  Talk a good game, to, 123
GOOSE
  Wild goose chase, 774
GRAND
  Grand slam, 825
GRANDSTAND
  Grandstand finish, 391
  Grandstand play, 48
GREAT
  Make great strides, to, 555
  No great shakes, 926
  White hope, (great), 508
GREEN
  Rub of the green, 674
GROUND
  Ground rules, 49
  Hit the ground running, to, 522
  Keep your ear to the ground,
    to, 752
  Run to ground, to, 765
GRUDGE
  Grudge match, 451
GUARD
  Catch someone off guard, to, 512
  Drop one's guard, 445
  On guard, 516
GUESSING
  Play guessing games, to, 1000
GUN
  Gun-shy, 743
  Jump the gun, to, 553
  Starting gun, 573
GUY(S)
  Fall guy, 446
  Nice guys finish last, 78

H

HACKER, 666
HACKLES
  Raise hackles, to, 967
HAIL
  Hail Mary play, 298
HAIR
  Neither hide nor hair, 761
  Without turning a hair, 430
HAND(S)
  Bird in the hand is worth
    two in the bush, a, 727
  Come away empty-handed,
    to, 735
  Dealt a bad hand, 812
  Force someone's hand, to, 821
  Hand-off, 299
  Hand over fist, to make
    money, 610
  Have/keep a firm, steady hand
    on the tiller, to, 612
  Overplay your hand, to, 847
  Play a lone hand, to, 850
  Show one's hand, to, 865
  Strengthen one's hand, to, 871
  Throw in one's hand, to, 875
  Tip one's hand, to, 876
  Win hands down, to, 426

ENGLISH IDIOM KEY WORD INDEX

HANG
- Hang a left /louie or right, to, 791
- Hang in there, to, 452
- Hang ten, to, 647

HAPPY
- Slap happy, 489

HARBOR
- Safe harbor, 626

HARD
- Go hard or go home, 44
- Hard-hitting, 180
- Hard on the heels of, 546
- Hard to call, 50
- Hard to pin down, 530
- Hard up, to be, 611

HARDBALL
- Play hardball, to, 214

HARDER
- The bigger they come, the harder they fall, 501

HARE
- Run with the hare and hunt with the hounds, to, 766
- Start a hare, to, 418

HAT
- At the drop of a hat, 432
- Hat trick, 328

HATE
- Hate the game, not the player, 51

HAVE
- A lot on the ball, to have, 146
- All the right moves, to have/make, 885
- Carte blanche, to have, 807
- Deck stacked against one, to have the, 813
- Dibs on, to have, 979
- Have a field day, to, 982
- Have a lot riding on, to, 918
- Have a (no) dog in the fight, to, 965
- Have all one's ducks in a row, to, 660
- Have an ace /something up one's sleeve, to, 826
- Have good innings, to, 181
- Have/keep a firm, steady hand on the tiller, to, 612
- Have the ball at one's feet, to, 334
- Have two strikes against one, to, 182
- Nothing on the ball, to have, 203

HEAD
- Dive in head first, to, 583
- Get your head in the game, 41
- Give someone his head, 390
- Head/mind games, 53
- Head start, 547
- Heads I win, tails you lose, 896
- Heads up, 54
- Unable to make head or tails of something, to be, 898

HEADER
- Double-header, 169

HEADWAY
- Make headway, to, 620

HEARD
- Straight from the horse's mouth, I got/heard it, 419

HEAT
- Dead heat, 377

HEAVYWEIGHT, 453

HEELS
- Dig in one's heels, to, 340
- Hard on the heels of, 546

HEDGE
- Hedge a bet, to, 827

HELM
- At the helm, 597

HELMET
- Life is football without a helmet, 303

HERE
  Ready or not, here I come, 1004
  The buck stops here, 873
HERRING
  Throw away a herring to catch a whale, to, 717
HIDDEN
  Hidden ball trick, 183
HIDE
  Hide and (go) seek, to play, 984
  Neither hide nor hair, 761
HIGH
  High five, 254
HIGHLY
  Highly touted, 392
HIGHTAIL
  Hightail it, to, 744
HILL
  King of the hill, 987
HIT
  Hit, 185
  Hit and run, 184
  Hit below the belt, to, 454
  Hit one's stride, to, 393
  Hit or miss, 651
  Hit the bull's eye/mark, to, 652
  Hit the ground running, to, 522
  Hit the jackpot, to, 919
  Hit the wall, to, 548
  Pinch hit, to, 211
HITTER
  Bad ball hitter, 150
  Clutch hitter, 165
  Power hitter, 215
  Switch hitter, 235
HITTING
  Hard-hitting, 180
  Hitting/firing on all (six) cylinders, 360
HOBBY
  Ride one's hobby horse, to, 1005

HOCKEY
  Tonsil hockey, 333
HOLD(S)
  Hold all the cards/aces/trumps, to, 828
  Hold at bay, to, 745
  Hold up one's end, to, 269
  Hold your horses, 394
  Know when to hold 'em, know when to fold 'em, to, 837
  No-holds-barred, 533
HOLE
  Ace in the hole, 799
  Hole in one, 667
  Nineteenth hole, 669
  Square peg in round hole, 1007a
  To feel like a square peg in a round hole, 1007b
HOME
  Go hard or go home, 44
  Home court advantage, 255
  Home free, 985
  Home run, 186
  Home team, 187
  Last one in/there/home, etc. is a rotten egg, 989
  Take one's marbles and go home, to, 779
HOMESTRETCH, 395
HONORS
  The honors are even, 276
HOOK(S)
  Get one's hooks into someone, to, 697
  Hook, line, and sinker, to swallow or to fall for something, 702
  Hook up with, to, 701
  Off the hook, to be, 708
  On one's own hook, 709
HOOKED
  Hooked on, 703

HOOP
  Take it to the hoop, to, 264
HOPE
  White hope, (great), 508
HORNS
  Take the bull by the horns, to, 526
HORSE(S)
  Dark horse, 376
  Hold your horses, 394
  Horse race, 396
  Horses for courses, 397
  Ride one's hobby horse, to, 1005
  Stalking horse, 770
  Straight from the horse's mouth, I got/heard it, 419
HORSESHOES
  Close only counts in horseshoes, 719
HOT
  Hot dog, to, 188
  Hot on the trail/scent of, 746
  Hot to trot, 398
HOUND, 747
HOUNDS
  Run with the hare and hunt with the hounds, to, 766
HOUSE
  House always wins, the, 920
  House of cards, 829
  Play house, to, 1001
  Sporting house, 116
HOW
  How about that, sports fans?, 55
  How you play the game, it's, 56
HUDDLE
  Go into a huddle, to, 296
HUNDRED
  Hundred yard dash, 549
HUNT
  In the hunt, 751
  Run with the hare and hunt with the hounds, to, 766
  Snipe hunt, 768
  That dog won't/don't hunt, 771
HUNTER
  Lion hunter, 756
HURDLE(S)
  Clear a hurdle, to, 550b
  Hurdles, 550a

I

ICE
  Keep your stick on the ice, 330
  Skate on thin ice, to, 793
INCHES
  Fourth and inches, 291
INDIANS
  Cowboys and Indians, to play, 977
INFIELDER
  Utility infielder/player, 245
INFIGHTING, 457
INNER
  Inner (e.g. tennis), 347
INNING(S)
  Early innings, 171
  Extra innings, 173
  Have good innings, to, 181
  Seventh inning stretch, 227
INSIDE
  Color inside (outside) the lines, 975
  Draw to an inside straight, to, 815
  Inside track, 552
INSTANT
  Instant replay, 300
INSTINCT
  Killer instinct, 458
INTERFERENCE
  Run interference, to, 315
IRON
  Iron man, 59
IVY
  Ivy League, 61

J

JACKPOT
Hit the jackpot, to, 919
JAIL
Get out of jail free (card), 961
JAILBAIT, 704
JIB
Like (dislike, not like) the cut of someone's jib, to, 617
JOCK
Athletic supporter or jock strap, 10, 63
Jock, 62
JOKER
Joker (in the deck), 835
JOKEY
Desk jokey, 378
Disk jokey, 379
Jockey for position, to, 400
JOY
There is no joy in Mudville, 237
JUMP
Jump the gun, to, 553
White man's disease/white men can't jump, 267

K

KARATE
Karate chop, 520
KEEL
Keel over, to, 615
On an even keel, 622
KEEP
Check, to keep in, 886
Have/keep a firm, steady hand on the tiller, to, 612
Keep/get the ball rolling, 64
Keep one's eye on the ball, to, 65
Keep your ear to the ground, to, 752
Keep your stick on the ice, 330
Play for keeps, to, 778
KEEPER, 705
KIBITZER, 836
KICKOFF, 301
KID
Comeback kid, 21
KILL
In at the death/kill, 748
Kill two birds with one stone, to, 753
KILLER
Killer instinct, 458
KING(S)
King of the hill, 987
Sport of kings, 417
KINGPIN, 661
KITTY
Feed the kitty, to, 817
KNOCK
Knock down drag out fight, 459
Knock for six, to, 270
Knock it/the ball out of the park / over the fence, to, 195
Knock out (KO), to, 461
KNOCKOUT
Knockout, 460
Knockout drops, 462
KNOW
Know/learn the ropes, to, 616
Know the score, to, 66
Know when to hold 'em, know when to fold 'em, 837
Round and round she/it goes, where she/it stops nobody knows, 933
KNUCKLE
Bare-knuckle, 433
Knuckle down, to, 776

L

LADY
Lady Luck, 921
Little old lady in tennis shoes, a, 348
LAND, 706
LAST
Last licks, 988
Last man standing, 532
Last one in/there/home, etc. is a rotten egg, 989
Nice guys finish last, 78
Play one's last card, to, 852
LATE
Late in the game, 67
LAURELS
Rest on one's laurels, 102
LAY
Can't/doesn't lay a glove on someone, 439
Put/lay (all) one's cards on the table, to, 857
LEAD
Lead the field, to, 754
Lead with one's chin, to, 463
LEADER
Follow the leader, 981
LEAGUE
Big League(s), 159
Bush league, 164
Ivy League, 61
Minor league, 199
Not in the same league with, 202
Out of one's league, 210
LEAPFROG, 990
LEARN
Know/learn the ropes, to, 616
LEEWAY
Give some leeway, to, 607
LEFT
Come out of left field, to, 166
Hang a left /louie or right, to, 791
Left at the post, 401
Out in left field, 209
LET
Let it/something ride, to, 922
Let the side down, to, 271
LETTER
Four-letter man, 31
Letter in, to, 302
LEVEL
Level playing field, 68
LIBERTY
Statue of Liberty play, 318
LICKS
Last licks, 988
LIE(S)
Lie low, to, 755
Play it where it lies, 673
LIFE
Give a person a fish and he will eat today, teach him to fish and he will eat his whole life, 698
Life is football without a helmet, 303
Life on the fast track, 539b
Sporting life, 117
LIFT
Rising tide will lift all boats, a, 623
LIGHTWEIGHT, 464
LIKE
Float like a butterfly, sting like a bee, 449
Go over like a pregnant pole-vaulter, to, 545
I call 'em (them) the way/ like/as I see 'em, 190
Like (dislike, not like) the cut of someone's jib, to, 617
To feel like a square peg in a round hole, 1007b

LINE
Color inside (outside) the lines, 975
Feed someone a line, to, 684
Finish line, 540
Hook, line, and sinker, to swallow or to fall for something, 702
Punch line, 479
Toe the mark/line, to, 578
LINEUP, 196
LION
Lion hunter, 756
LIST
On the disabled list, 206
LITTLE
Little old lady in tennis shoes, a, 348
LOAD
Load the dice (in favor of or against), to, 923
LOADED
Loaded for bear, 757
The dice are loaded against someone, 936
LOCKER
Locker room talk, 69
LOLLIPOP
Serve up a fat pitch/ softball/ lollipop, to, 226
LONE
Play a lone hand, to, 850
LONG
Fourth and long, 292
Go for the long ball, to, 295
Go long, to, 297
In the long run, 551
Long in the tooth, 402
Long shot, 653
Long suit, 838
Not by a long shot, 81
Take the long count, to, 498
Third and long, 321

LOOSE
Tie up some loose ends, to, 640
LOSE
Heads I win, tails you lose, 896
Lose one's bearings, to, 618
Lose track of, to, 758
Lose your marbles, 777
You must lose a fly to catch a trout, 718
You win some, you lose some, 143
LOSER
Good sport/loser, 4
Loser, 70
Sore loser/sport, 112
LOSS(ES)
Cut one's losses, to, 912
Throw for a loss, to, 322
LOST
Lost in the shuffle, 839
LOT
A lot on the ball, to have, 146
Cast one's lot with, to, 907
Have a lot riding on, to, 918
LOUIE
Hang a left/louie or right, to, 791
LOVE
Lucky at cards, unlucky in love, 842
LOW
Lie low, to, 755
Low-ball, to, 840
Low blow, to deliver a, 465
LOWER
Lower (raise) the bar, to, 554
LUCK(Y)
Lady Luck, 921
Luck of the draw, 841
Lucky at cards, unlucky in love, 842
Lucky break, 948
Stroke of good luck/fortune, 953

M

MACKEREL
Set/throw away/use a sprat to catch a mackerel, 712

MAIN
Main event, 466

MAINSTAY, 619

MAKE
All the right moves, to have/make, 885
All work and no play make Jack a dull boy, 969
End run around, to make an, 286
First catch your rabbit, then make your stew, 741
Hand over fist, to make money, 610
Make a pass at, to, 515
Make a pitch for, to, 198
Make book on, to, 924
Make great strides, to, 555
Make headway, to, 620
Make/score points, to, 71
Make someone eat your dust, to, 556
Make sport of, to, 72
Make the cut, to, 73
Make tracks, to, 759
Make waves, to, 621
Unable to make head or tails of something, to be, 898

MAN
Four-letter man, 31
Iron man, 59
Last man standing, 532
May the best man win, 74
Muscle man; muscleman, 785
Point man, 261
Twelfth man, 277
White man's disease/white men can't jump, 267

MANLY
Manly art of self-defense, 467

MARATHON, 557

MARBLES
Go for all the marbles, to, 775
Lose your marbles, 777
Take one's marbles and go home, to, 779

MARK
Hit the bull's eye/mark, to, 652
Miss the mark, to, 655
On your mark!, 561
Slow off the mark, 571
Toe the mark/line, to, 578
Wide of the mark, 658

MARKED
Marked/stacked deck, to play with a, 843

MARY
Hail Mary play, 298

MAT
Get up off the mat, to, 528
Go to the mat for, to, 529

MATCH
Game, set, and match, 346
Grudge match, 451
Meet one's match, to, 75
Whole shooting match, 657

MATE
Running mate, 413

MAY
May the best man win, 74

MEET
Meet one's match, to, 75

MEN
Fisher of men, 693
White man's disease/white men can't jump, 267

MERRY
Merry-go-round, to be on a, 991

MIDDLE
Monkey in the middle, 992

MILE
Play both ends against the middle, to, 851
MILE
Miss is as good as a mile, a, 654
Safe by a mile, 221
MIND
Head/mind games, 53
MINOR
Minor league, 199
MISCUE, 949
MISS
Hit or miss, 651
Miss is as good as a mile, a, 654
Miss the mark, to, 655
Not miss a trick, to, 845
MIXED
Mixed bag, 760
MOM
Soccer mom, 338
MOMENT
Moment of truth, 510
MONDAY
Monday morning quarterback, 304
MONEY
Finish in (out of) the money, to, 382
Gate (money), 176
Give someone a run for his money, to, 388
Hand over fist, to make money, 610
The smart money is on, 420
MONKEY
Monkey in the middle, 992
MOON
Shoot the moon, to, 864
MORNING
Monday morning quarterback, 304
MOST
He who dies with the most toys wins, 983

MOUSE
Play cat and mouse, 98
MOUTH
Straight from the horse's mouth, I got/heard it, 419
MOVE(S)
All the right moves, to have/make, 885
Move the goal posts, to, 76
Think /look several (or some number) moves ahead, to, 894
Your move, (it's), 895
MUDDY
Muddy the water(s), to, 707
MUDVILLE
There is no joy in Mudville, 237
MULLIGAN
Take a Mulligan, to, 678
MUSCLE
Muscle man; muscleman, 785
Muscle-bound, 786
MUSICAL
Musical chairs, to play, 993

N

NAME
Name of the game, 77
NASCAR
NASCAR dad, 361
NECK
Neck and neck, 403
NEED
Baby needs a new pair of shoes, 902
NEITHER
Neither hide nor hair, 761
NET
All is fish that comes to the net, 682
Cast the net wide, to, 685
Nothing but net, 259
Surf the net/web, to, 648

NEUTRAL
Neutral corner, 468
NEVER
Never give a sucker an even break, 950
Never up, never in, 668
NEW
Baby needs a new pair of shoes, 902
New deal, 844
Whole new ball game, 139
NEXT
Wait till next year, 246
NIBBLE
Get a bite/nibble, to, 695
NICE
Nice guys finish last, 78
NINETEENTH
Nineteenth hole, 669
NINTH
Bottom of the ninth, 162
NOBODY
Round and round she/it goes, where she/it stops nobody knows, 933
NOSE
By a nose, 374
NOTHING
Nothing but net, 259
Nothing on the ball, to have, 203
NUMBER
A game any number can play, 955
One's number is up, 928
Retire someone's number, 103
Think /look several (or some number) moves ahead, to, 894

OAR
Put/stick one's oar in, to, 592
OBSTACLE
Obstacle course, 558

ODDS
Against all odds, 368
Beat the odds, to, 372
Odds-on favorite, 406
OFFICE
Play post office, to, 1003
OFFSIDES, 305
OLD
Little old lady in tennis shoes, a, 348
Old college try, 306
ONE
Back to square one, 956
Cast one's lot with, to, 907
Cut one's losses, to, 912
Deck stacked against one, to have the, 813
Go someone one better, to, 823
Have two strikes against one, to, 182
Hold up one's end, to, 269
Hole in one, 667
Keep one's eye on the ball, to, 65
Kill two birds with one stone, to, 753
Last one in/there/home, etc. is a rotten egg, 989
One down and two to go, 208
One-on-one, 260
One-two punch, 472
One up on, to be, 671
Out of one's league, 210
Strengthen one's hand, to, 871
Take one for the team, to, 122
The one that got away, 715
Throw in one's hand, to, 875
Tip one's hand, to, 876
Win one for the Gipper, 323
ONLY
Close only counts in horseshoes, 719
It's only a game, 60
Only game in town, 88

Winning isn't everything; it's the only thing, 325

OPEN
Open a can of worms, to, 710
Open season on, 763

OPENERS
Good enough for openers, 824

OPENING
Opening gambit, 889

ORDER
Batting order, 155

OTHER
The other side of the coin, 900
There are (plenty of) other fish in the sea, 716

OUTSIDE
Color inside (outside) the lines, 975

OVER
All over but the shouting, 4
All over the ballpark, 148
Hand over fist, to make money, 610
It isn't/ain't over till it's over, 194

OVERBOARD
Go overboard, to, 609

OVERPLAY
Overplay your hand, to, 847

OWN
Beat someone at his/her own game, to, 13
On one's own hook, 709
Own goal, 335
Paddle your own canoe, to, 590
Pull one's own weight, to, 591

P

PACE
Change of pace, 17
Off the pace, 559
Put through their paces, to, 411

PACESETTER, 408

PACK
Ahead of the pack, 369
Break away from the pack, to, 356
Pack a punch/wallop, to, 474
Six-pack/washboard abs, 788

PADDLE
Paddle your own canoe, to, 590
Up the creek without a paddle, 594

PAIN
No pain, no gain, 79

PAIR
Baby needs a new pair of shoes, 902

PAPER
Paper trail, 764

PAR
Above/below par, 663
Not up to par, 670
Par for the course, 672
Up to par, 681

PARLAY, 929

PARK
Knock it/the ball out of the park / over the fence, to, 195

PARRY, 517

PASS
Come through / pass with flying colors, to, 602
Do not pass go, 959
I pass, 830
Make a pass at, to, 515
Pass the baton, to, 563
Pass the buck, to, 848
Pass the torch, to, 90

PAST
Checkered career/past, 958

PAT
Stand pat, to, 870

PATTY
Play patty cake, to, 1002

PAW
South paw, 113
PAWN
Pawn, 890
Sacrifice a pawn, to, 892
PEDAL
Back-pedal, to, 355
PEEK-A-BOO
Peek-a-boo, 994b
Peek-a-boo, to play, 994a
PEG
Square peg in round hole, 1007a
To feel like a square peg in a round hole, 1007b
PENNY
Penny ante, 849
PEP
Pep rally, 308
Pep talk, 91
PERCENT
110 percent, 2
PERFECT
Perfect ten, 92
PERSON
Give a person a fish and he will eat today, teach him to fish and he will eat his whole life, 698
PERSONAL
Personal best, 564
Up close and personal, 136
PHONE
Phone tag, 995
PHOTO
Photo finish, 409
PICK
Pick up/take the ball and run with it, to, 309
PIGEON
Clay pigeon, 733
PIGGYBACK, 996
PIN
Hard to pin down, 530

PINCH
Pinch hit, to, 211
PIT
Pit stop, 363
Pit against, to, 966
PITCH
Make a pitch for, to, 198
Serve up a fat pitch/ softball/ lollipop, to, 226
Throw/pitch someone a curve, to, 240
Wild pitch, 248
PITCHING
In there pitching, to be, 193
PITCHMAN, 212
PLACE
Win, place or show, to, 428
PLAIN
Smooth/plain/clear sailing, 633
PLAN
Game plan, 37
PLAY
A game any number can play, 955
All work and no play make Jack a dull boy, 969
Blindman's buff, to play, 970
Catch-up ball, to play, 284
Child's play, 973
Cowboys and Indians, to play, 977
Double play, 170
Fair play, 29
Foul play, 30
Game two can play, a, 38
God does not play dice with the universe, 917
Grandstand play, 48
Hail Mary play, 298
Hide and (go) seek, to play, 984
How you play the game, it's, 56
If you play your cards right, 831
Marked/stacked deck, to play with a, 843

Musical chairs, to play, 993
Not play fair, to, 82
Peek-a-boo, to play, 994
Play 20 questions, to, 997
Play a lone hand, to, 850
Play a waiting game, to, 93
Play along with, to, 94
Play ball with, to, 95
Play both ends against the middle, to, 851
Play-by-play account, 213
Play by the rules/book, to, 96
Play cat and mouse, 98
Play date, 998
Play doctor, to, 999
Play fair, to, 97
Play for keeps, to, 778
Play games with, 99
Play guessing games, to, 1000
Play hardball, to, 214
Play house, to, 1001
Play it where it lies, 673
Play one's last card, to, 852
Play patty cake, to, 1002
Play post office, to, 1003
Play the field, to, 410
Play the race card, to, 853
Play your cards close to the vest, to, 854
Power play, 331
Squeeze play, 232
Statue of Liberty play, 318
Textbook play, 127
Turnabout is fair play, 135
You play ball with me and I'll play ball with you, 142
PLAYBOOK, 310
PLAYER(S)
Hate the game, not the player, 51
Team player, 125
The cards beat all the players, 874
Utility infielder/player, 245
You can't tell the players without a program, 326
PLAYING
Level playing field, 68
Playing fields of Eton, The battle of Waterloo was won on the, 100
Not playing with a full deck, 846
PLAYMAKER, 311
PLENTY
There are (plenty of) other fish in the sea, 716
POINT(S)
Ahead on points, 431
Make/score points, to, 71
Point man, 261
Win on points, to, 509
POKER
Poker face, 855
POLE
Go over like a pregnant pole-vaulter, to, 545
POLITICAL
Political football, 312
PONY
Pony up, to, 856
PORT
Any port in a storm, 595
POSITION
Jockey for position, to, 400
POST
Beaten at the post, 373
Left at the post, 401
Move the goal posts, to, 76
Play post office, to, 1003
POT
Sweeten the pot, to, 872
POWDER
Powder Puff, 101
POWER
Power hitter, 215
Power play, 331

ENGLISH IDIOM KEY WORD INDEX

PREGNANT
  Go over like a pregnant pole-vaulter, to, 545
PRESS
  Full court press, 252
PRIZE
  Booby/consolation prize, to win the, 971
PROGRAM
  You can't tell the players without a program, 326
PUFF
  Powder Puff, 101
PULL
  Pull no punches, to, 475
  Pull one's own weight, to, 591
  Pull one's punches, to 476
PUMPED, 787
PUNCH(ES)
  Beat someone to the punch, to, 434
  One-two punch, 472
  Pack a punch/wallop, to, 474
  Pull no punches, to, 475
  Pull one's punches, to, 476
  Punch above one's weight, to, 477
  Punch drunk/punchy, 478
  Punch line, 479
  Roll with the punches, to, 485
  Sunday punch, 492
  Telegraph a punch, to, 500
  Trade punches, to, 505
PUNCHING
  Punching bag, to be someone's, 480
PUNCHY
  Punch drunk/punchy, 478
PUNT, 313
PUSHOVER, 481
PUT
  Put a spin on, to, 350
  Put/lay (all) one's cards on the table, to, 857
  Put on the gloves, to, 482
  Put/stick one's oar in, to, 592
  Put through their paces, to, 411
  Put up or shut up, 858

Q

QUARTERBACK
  Armchair quarterback, 279
  Monday morning quarterback, 304
  Quarterback, to, 314
QUEENSBERRY
  Queensberry rules, to fight according to, 483
QUESTION
  Field questions, to, 175
  Play 20 questions, to, 997
QUIT
  Quit while you're ahead, to, 930
QUITE
  Cut quite a figure, to, 789

R

RABBIT
  First catch your rabbit, then make your stew, 741
RACE
  Arms race, 537
  Horse race, 396
  Play the race card, to, 853
  Race against time, 565a, 565b
  Rat race, 566
  Slow and steady wins the race, 570
  The race is not to the swift, 576
RAG
  Red flag/rag to a bull, 511
RAIN
  Called on account of rain, 15
  Rain check, 216

RAINED
Rained out, 217
RAISE
Lower (raise) the bar, to, 554
Raise hackles, to, 967
Raise (up) the ante, to, 859
RAKE
Rake-off, 931
RALLY
Pep rally, 308
RAN
Also ran, 370
RANCH
Don't / I wouldn't bet the ranch/rent on it, 914
RAT
Rat race, 566
READ
Read 'em (them) and weep, 860
READY
Ready or not, here I come, 1004
REBOUND
On the rebound, 87
Rebound, to, 262
RECORD
Rewrite the record book, to, 104
Track record, 579
RED
Red card, 336
Red flag/rag to a bull, 511
REIN
Give free rein, to, 389
RENEGE, 861
RENT
Don't / I wouldn't bet the ranch/rent on it, 914
REPLAY
Instant replay, 300
RESHUFFLE
Shuffle/reshuffle the deck, to, 867
REST
Rest on one's laurels, 102

RETIRE
Retire someone's number, 103
REWRITE
Rewrite the record book, to, 104
RIDE
Let it/something ride, to, 922
Ride 'em, cowboy, 523
Ride one's hobby horse, to, 1005
Weather/ride out the storm, to, 642
RIDING
Have a lot riding on, to, 918
Riding for a fall, 412
RIGHT
All the right moves, to have/make, 885
Dive right in, 584
Get off on the right (wrong) foot (with), to, 543
Hang a left/louie or right, to, 791
If you play your cards right, 831
On the right track, 762
Right off the bat, 218
Right out of the chute, 524
Right up someone's alley, 219
RING
Catch the brass ring, 972
RINGER, 105
RINGSIDE
Ringside seat, 484
RISE
Rise to the bait, to, 711
Get a rise out of someone, to, 696
RISING
Rising tide will lift all boats, a, 623
ROBBED
We wuz robbed!, 506
ROCK
Rock the boat, to, 593
ROLL
Come up /roll snake eyes, 909
On a roll, 927

Roll of the dice, 932
Roll with the punches, to, 485
ROLLING
Keep/get the ball rolling, 64
ROOK, 891
ROOKIE, 220
ROOM
Locker room talk, 69
ROOT
Root for, to, 106
ROPE(S)
Know/learn the ropes, to, 616
On the ropes, 471
Rope-a-dope, 486
Rope someone in, to, 525
ROTTEN
Last one in/there/home, etc. is a rotten egg, 989
ROULETTE
Russian roulette, 934
Vatican roulette, 939
ROUND
Merry-go-round, to be on a, 991
Round and round she/it goes, where she/it stops nobody knows, 933
Square peg in round hole, 1007a
To feel like a square peg in a round hole, 1007b
ROW
Have all one's ducks in a row, to, 660
ROYAL
Royal flush, to draw a, 862
RUB
Rub of the green, 674
RUDDERLESS, 624
RULES
Ground rules, 49
Play by the rules/book, to, 96
Queensberry rules, to fight according to, 483

Stickler for the rules, 120
RUN
End run around, to make an, 286
Give someone a run for his money, to, 388
Hit and run, 184
Home run, 186
In the long run, 551
No hits, no runs, no errors, 200
Pick up/take the ball and run with it, to, 309
Run a tight ship, to, 625
Run interference, to, 315
Run-off, 568
Run out the clock, to, 107
Run the table, to, 951
Run to ground, to, 765
Run up the score, to, 108
Run with the hare and hunt with the hounds, to, 766
RUNNER
Front-runner, 542
Runner up, 567
RUNNING
In the running, 399
Off to a running/flying start, to be, 560
Out of the running, 407
Running mate, 413
They're (are) off and running, 421
Hit the ground running, to, 522
RUSSIAN
Russian roulette, 934

S

SACRIFICE
Sacrifice a pawn, to, 892
SAFE
Safe by a mile, 221
Safe harbor, 626

SAIL(S)
Sail close to the wind, to, 627
Sail through, to, 628
Take the wind out of someone's sails, to, 639
Trim one's sails, to, 641
SAILING
Smooth/plain/clear sailing, 633
SAND
Sand trap, 675
SANDLOT, 222
SAVED
Saved by the bell, 487
SAY(S)
Say it ain't so/isn't so, Joe, 223
Simon says, 1006
SCENT
Cold trail/scent, 734
Hot on the trail/scent of, 746
Throw off the scent/track, 773
SCORE
Box score, 163
He shoots, he scores, 329
If you don't shoot, you don't score, 256
Know the score, to, 66
Make/score points, to, 71
Run up the score, to, 108
Score, to, 109
Settle the/a score, to, 110
SCRATCH
Come up to scratch, to, 440
From scratch, 386
Scratch that, 414
SCREWBALL, 224
SEA
At sea, 596
There are (plenty of) other fish in the sea, 716
SEASON
Open season on, 763

SEAT
Ringside seat, 484
SECOND
Get to first/second/third base, to, 178
Second wind, 569
SEE
I call 'em (them) the way/ like/as I see 'em, 190
See which way the wind is blowing, to, 629
SEEDED
Top-seeded, 354
SEEK
Hide and (go) seek, to play, 984
SEND
Send to the showers, to, 225
SERVE
Serve up a fat pitch/ softball/ lollipop, to, 226
SET
Dead set on (against), 737
Game, set, and match, 346
Set/ throw away /use a sprat to catch a mackerel, 712
SETTLE
Settle the/a score, to, 110
SEVENTH
Seventh inning stretch, 227
SEVERAL
Several cards short of a deck, 863
Think /look several moves ahead, to, 895
SHADOW
Shadow boxing, 488
SHAKE(S)
Fair shake, a, 916
No great shakes, 926
SHAKEDOWN
Shakedown cruise, 630
SHIP
Run a tight ship, to, 625

ENGLISH IDIOM KEY WORD INDEX

SHOES
Baby needs a new pair of shoes, 902
Little old lady in tennis shoes, a, 348
SHOO-IN, 415
SHOOT
He shoots, he scores, 329
If you don't shoot, you don't score, 256
Shoot the breeze, to, 631
Shoot the moon, to, 864
SHOOTING
As easy as shooting fish in a barrel, 683
Whole shooting match, 657
SHOOTOUT, 337
SHORT
Fall short, to, 720
Several cards short of a deck, 863
SHORTS
Boxer shorts, 438
SHOT
Call the shots, to, 945
Cheap shot, 18
Give it your best shot, to, 253
Good shot, 46
Long shot, 653
Not by a long shot, 81
SHOULDER(S)
Carry the team (on one's shoulders), to, 16
Straight from the shoulder, 491
SHOUTING
All over but the shouting, 4
SHOW
No-show, 405
Show one's hand, to, 865
Win, place or show, to, 428
SHOWDOWN, 866
SHOWER
Send to the showers, to, 225

SHUFFLE
Lost in the shuffle, 839
Shuffle/reshuffle the deck, to, 867
SHUT
Put up or shut up, 858
SHUTOUT, 111
SIDE(S)
Choose up sides, 974
Let the side down, to, 271
The other side of the coin, 900
SIDELINE(S)
On/from the sidelines, 86
Sidelined, to be, 316a
Sideline, to, 316b
SIDESTEP, 317
SIDEWALK
Asphalt/sidewalk surfing, 644
SIGNALS
Call the signals, to, 282
SIN
Sin bin, 332
SINKER
Hook, line, and sinker, to swallow or to fall for something, 702
SITTING
Sitting duck, 767
SITUATION
No-win situation, 83
Win-win situation, 140
SIX
Hitting/firing on all (six) cylinders, 360
Knock for six, to, 270
Six-pack/washboard abs, 788
SKATE
Skate circles around, to, 792
Skate on thin ice, to, 793
SKATES
Get your skates on, 790
SKIPPER, 632
SKITTLES
Not all beer and skittles, 662

SLAM
Grand slam, 825
Slam-dunk, 263
SLAP
Slap happy, 489
SLEDDING
Tough sledding, 796
SLEEPER, 416
SLEEVE
Have an ace/something up one's sleeve, to, 826
SLIPPERY
Slippery slope, 794
SLOPE
Slippery slope, 794
SLOW
Slow and steady wins the race, 570
Slow off the mark, 571
SLUGGER, 228
SLUMP, 229
SMALL
Small fry, 713
SMART
The smart money is on, 420
SMOOTH
Smooth/plain/clear sailing, 633
SNAKE
Come up /roll snake eyes, 909
SNIPE
Snipe hunt, 768
SNOOKER, 952
SNOWBALL, 795
SOCCER
Soccer mom, 338
SOFTBALL
Serve up a fat pitch/ softball/ lollipop, to, 226
SOME
Give some leeway, to, 607
Tie up some loose ends, to, 640
You win some, you lose some, 143

SOMEONE
Ball's in someone's court, the, 344
Bean someone, to, 156
Beat someone at his/her own game, to, 13
Beat someone to the punch, to, 434
Bowl someone over, to, 268
Call someone's bluff, to, 805
Can't/doesn't lay a glove on someone, 439
Catch someone off guard, to, 512
Count (don't count) someone out, to, 441
Feed someone a line, to, 687
Force someone's hand, to, 821
Get a rise out of someone, to, 696
Get one's hooks into someone, to, 697
Get someone's goat, to, 387
Give someone a run for his money, to, 388
Give someone his head, to, 390
Go someone one better, to, 823
Go to bat for someone, to, 179
In someone's corner, 456
Like (dislike, not like) the cut of someone's jib, to, 617
Make someone eat your dust, to, 556
Punching bag, to be someone's, 480
Retire someone's number, 103
Right up someone's alley, 219
Rope someone in, to, 525
Take the fight out of someone, to, 497
Take the wind out of someone's sails, to, 639
The dice are loaded against someone, 936

Throw/pitch someone a curve, to, 240
Trump someone, to, 878
SOMETHING
Ace something, to, 342
Chalk something up to experience, to, 946
Have an ace /something up one's sleeve, to, 826
Hook, line, and sinker, to swallow or to fall for something, 702
Let it/something ride, 922
Take something in stride, to, 575
Unable to make head or tails of something, to be, 898
SORE
Sore loser/sport, 112
SOS, 634
SOUTH
South paw, 113
SPADES
Black as the ace of spades, 803
In spades, 832
SPAR, 490
SPEED
Up to speed, 366
SPIN
Put a spin on, to, 350
Spin control, 351
Spin doctor, 352
Spin out of control, to, 364
SPITBALL, 230
SPOILSPORT, 114
SPONGE
Throw/toss in the towel/sponge, to, 503
SPORT
Be a (good) sport, 12
Competitive sport, (not) a, 22
Contact sport, 24
Good sport/loser, 47
How about that, sports fans?, 55

Make sport of, to, 72
Sore loser/sport, 112
Sport of kings, 417
SPORTING
Sporting chance, 115
Sporting house, 116
Sporting life, 117
Sporting woman, 118
SPORTSMANSHIP, 119
SPOT
Sweet spot, 677
SPRAT
Set/ throw away /use a sprat to catch a mackerel, 712
SPRING
Spring training, 231
SPRINGBOARD, 587
SPRINT, 572
SQUARE
Back to square one, 956
Square deal, 868
Square peg in round hole, 1007a
To feel like a square peg in a round hole, 1007b
SQUEEZE
Squeeze play, 232
STACK
Stack the deck, to, 869
STACKED
Deck stacked against one, to have the, 813
Marked/stacked deck, to play with a, 843
STAGE
At this stage of the game, 7
STAKE
At stake, 901
STALEMATE, 893
STALKING
Stalking, 769
Stalking horse, 770

STAND
Stand pat, to, 870
STANDING
Last man standing, 532
START
False start, 538
Gentlemen, start your engines, 358
Head start, 547
Off to a running/flying start, to be, 560
Start a hare, to, 418
STARTER
Non-starter, 404
STARTING
Starting gun, 573
STATUE
Statue of Liberty play, 318
STAY
Stay the course, to, 574
STEADY
Have/keep a firm, steady hand on the tiller, to, 612
Slow and steady wins the race, 570
STEER
Steer clear of, to, 636
STEM
From stem to stern, 604
STEP
Step up to the plate, to, 233
STERN
From stem to stern, 604
STEW
First catch your rabbit, then make your stew, 741
STICK
Keep your stick on the ice, 330
Put/stick one's oar in, to, 592
STICKLER, 120
STICKY
Sticky wicket, 273

STIFF
Stiff arm, to, 319
STING
Float like a butterfly, sting like a bee, 449
STONE
Kill two birds with one stone, to, 753
STONEWALL, 274
STOP
Pit stop, 363
Round and round she/it goes, where she/it stops nobody knows, 933
The buck stops here, 873
STORM
Any port in a storm, 595
Weather/ride out the storm, to, 642
STRAIGHT
Draw to an inside straight, to, 815
Straight from the horse's mouth, I got/heard it, 419
Straight from the shoulder, 491
STRANGLEHOLD, 834
STRAP
Athletic supporter or jock strap, 10, 63
STREAK
Losing streak, 197
Winning streak, 249
STRENGTH
Bench strength, 157
STRENGTHEN
Strengthen one's hand, to, 871
STRETCH
Fade in the stretch, to, 381
Seventh inning stretch, 227
STRIDE(S)
Hit one's stride, to, 393
Make great strides, to, 555
Take something in stride, to, 575

STRIKE(S)
Have two strikes against one, to, 182
Strike out, to, 234
Three strikes and you're out, 238
STRING
First string, 290
STRIPES
Go-faster stripes, 359
STROKE
Stroke of good luck/fortune, 953
STUMPED, 275
STYMIE, 676
SUCKER
Never give a sucker an even break, 950
SUDDEN
Sudden death, 121
SUIT
Follow suit, to, 820
Long suit, 838
SUM
Zero sum game, 145
SUNDAY
Sunday punch, 492
SUPPORTER
Athletic supporter or jock strap, 10, 63
SURF
Surf the net/web, to, 648
SURFING
Asphalt/sidewalk surfing, 644
Channel surfing, 646
SWALLOW
Hook, line, and sinker, to swallow or to fall for something, 702
SWEAT
No sweat, 80
SWEEP
Sweep the board, to, 935
SWEEPSTAKES
Win the daily double/sweepstakes, to, 427

SWEET
Sweet spot, 677
SWEETEN
Sweeten the pot, to, 872
SWIFT
The race is not to the swift, 576
SWITCH
Bait and switch, 684
Switch hitter, 235
SWORDS
Cross swords, to, 513
SYSTEM
Farm system, 174

T

TABLE
Card table, 806
Put/lay (all) one's cards on the table, to, 857
Run the table, to, 951
Under the table, 880
TACK
Take another tack, to, 638
TACKLE, 320
TAG
Phone tag, 995
Tag team, 535
Tag! You're it, 1008
TAILS
Heads I win, tails you lose, 896
Unable to make head or tails of something, to be, 898
TAKE
Pick up/take the ball and run with it, to, 309
Take a bad bounce, to, 236
Take a dive, to, 493
Take a fall for, to, 494
Take a Mulligan, to, 678
Take aback, to, 637
Take another tack, to, 638

Take it on the chin, to, 495
Take it to the hoop, to, 264
Take on all comers, to, 496
Take one for the team, to, 122
Take one's marbles and go home, to, 779
Take something in stride, to, 575
Take the bait, 714
Take the bull by the horns, to, 526
Take the checkered flag, to, 365
Take the fight out of someone, to, 497
Take the long count, to, 498
Take the wind out of someone's sails, to, 639
Take turns, to, 1009
Winner-take-all, 883

TALK
Locker room talk, 69
Pep talk, 91
Talk a good game, to, 123
Talk trash, to, 256b
Trash talk, 265a

TANK, 499

TEACH
Give a person a fish and he will eat today, teach him to fish and he will eat his whole life, 698

TEAM
A-team, 8
Carry the team (on one's shoulders), to, 16
Home team, 187
Tag team, 535
Take one for the team, to, 122
Team effort, 124
Team player, 125
There's no "I" in team, 129

TEAMWORK, 126

TEE(D) OFF
Tee off, to; to be teed off, 679

TELEGRAPH
Telegraph a punch, to, 500

TELL
You can't tell the players without a program, 326

TEN
Hang ten, to, 647
Perfect ten, 92

TENNIS
Inner (e.g. tennis), 347
Little old lady in tennis shoes, a, 348
Tennis, anyone?, 353

TEXTBOOK
Textbook play, 127

THEORY
Domino theory, 960

THIN
Skate on thin ice, to, 793

THING
Winning isn't everything; it's the only thing, 325

THINK
Think/look several moves ahead, to, 894

THIRD
Get to first/second/third base, to, 178
Third and long, 321

THOROUGHBRED, 422

THOUSAND
Bat a thousand, to, 152

THREE
Three strikes and you're out, 238

THRILL
The thrill of the chase, 772

THROW
Set/ throw away /use a sprat to catch a mackerel, to, 712
Throw a game, to, 130
Throw away a herring to catch a whale, to, 717

Throw for a loss, to, 322
Throw in one's hand, to, 875
Throw off the scent/track, 773
Throw the (dem) bums out, 239
Throw/pitch someone a curve, to, 240
Throw/toss in the towel/sponge, to, 503
TIDE
Rising tide will lift all boats, a, 623
TIE
Tie breaker, 131
Tie up some loose ends, to, 640
TIGHT
Run a tight ship, to, 625
TILLER
Have/keep a firm, steady hand on the tiller, to, 612
TILT!, 962
TIME
Race against time, to, 565a, 565b
Time-out, 132
TINHORN, 938
TINKER
Tinker to Evers to Chance, 241
TIP
Tip one's hand, to, 876
TODAY
Give a person a fish and he will eat today, teach him to fish and he will eat his whole life, 698
TOE(S)
On one's toes, 469
Toe the mark/line, to, 578
Toe-to-toe, 504
TONSIL
Tonsil hockey, 333
TOOTH
Long in the tooth, 402
TOP
At the top of one's game, 6
Top-seeded, 354

TORCH
Pass the torch, to, 90
TOSS
Throw/toss in the towel/sponge, to, 503
Toss-up, 899
Win the toss, to, 324
TOUCH
Touch all the bases, to, 242
Touch base with, to, 243
TOUCHÉ, 518
TOUGH
Tough sledding, 796
TOUTED
Highly touted, 392
TOWEL
Throw/toss in the towel/sponge, to, 503
TOWN
Only game in town, 88
TOYS
He who dies with the most toys wins, 983
TRACK(S)
Cover one's tracks, to, 736
Fast track, 539a
Inside track, 552
Life on the fast track, 539b
Lose track of, to, 758
Make tracks, to, 759
On the right track, 762
Throw off the scent/track, 773
Track record, 579
TRADE
Trade punches, to, 505
TRAIL
Cold trail/scent, 734
Hot on the trail/scent of, 746
Paper trail, 764
Trail the field, to, 580
TRAINING
Spring training, 231

TRAP
Sand trap, 675
TRASH
Trash talk, 265a
Talk trash, to, 265b
TREE
Bark up the wrong tree, to, 723
TRICK
Hat trick, 328
Hidden ball trick, 183
Not miss a trick, to, 845
TRIM
Trim one's sails, to, 641
TROPHY
Trophy wife, 134
TROT
Hot to trot, 398
Trot out, to, 423
TROUBLED
Fish in troubled waters, to, 689
TROUT
You must lose a fly to catch a trout, 718
TRUMP(S)
Come/turn up trumps, to, 808
Hold all the cards/aces/trumps, to, 828
Trump card, 877
Trump someone, to, 878
TRUST
Trust everyone but cut the cards, 879
TRUTH
Moment of truth, 510
TRY
Old college try, 306
TUBULAR, 649
TUG-OF-WAR, 341
TURN(S)
Come /turn up trumps, to, 808
Take turns, to, 1009
TURNABOUT, 135

TURNING
Without turning a hair, 430
TWELFTH
Twelfth man, 277
TWIN
Twin bill, 244
TWO
Bird in the hand is worth two in the bush, 727
Game two can play, a, 38
Have two strikes against one, to, 182
Kill two birds with one stone, to, 753
One down and two to go, 208
One-two punch, 472
TWOSOME, 680

U

UNABLE
Unable to make head or tails of something, to be, 898
UNCLE
Cry uncle, 978
UNDER
Under the table, 880
Under the wire, just, 424
UNDERDOG, 968
UNIVERSE
God does not play dice with the universe, 917
UNLUCKY
Lucky at cards, unlucky in love, 842
UP
Bark up the wrong tree, to, 723
Catch-up ball, to play, 284
Game is up, the, 36
Have an ace /something up one's sleeve, to, 826
Heads up, 54

ENGLISH IDIOM KEY WORD INDEX

Never up, never in, 668
Not up to par, 670
One up on, to be, 671
One's number is up, 928
Right up someone's alley, 219
Run up the score, to, 108
Runner up, 567
Toss-up, 899
Up close and personal, 136
Up the creek without a paddle, 594
Up to par, 681
Up to speed, 366
UPSHOT, 656
USE
Set/ throw away /use a sprat to catch a mackerel, 712
UTILITY
Utility infielder/player, 245

VATICAN
Vatican roulette, 939
VAULTER
Go over like a pregnant pole-vaulter, to, 545
VAULTING
Vaulting ambition, 581
VEST
Play your cards close to the vest, to, 854
VET, 425

WAIT
Wait till next year, 246
WAITING
Play a waiting game, to, 93
WALL
Hit the wall, to, 548
Off-the-wall, 349

WALLOP
Pack a punch/wallop, to, 474
WAKE
In the wake of, 614
WAR
Tug-of-war, 341
WARMER
Bench warmer, 158
You're getting warmer, 1010
WASHBOARD
Six-pack/washboard abs, 788
WATER(S)
Fish in troubled waters, to, 689
Fish out of water, 691
Muddy the water(s), to, 707
WATERLOO
Playing fields of Eton, The battle of Waterloo was won on the, 100
WAVE(S)
Catch the wave, to, 645
Make waves, to, 621
WAY
Go all the way, to, 294
I call 'em (them) the way /like/as I see 'em, 190
See which way the wind is blowing, to, 629
That's the way the ball bounces, 128
WEAKLING
90-pound weakling, 780
WEATHER
Weather/ride out the storm, to, 642
WEB
Surf the net/web, to, 648
WEEP
Read 'em (them) and weep, 860
WEIGHT
Pull one's own weight, to, 591
Punch above one's weight, to, 477
WELCOME
Welcome aboard, 643

WHALE
Throw away a herring to catch a whale, to, 717
WHEEL
Wheel of fortune, 941
WHEELING
Wheeling and dealing, 942
WHISTLEBLOWER, 138
WHITE
White hope, (great), 508
White man's disease/white men can't jump, 267
WHOLE
Give a person a fish and he will eat today, teach him to fish and he will eat his whole life, 698
Whole new ball game, 139
Whole shooting match, 657
WICKET
Sticky wicket, 273
WIDE
Cast the net wide, to, 658
Give a wide berth, to, 606
Wide of the mark, 658
WIDOW
Golf widow, 665
WIFE
Trophy wife, 134
WILD
Wild card, 882
Wild goose chase, 774
Wild pitch, 248
WIN
Booby/consolation prize, to win the, 971
He who dies with the most toys wins, 983
Heads I win, tails you lose, 896
House always wins, the, 920
No-win situation, 83
Slow and steady wins the race, 570
Win going away, to, 582
Win hands down, to, 426
Win on points, to, 509
Win one for the Gipper, 323
Win, place or show, to, 428
Win the daily double / sweepstakes, to, 427
Win the toss, to, 324
Win-win situation, 140
You can't win them all, 141
You win some, you lose some, 142
WIND
Sail close to the wind, to, 627
Second wind, 569
See which way the wind is blowing, to, 629
Take the wind out of someone's sails, to, 639
WINNER
Winner's circle, in the, 429
Winner-take-all, 883
WINNING
Winning streak, 249
Winning isn't everything; it's the only thing, 325
WIPE
Wipe out, 650
WIRE
Down to the wire, 380
Under the wire, just, 424
WOMAN
Sporting woman, 118
WON
Playing fields of Eton, The battle of Waterloo was won on the, 100
WORD
From the word go, 541
WORK
All work and no play make Jack a dull boy, 969

WORMS
Open a can of worms, to, 710
WORTH
Game is (not) worth the candle, 35
Bird in the hand is worth two in the bush, 727
WRONG
Back the wrong horse, to, 371
Bark up the wrong tree, to, 723
Get off on the right (wrong) foot (with), to, 543

Y
YARD
Hundred yard dash, 549

YEAR
Wait till next year, 246

Z
ZAGGED
I zigged when I should have zagged, 455
ZERO
Zero sum game, 145
ZIGGED
I zigged when I should have zagged, 455
ZONE
Dancing in the end zone, 285
End zone, 287
The Zone, 577

Russian Idiom Index — Алфавитный указатель русских идиом

Идиома	Стр.
1:0 (ОДИН НОЛЬ) В ЧЬЮ-ТО ПОЛЬЗУ	74
БЕЗ ТРУДА НЕ ВЫТАЩИШЬ И РЫБКУ ИЗ ПРУДА	60
БИТЬ МИМО ЦЕЛИ	71
БЫТЬ В ЦЕЙТНОТЕ (*См.* **84.** ПОПАСТЬ В ЦЕЙТНОТ)	80
В МУТНОЙ ВОДЕ РЫБУ ЛОВИТЬ	61
ВНЕ ИГРЫ	1
ВО ВТОРОЙ ЛИГЕ	2
ВСЁ ХОККЕЙ!	79
ВТОРОЕ ДЫХАНИЕ	23а
ВЫИГРАТЬ ПО ОЧКАМ	3
ВЫЙТИ ИЗ ИГРЫ	4
ВЫЛОЖИТЬ/(реже) ВЫСТАВИТЬ СВОИ КОЗЫРИ	86
ВЫШЕ ГОЛОВЫ НЕ ПРЫГНЕШЬ / ВЫШЕ СЕБЯ НЕ ПРЫГНЕШЬ / ПОПЕРЁК СЕБЯ НЕ ПЕРЕПРЫГНЕШЬ	111
ГРУБАЯ ИГРА	5
ГРЫЗТЬ УДИЛА	31
ДАТЬ ДЕСЯТЬ/ПАРУ/СТО ОЧКОВ ВПЕРЁД	6
ДАТЬ ПЕНДЕЛЯ	75
ДЕВУШКА/ЖЕНЩИНА — НОКАУТ	16
ДЕЛИТЬ ШКУРУ НЕУБИТОГО МЕДВЕДЯ (*посл.*)	40
ДЕРЖАТЬ ВСЕ КОЗЫРИ В РУКАХ	87
ДЕРЖАТЬ В УЗДЕ	32
ДЕРЖАТЬ НОС ПО ВЕТРУ	41
ДОМАШНЯЯ ЗАГОТОВКА	81
ЗАБИТЬ ГОЛ В СВОИ ВОРОТА	77
ЗАГНАТЬ В ЛУЗУ	14
ЗАГНАТЬ В УГОЛ	17
ЗАКИДЫВАТЬ/ЗАБРАСЫВАТЬ УДОЧКУ	62
ЗАКУСИТЬ УДИЛА	33
ЗАМЕТАТЬ СЛЕДЫ	42
ЗНАЛ БЫ ПРИКУП, ЖИЛ БЫ В СОЧИ	88
И В ХВОСТ И В ГРИВУ	34
ИГРА В ОДНИ ВОРОТА	76
ИГРА НЕ СТОИТ СВЕЧ (*посл.*)	89
ИГРА СЫГРАНА, ЧЬЯ-ЛИБО	7
ИГРАТЬ В БИРЮЛЬКИ	109
ИГРАТЬ В ПРЯТКИ	110
ИГРАТЬ МЕЧЕНЫМИ КАРТАМИ	90
ИДТИ/ПЛЫТЬ ПРОТИВ ТЕЧЕНИЯ	55
ИЗ СПОРТИВНОГО ИНТЕРЕСА	8
И КАРТЫ В РУКИ, КОМУ-ЛИБО	91
ИМЕТЬ КАРТ-БЛАНШ	92
ИМЕТЬ КОЗЫРЬ В ЗАПАСЕ	93
И СЛЕД ПРОСТЫЛ, КОГО-ЛИБО/ ЧЕГО-ЛИБО	43
КАК БУДТО БЕЖАТЬ СТОМЕТРОВКУ	24
КАК КРАСНАЯ ТРЯПКА ДЛЯ/ НА БЫКА	15
КАРТА БИТА, ЧЬЯ-ЛИБО	94
КАРТА ПОШЛА	95
КАРТЫ НА СТОЛ	96
КЛЮНУТЬ НА КРЮЧОК	63

КОЗЫРИ БИТЫ, ЧЬИ-ЛИБО (См. 94. КАРТА БИТА, ЧЬЯ-ЛИБО)	97
ЛОВИТЬ НА КРЮЧОК	64
ЛОВИТЬ НА УДОЧКУ	65
МАЛЬЧИК ДЛЯ БИТЬЯ; (реже) ДЕВОЧКА/КУКЛА ДЛЯ БИТЬЯ	18
МАРАФОН	25
МЕЛКО ПЛАВАТЬ	56
МЁРТВАЯ ХВАТКА	21
НА БЕЗРЫБЬЕ И РАК РЫБА (посл.)	66
НАВОСТРИТЬ ЛЫЖИ	39
НА ЛОВЦА И ЗВЕРЬ БЕЖИТ (посл.)	44
НА ОХОТУ ЕХАТЬ — СОБАК КОРМИТЬ (посл.)	45
НАПАСТЬ НА ЧЕЙ-ЛИБО СЛЕД	46
НА СВОЁМ ПОЛЕ	9
НАСТУПАТЬ (КОМУ-ЛИБО) НА ПЯТКИ	26
НАША ВЗЯЛА	10
НЕ ВЕЗЁТ В КАРТАХ — ПОВЕЗЁТ В ЛЮБВИ	98
НЕ СКАЖИ/ГОВОРИ ГОП, ПОКА НЕ ПЕРЕПРЫГНЕШЬ	112
НИ ПУХА, НИ ПЕРА	47
НИЧЬЯ/ВНИЧЬЮ	11
НОКАУТИРОВАТЬ	19
ОКАЗАТЬСЯ/ОСТАТЬСЯ ПРИ ПИКОВОМ ИНТЕРЕСЕ	99
ОТБРОСИТЬ КОНЬКИ (жарг.)	22
ОТКРЫТЬ/РАСКРЫТЬ КАРТЫ	100
ОТФУТБОЛИТЬ	78
ОХОТА НА ВЕДЬМ	48
ОХОТНИЧЬИ РАССКАЗЫ	49
ПАТОВАЯ СИТУАЦИЯ	82
ПЕРЕДАВАТЬ ЭСТАФЕТУ	27
ПЕШКА	83
ПИКОВОЕ ПОЛОЖЕНИЕ / ПИКОВАЯ СИТУАЦИЯ	101
ПЛОХОЙ РАСКЛАД	102
ПЛЫТЬ ПО ТЕЧЕНИЮ	57
ПО ГОРЯЧИМ СЛЕДАМ	50
ПОДНЯТЬ ПЛАНКУ	28
ПОЙМАТЬ НА УДОЧКУ/ НА КРЮЧОК	67
ПОЙМАТЬ/ОБРЕСТИ ВТОРОЕ ДЫХАНИЕ	23b
ПОЙТИ/ПОПАСТЬСЯ НА УДОЧКУ	68
ПОПАСТЬ В САМУЮ ТОЧКУ	72
ПОПАСТЬ В ЦЕЙТНОТ	84
ПОРОХА НЕ ХВАТАЕТ	51
ПОСЛЕДНЯЯ КАРТА	103
ПОСТАВИТЬ ВСЁ НА ОДНУ КАРТУ	104
ПОСТАВИТЬ НЕ НА ТУ ЛОШАДКУ	35
ПОЧИВАТЬ НА ЛАВРАХ	12
РЕДКО, ДА МЕТКО	52
РЫБАК РЫБАКА ВИДИТ ИЗДАЛЕКА (посл.)	69
САДИТЬСЯ НА МЕЛЬ; СИДЕТЬ НА МЕЛИ	58
СИДЕТЬ НА ХВОСТЕ	36
СМАТЫВАТЬ УДОЧКИ	70
С МЕСТА В КАРЬЕР	37
СПУТАТЬ/СМЕШАТЬ КАРТЫ КОМУ-ЛИБО	105
СТАВИТЬ/ПОСТАВИТЬ ВСЁ НА КАРТУ	106
СТРЕЛЬНУТЬ ЧТО-ЛИБО	73
СТРЕЛЯНЫЙ ВОРОБЕЙ	53
ТЁМНАЯ ЛОШАДКА	38
ТИШЕ ЕДЕШЬ, ДАЛЬШЕ БУДЕШЬ (посл.)	29
ТРАМПЛИН	59
ТУЗ	107
УБИТЬ ДВУХ ЗАЙЦЕВ ОДНИМ УДАРОМ/ВЫСТРЕЛОМ	54
УДАР НИЖЕ ПОЯСА	20
ФАЛЬСТАРТ	30
ХОДИТЬ КОЗЫРЕМ	108
ХОД КОНЁМ	85
ЧУЖИЕ ЛАВРЫ СПАТЬ НЕ ДАЮТ	13

About the Authors — Об авторах

Vladimir Kovner is an engineer, a journalist and an English-Russian translator and editor, specializing in poetry, bard songs, ballet and idioms, and having numerous publications in anthologies and journals in Russian and English. His memoirs *The Golden Age of "Magnitizdat"* about the bard movement era in Soviet history have been published in the USA and Russia. Vladimir has published two books of his poetic translation from English into Russian: «Приласкайте Льва» *(Pet the Lion)* — children's poetry, 2010, and *Edward Lear. The Complete Limericks with Drawings*, a bilingual English-Russian book, 2015. *Magic Dreams. Confessions of Drug Addicts* by Sergey Baimukhametov, translated from Russian by Vladimir Kovner and Daniel Veksler was published in 2016.

When Winston Churchill was asked the secret of his long life and good health, he answered: "Sports. I never played them." Slightly re-phrasing Churchill, 80-year-old Vladimir answered the same question: "Sports. What haven't I played!" (Soccer, volleyball, sambo — the art of self-defense, judo, tennis, ice-skating, cross-country, downhill and water skiing).

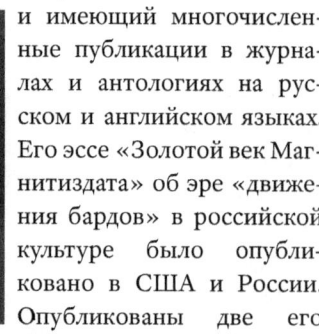

Владимир Ковнер — инженер, журналист и англо-русский переводчик, специализирующийся на поэзии, песнях бардов, балете и идиомах, и имеющий многочисленные публикации в журналах и антологиях на русском и английском языках. Его эссе «Золотой век Магнитиздата» об эре «движения бардов» в российской культуре было опубликовано в США и России. Опубликованы две его книги переводов поэзии с английского на русский: «Приласкайте льва», 2010 г. — детская поэзия, и «Эдвард Лир. Полное собрание абсурдных стишков-лимериков с рисунками» (*Edward Lear. The Complete Limericks with Drawings*) — двуязычное англо-русское издание, 2015 г. Книга «Золотые сны. Исповеди наркоманов» Сергея Баймухаметова, переведенная с русского языка на английский вместе с Даниилом Векслером, была опубликована в 2015 г.

Когда Уинстона Черчилля спросили о причине его долголетия и хорошего здоровья, он ответил: «Спорт! Я никогда им не занимался». Слегка перефразируя Черчилля, 80-летний Владимир ответил: «Спорт! Каким только спортом я не занимался! (Футбол, волейбол, самбо — самозащита без оружия, дзюдо, теннис, бег на коньках, беговые, горные и водные лыжи).

ABOUT THE AUTHORS — ОБ АВТОРАХ

Lydia Razran Stone is a native English speaker whose family came to the US during the first Russian emigration. She holds an MA in the Russian language and literature and a Ph.D. in Cognitive Psychology, both of which have been invaluable in her work as a translator. Lydia began translating professionally in 1977 and passed the ATA certification examination for Russian to English in 1983. Between 1985 and 1995, Lydia worked for NASA putting out a digest of Russian research reports on space biology and medicine and performing and managing translation for a bilingual book on this subject under the auspices of NASA and the Russian Academy of Sciences. Since 1985 she has edited *SlavFile*, the only publication intended for Slavic translators in the United States. She (often with Vladimir) has given one or more presentations at virtually every ATA Conference. She has published five bilingual books of poetry including her renderings of immortal fables by Ivan Krylov and *The Little Humpbacked Horse* by Peter Yershov (often attributed to Alexander Pushkin); many of her literary translations have appeared in a variety of journals. A number of her articles have been published in the Russian translation journal *Bridges* (Мосты), one of them with Vladimir on Limericks by Edward Lear, and a recent one in the International Journal of Lexicography.

Лидия Разран Стоун — из семьи, приехавшей в США с первой русской эмиграцией; ее родной язык — английский. Окончила университет со степенью Магистра по русскому языку и литературе и получила докторскую степень по когнитивной психологии. И то и другое оказалось бесценным в ее переводческой работе, которой она профессионально занимается с 1977 г. В 1983 г. она получила сертификат русско-английской переводчицы АТА. Между 1985 и 1995 г. работала в НАСА, выпуская обзор отчетов русских ученых по исследованиям в области космической биологии и медицины, одновременно занимаясь и руководя переводами для двуязычной книги на эту же тему под эгидой НАСА и Российской Академии наук. С 1985 г. она редактирует СлавФайл, единственную в США публикацию для переводчиков-славистов. Лидия (часто с Владимиром) делает доклады практически на каждой конференции АТА. Она опубликовала пять двуязычных книг поэзии, включая ее переводы басен И. А. Крылова и «Конька-Горбунка» П. Ершова (книги, часто приписываемой А. Пушкину). Многие ее переводы появляются в разных журналах.

Ряд ее статей был опубликован в московском журнале для переводчиков Мосты (*Bridges*). Одна из них, с Владимиром — о лимериках Эдварда Лира. Самая недавняя статья Лидии была опубликована в Международном Журнале Лексикографии.